Le grand livre du calme au travail

Du même auteur
aux Éditions J'ai lu

Le principe du calme, *J'ai lu* 7249
Le grand livre du calme, *J'ai lu* 7255

PAUL WILSON

Le grand livre du calme au travail

Traduit de l'anglais
par Frédéric Eugène Illouz

J'AI LU

Bienêtre

Titre original :
CALM AT WORK

À Tania.
À tous ceux qui apportent au Centre du Calme leur créativité.

Sommaire

Troisième partie

Des solutions durables

Avant-propos

Cher lecteur, ce livre va changer votre vie, soyez-en persuadé. Le calme et le travail sont des domaines où l'auteur a fait ses preuves. Je finance et dirige un groupe de recherches sur le calme, le Centre du Calme (http ://www.calmcentre.com), dans le cadre duquel un large éventail d'activités sont offertes, tout en étant membre du conseil d'administration d'un hôpital ainsi que de celui d'une fondation pour la recherche médicale. Plus connus du grand public, mes livres ont été publiés à des centaines de milliers d'exemplaires : *Le Principe du calme*, décrit comme l'un des ouvrages les plus marquants de ce type ; *Le Grand Livre du calme*, traduit dans de nombreuses langues, un best-seller ; enfin, le nombre de lecteurs ayant choisi pour fidèle compagnon *Le Petit Livre du calme* dépasse tout ce que j'aurais jamais imaginé. Les techniques que je prône, j'ai pu démontrer leur efficacité à la télévision, en Australie, en Angleterre et aux États-Unis. Ayant occupé tous les échelons de la hiérarchie dans l'entreprise, je peux me targuer d'avoir de solides antécédents. Plus récemment, j'ai créé mes propres sociétés, siégé à des conseils d'administration dans le public et le privé, conseillé des multinationales et des gouvernements. Il reste que, le plus clair de ma jeunesse, j'ai été, entre autres, employé de banque (le plus dur), conducteur de poids lourds, concepteur publicitaire. En résumé, j'ai eu mille occasions d'apprendre ce que signifie être calme au travail.

Je pense avoir le droit de dénoncer une imposture qui ne date pas d'hier: celle de l'emploi. Quelques patrons et P-DG s'offusqueront certainement, surtout ceux qui ont pour devise: «Les travailleurs devraient se montrer reconnaissants de ce qu'on leur donne.» Quant à ceux de l'autre bord – les thérapeutes, les syndicats et autres apôtres du «haro sur le patron» –, je serais déçu si je n'en choque pas quelques-uns. En perpétuant l'idée que la relation de maître à esclave est dominante, ces deux groupes sèment la confusion – donc la tension. Or, maintenir le calme au travail ne fait pas partie des responsabilités de l'entreprise mais de l'individu, c'est-à-dire de vous-même.

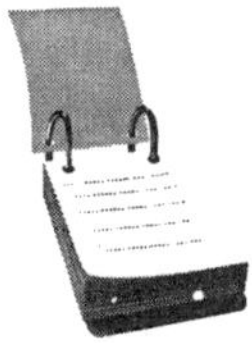

Première partie

LES PREMIERS PAS

1

COMMENT UTILISER CE LIVRE

> *Le Grand Livre du calme au travail* vous donnera tous les outils dont vous avez besoin pour que votre journée de travail s'écoule en douceur, et que vous vous sentiez calme, l'esprit positif, en paix.

Cet ouvrage n'est ni un manuel ni un traité, mais un guide simple que vous pouvez ouvrir n'importe quand. Il vous aidera à rester calme durant vos heures de travail. Les solutions que je présente ne sont pas toutes de moi, nombre d'entre elles ont été mises au point avec le concours des adhérents du Centre du Calme. C'est là qu'elles sont d'abord élaborées, puis testées si possible.

Abordée avec l'état d'esprit approprié, *n'importe laquelle* des solutions proposées vous sera bénéfique. Vous saurez intuitivement, au cours de votre lecture, lesquelles seront les meilleures même si, parfois, les raisons psychologiques ou physiologiques peuvent sembler floues. Ne vous creusez pas la tête en vous demandant *pourquoi* vous vous sentez calme, profitez-en sans vous poser de questions.

Ceci est plus qu'un livre de recettes. En effet, les victimes du stress et de l'anxiété tendent à confondre l'un avec l'autre, et à incriminer divers facteurs souvent sans liens avec les véritables causes. C'est pourquoi je recommande de lire cet ouvrage du début à la fin. Vous décèlerez suffisamment tôt les points sur lesquels vous devrez vous concentrer et trouverez la ou les solutions adéquates en vous référant à la section intitulée «Mémento pour le calme» (p. 87).

2

QUELQU'UN PEUT-IL ME DIRE CE QUI S'EST PASSÉ ?

> Ce qui est crucial, dans ce livre, ce ne sont pas les problèmes mais les solutions. Il importe de se sentir bien dans l'exercice de son métier, non de critiquer les conditions de travail.

Les progrès technologiques, favorisant l'éducation, les loisirs, les travaux épanouissants et le développement personnel, étaient censés rendre le travail moins pénible et nous ménager plus de temps libre pour enrichir notre existence. C'était ce qu'on s'imaginait du temps de ma jeunesse. La réalité cependant est fort éloignée de cette vision idyllique.

Dans les entreprises, le succès s'est mesuré en termes d'économies plus que de croissance, les dirigeants amalgamant licenciements et progrès, et prenant la rationalisation pour une espèce d'idéal de production. Des vies et des carrières ont été détruites à cause des restructurations, beaucoup de sociétés y ont perdu leur âme. Les chiffres ont pris le dessus sur la créativité, il fallut à tout prix réduire les coûts, ne plus se préoccuper de valeur ajoutée, la concurrence forcenée ayant raison du facteur humain comme de la tradition. Sur le plan individuel, les changements ne furent pas moins désastreux. D'une part, l'on nous pressait de nous spécialiser, tandis que d'autre part on nous rebattait les oreilles avec les notions de «dé-spécialisation» et de «polyvalence». Alors que nous croyions ainsi avoir gagné notre tranquillité d'esprit, nous apprîmes les avantages du «recrutement externe». À peine pensions-nous occuper un poste de confiance que s'ouvrit une nouvelle ère de «responsabilisation» et d'évaluation de nos efforts. Et au moment où nous commencions à jouir des fruits de notre labeur, l'investissement de toute une vie, on nous fit savoir qu'au-dessus de 45 ans nos perspectives professionnelles étaient limitées.

Nous n'étions pas au bout de nos peines. Nous découvrîmes que saisir des données sur ordinateur n'était pas moins abrutissant que de travailler sur une chaîne de montage. À trop admirer l'efficacité des nouvelles technologies, nous avons ignoré la déshumanisation effrénée de l'environnement du travail. Les nouvelles richesses du monde moderne n'ont pas comblé le gouffre séparant les nantis des démunis. Et les multiples sources d'information, au lieu de nous élever, nous font comprendre que les connaissances individuelles se réduisent à peu de chose. Alors que s'est-il passé ?

Certes, de nombreuses entreprises font preuve d'une efficacité accrue – techniquement, s'entend, dans la mesure où elles produisent à moindre prix. En outre, beaucoup de gens sont devenus plus productifs – c'est-à-dire qu'ils produisent plus à un prix égal ou inférieur. Les retombées promises se sont rarement matérialisées, pourtant. En fait de loisirs supplémentaires, nous sommes écrasés d'un surcroît de labeur. Notre travail n'est pas devenu plus intéressant mais ennuyeux et monotone. Aujourd'hui nous faisons plus avec moins d'aide et des ressources restreintes. Loin de déléguer plus de responsabilités à la technologie, nous avons dû prendre la responsabilité de cette technologie. Nos connaissances ne s'accroissent pas, elles sont rapidement périmées. La plupart d'entre nous triment plus dur, plus longtemps et plus intensément que jamais auparavant, sans cesse surveillés, sans cesse à rendre des comptes, avec une précarité d'emploi aggravée. Pour couronner le tout, on nous dit que cela va aller de mal en pis, à cause de la concurrence internationale. Et ce n'est qu'un commencement, paraît-il.

Le coût humain des changements de cette dernière décennie (1999-2000) a été immense, non seulement en termes de maladies et d'absentéisme liés au stress mais aussi dans l'augmentation des affections chroniques telles que l'hypertension, l'affaiblissement des défenses naturelles et la dépression. Et puis, les gens « disjonctent », ont une envie irrésistible de tout plaquer. Le résultat de tous ces changements, ironiquement, c'est une baisse de l'efficacité et de la productivité. Selon les dernières recherches, certains procédés démodés, mais gratifiants parce que mettant en jeu les hommes, se révéleraient plus efficaces que les nouvelles technologies qui les ont remplacés. Que faire ? Recommencer de zéro ?

Non. C'est le moment idéal, au contraire, pour transformer et utiliser à votre avantage ce qui pour le reste du monde est un motif de panique. La lecture du *Grand Livre du calme au travail* vous rendra capable de vivre chaque jour comme une aventure et vous fera retrouver votre regard d'enfant sur les choses.

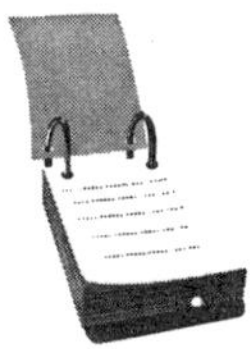

3

EN QUOI ÊTES-VOUS VULNÉRABLE ?

> Vous pouvez être calme, content de vous et totalement épanoui dans votre travail en dépit des contraintes de la concurrence, de la menace des plans sociaux et des impératifs de productivité.

Soumis à une pression extrême, on conserve rarement ses capacités normales de réflexion, et, plutôt que d'identifier son mal, l'on incriminera des causes externes : le travail, l'employeur, le gouvernement, le conjoint, la circulation, la société – tout sauf sa propre attitude ou son propre comportement. Isoler l'origine d'un malaise implique un certain degré d'autoanalyse. Je pense que cela vaut la peine d'explorer les personnalités, les activités et les situations les plus susceptibles de générer du stress.

Qui a le plus de raisons de se plaindre ?

Les deux questions que l'on me pose le plus souvent sont les suivantes : « Quelles sont les activités les plus stressantes ? » et « Quels sont ceux qui sont le plus stressés ? »

Il m'est difficile de répondre avec précision à la première, les statistiques variant selon les pays. Je peux néanmoins en dégager les traits communs pour esquisser une généralisation. Toutes s'accordent sur le fait que certaines activités plus que d'autres induisent du stress, mais sans donner de celui-ci une définition qui fasse l'unanimité. Devrait-il être évalué selon le nombre de jours de travail perdus, ou la vitesse à laquelle le personnel se renouvelle ? Ou bien selon les problèmes tels que l'alcoolisme ? Ou encore en prenant le point de vue – fort révélateur – des employés eux-mêmes ? Après tout, si les gens croient qu'ils souffrent de troubles liés au stress, vous pouvez être sûr qu'ils souffrent.

Plus l'entreprise est grande, plus on y relève de cas, ce qui n'a rien d'étonnant. Le stress croît en raison directe du sentiment qu'ont les employés d'être opprimés par la direction. Les maladies liées au stress et l'absentéisme sont particulièrement fréquents dans les milieux de l'éducation, de la santé, des transports, comme dans le secteur public et les télécommunications, mais rares dans le petit commerce, la construction et les PME en général. Au-delà du type d'activité et indépendamment de la bonne marche de l'entreprise, on constate une augmentation certaine du syndrome.

Rassurez-vous, ce n'est pas une fatalité. Le contenu de ce livre vous rendra capable d'éviter ces tensions avec un minimum d'effort. Vous allez connaître le secret du calme au travail.

Que veut dire être « stressé » ?

Soulager le stress est devenu une énorme industrie drainant des milliards de dollars, et cette industrie veut à tout prix vous faire croire qu'il est anormal de se sentir stressé. C'est le contraire ! Chacun, sur son lieu de travail, à un moment ou à un autre, peut-être plusieurs fois par jour, se sent accablé. On souhaiterait qu'il en aille différemment, c'est improductif, et absolument pas nécessaire. Mais c'est normal ; accepter cela représente le premier pas qui permettra de résister au stress.

Il s'agit donc de savoir de quoi vous souffrez : vos symptômes sont-ils spécifiques du stress ? Sont-ils chroniques ou occasionnels ? Êtes-vous habituellement sujet au stress ? Quelles sont les causes de votre nervosité ? Pouvez-vous les identifier ? Repérer les terrains où vous courez le plus de risques afin de prendre les mesures adéquates est une nécessité. Fort heureusement les signes avant-coureurs sont aisément reconnaissables car précis. Le test proposé dans les pages suivantes vous éclairera sur votre propension au stress :

a) Sur les Tableaux 1 et 2, cochez les cases qui s'appliquent le mieux à vous.
b) Additionnez les points obtenus dans chaque colonne et faites le total.
c) Sur le Tableau 3, reportez dans la colonne de droite les points qui correspondent à la situation vous concernant, puis faites le total.
d) Additionnez les totaux des Tableaux 1, 2 et 3.
e) Enfin, soustrayez le total que vous obtiendrez sur le Tableau 4 en déduisant 7 points chaque fois que vous vous reconnaîtrez dans un symptôme.

TABLEAU 1 : Ressentez-vous ces symptômes ?

SYMPTÔME	PAR JOUR	PAR SEMAINE	PARFOIS	RAREMENT
	POINTS			
	3	2	1	0
Difficulté à respirer				
Gargouillements d'estomac				
Douleurs thoraciques				
Doigts contractés				
Mains et doigts froids				
Sueurs froides				
Constipation				
Diarrhée				
Bouche sèche				
Malaises				
Agitation nerveuse				
Grincements de dents				
Mal de tête				
Impuissance				
Indigestion				
Insomnie				
Perte d'appétit				
Mal de reins				
Mictions fréquentes				
Excès de sommeil				
Palpitations				
Pouls rapide				
Nausées				
Éruptions cutanées				
Accélération de l'élocution				
Raideur du cou ou des épaules				
Tension générale				
Estomac ou thorax noué				
Fatigue				
Tremblement des mains				
TOTAL DE CHAQUE COLONNE				
TOTAL				

TABLEAU 2 : Ces sensations et ces tendances vous sont-elles familières ?

SYMPTÔME	PAR JOUR	PAR SEMAINE	PARFOIS	RAREMENT
	POINTS			
	3	2	1	0
Colère				
Confusion d'esprit				
Abus de médicaments ou d'alcool				
Tendance à l'ennui				
Crainte				
Agoraphobie				
Appréhensions injustifiées				
Tendance à couper les cheveux en quatre				
Émotivité morbide				
Impatience				
Incapacité à se concentrer				
Intolérance à l'égard des autres				
Irrationnalité				
Irritabilité				
Hypersensibilité au bruit				
Attitude négative				
Boulimie				
Réactivité excessive				
Excès de sommeil				
Pessimisme				
Mémoire déficiente				
Baisse de la libido				
Tendance à l'emportement				
Troubles du sommeil				
Tabagisme				
Caractère soupçonneux				
« On n'a jamais le temps »				
« Ça n'arrive qu'à moi »				
États émotifs				
Peur de l'avenir				
TOTAL DE CHAQUE COLONNE				
TOTAL				

TABLEAU 3 : Lequel de ces événements a eu lieu récemment ou a de fortes chances d'avoir lieu ?

Décès d'un proche	30	
Maladie mortelle diagnostiquée	29	
Divorce	28	
Séparation	27	
Compression des dépenses	26	
Licenciement	26	
Maladie grave	26	
Problème avec l'un de ses enfants	23	
Changement d'emploi	22	
Changement de poste	21	
Menace de licenciement	20	
Grossesse	19	
Problèmes relationnels en dehors du travail	18	
Problèmes relationnels au travail	18	
Changement dans la nature de l'emploi	15	
Fusion de l'entreprise avec une autre	15	
Changements financiers	14	
Problèmes financiers	14	
Le conjoint commence à, ou s'arrête de, travailler	10	
Action d'éclat	10	
Changement du mode de vie	10	
Abandon du tabac	9	
Menace d'action en justice	7	
Heures supplémentaires régulières obligatoires	7	
Problèmes financiers de l'employeur	6	
Noël	5	
Menaces du patron/du conseil d'administration/ des actionnaires	4	
Intimidation de la part d'un supérieur	4	
Subordonnés non coopératifs	4	
Changement d'activité	3	
	TOTAL	

TABLEAU 4 : Laquelle de ces descriptions s'applique à votre cas ?

SYMPTÔME	SOUSTRAYEZ 7 POINTS
TOTAL PRÉCÉDENT	
Je fais attention à mon régime	
Je fais régulièrement de l'exercice	
Je passe au moins une demi-heure par jour à ne rien faire	
Je médite souvent	
Je bois moins de trois tasses de café par jour	
J'aime le silence	
J'espace mes rendez-vous	
Je planifie ma journée	
J'admire le succès des autres	
J'aide les autres dès que j'en ai la possibilité	
J'ai une vie heureuse à la maison	
Mon travail me plaît	
Mes efforts sont reconnus par mes supérieurs	
Je m'entends bien avec mes collègues	
J'ai très peu de dettes	
Je travaille pour moi-même, pas pour les autres	
Je tire satisfaction de mon travail	
Je prends des vacances régulièrement	
Je laisse mes soucis de travail au bureau	
Je m'attends à des changements dans ma vie et dans mon travail	
Il ne tient qu'à moi de retrouver mon calme	
Je m'ennuie rarement	
J'écoute le point de vue des autres	
Ma vie n'est pas exempte de « bon stress »	
Je fais preuve d'assurance dans mon travail et ma vie personnelle	
Je me consacre à moi-même au moins une demi-heure par jour	
J'ai un animal domestique	
J'ai une vie sociale active	
Mon travail est varié	
Je vois toujours le bon côté des choses	
TOTAL	

Dans l'idéal, votre nombre de points devrait être aussi bas que possible. S'il se situe entre 0 et 35, vous êtes une personne épanouie au travail et je suppose que vous me lisez par curiosité uniquement. Inversement, si votre total est élevé, vous avez besoin d'aide. Si votre score se trouve entre les deux, vous ne vous sentirez pas seul – la plupart des gens sont dans le même cas, c'est une chose normale, bien qu'en aucune façon naturelle. Un minimum d'efforts vous apportera un changement significatif.

Quel groupe de mots décrit le mieux votre comportement et votre façon de parler ?

A	B	C
Raison	Lutte	Retraite
Voix calme	À haute voix !	Tranquille
L'air ouvert	Le regard plein de défi	Yeux baissés
Posture détendue	Les bras croisés	Les doigts pianotants
Gestes éloquents	Gestes saccadés	Poings serrés
« Je... »	« Vous devriez... »	« Peut-être... »
« Je veux... »	« Faites-le ! »	« Pensez-vous... ? »
« J'ai... »	« Vous auriez dû... »	« J'aurais dû... »
« Je sens... »	« C'est comme ça ! »	« Désolé si je... »
« Si nous... »	« Dépêchez-vous... »	« M'en voudrez-vous si... »
« Je vois ce que vous voulez dire. »	« Vous avez tort ! »	« Je ne sais pas... »
« Comment allons-nous procéder ? »	« Pourquoi ne pouvez-vous... »	« Je ne voudrais pas... »

Si vous vous identifiez plus avec les mots du groupe A qu'avec ceux de B ou C, vous appartenez probablement à ce que l'on appelle le type « autoritaire », personnalité parfaite pour vous permettre d'obtenir ce que vous voulez de votre travail, partant, de rester calme. Si vous vous identifiez plus avec les mots de la catégorie B, il y a des chances que vous soyez plus du type « agressif ». Les agressifs prennent souvent leur agressivité pour de l'autorité et sont frustrés quand ils n'obtiennent pas ce qu'ils souhaitent – phénomène fréquent. Contrairement à ce que l'on croit, un comportement agressif ne débarrasse pas du stress, il l'augmente, de même qu'il augmente les penchants agressifs. Si vous vous reconnaissez dans la catégorie C, vous êtes conscient, j'en suis sûr, de vos tendances à la soumission et à la passivité. Celles-ci ne sont pas directement source de stress mais peuvent certainement y mener. Les techniques permettant aux soumis et aux agressifs de canaliser leurs tendances naturelles seront les mêmes. En devenant plus « autoritaires », ils seront plus contents d'eux-mêmes.

Quelle description vous caractérise le mieux ?

A						B
POINTS						
	5	4	3	2	1	
Vous créez votre propre stress						Vous ne connaissez pas le stress
Vous visez le succès						Vous voulez « vivre », non « avoir »
Vous aimez gagner						Vous êtes ambitieux sans vouloir gagner à tout prix
Vous vous voyez comme quelqu'un d'autoritaire						Vous êtes d'un naturel bon enfant
Vous vous fixez des objectifs difficiles						Vous êtes réaliste quant à ce qui est faisable
Vous vous donnez des délais irréalisables						Vous vous fixez des délais raisonnables, sinon pas du tout

A						B
POINTS						
	5	4	3	2	1	
Vous n'êtes jamais en retard						Vous ne faites pas une montagne du moindre retard
Vous essayez de faire plusieurs choses à la fois						Vous travaillez méthodiquement
Vous faites reculer vos propres limites						Vous connaissez vos limites
Vous êtes toujours pressé						Vous n'êtes pas obsédé par l'action
Vous êtes impatient, facilement ennuyé						Vous pouvez trouver un intérêt à toute chose
Votre discours est cassant, agressif						Vous parlez lentement, communiquez bien
Vous anticipez les propos des autres (terminez leurs phrases)						Vous savez écouter
Votre respiration est rapide et courte						Vous respirez lentement et profondément
Votre corps manifeste votre tension						Votre corps respire la détente
Vous mangez, parlez, bougez vite						Vous prenez votre temps
Vous êtes égocentrique						Vous êtes tourné vers les autres
Vous cachez vos sentiments						Vous exprimez vos sentiments
Vous vous sentez toujours responsable						Vous partagez les responsabilités
Vous avez du mal à déléguer						Vous déléguez volontiers
Vous êtes précis, avez l'obsession des détails, pourtant...						Vous ne vous sentez pas obligé d'être précis, pourtant...
Vous oubliez des détails, commettez des erreurs						Vous êtes organisé, commettez peu d'erreurs
Vous buvez trop de café						Vous consommez du café avec modération

A						B
POINTS						
	5	4	3	2	1	
Vous culpabilisez dès que vous vous détendez						Vous adorez avoir l'occasion de vous laisser aller
Vous avez besoin que l'on reconnaisse vos propres efforts						Vous vous préoccupez de satisfaire les autres
Vous tenez à finir ce que vous avez commencé						Vous pouvez laisser de côté une tâche
Vous êtes toujours en train de travailler (le week-end, chez vous)						Vous considérez qu'il y a autre chose que le travail dans la vie
Vous vous intéressez à peu de chose en dehors du travail						Vous avez, à part le travail, beaucoup d'autres centres d'intérêt
Vous êtes un obsédé de quantification						Vous ne vous souciez pas de compter

Les personnes du «Type A» souffrent plus du stress causé par elles-mêmes que celles du «Type B». Elles sont souvent persuadées qu'elles savent mieux que les autres se maîtriser ainsi que le monde extérieur, ce qui n'arrange rien, puisqu'elles seront moins enclines à aller trouver de l'aide. Sachant que ces modèles de comportement ne sont que des stéréotypes, si vous voulez jouer le jeu, il suffit de vous noter de 1 à 5 dans le tableau qui précède. Le total vous donnera une idée de votre profil psychologique.

Comment interpréter vos résultats ?

120-150 Selon toute apparence, vous manifestez des comportements classiques du Type A1. La sagesse commanderait qu'afin de vous sentir mieux dans votre peau, vous intégriez les conseils de cet ouvrage rapidement.

90-120 Sans être aussi grave que le modèle de comportement précédent, les personnes entrant dans cette catégorie-ci (Type A2) seraient bien avisées de s'efforcer d'adjoindre à leur mode de vie des habitudes les menant au calme.

60-90 Beaucoup de gens font partie de cette catégorie, une moyenne entre le Type A et le Type B. J'ai observé que, lorsque leur comportement change, ils ont tendance à se rapprocher plus du Type A.

30-60 Selon les statistiques, vous devriez être assez détendu et capable de maîtriser les situations de stress. Naturellement, la vie n'est pas simple et il n'est pas exclu que vous souffriez aussi de stress sur votre lieu de travail.

0-30 Typiquement B1. Votre comportement manifeste très peu des caractéristiques normalement associées au stress. S'il vous arrive d'être sous tension, il y a de fortes chances pour que cela ne provienne pas de vous-même.

De nos jours il est considéré comme étant « politiquement incorrect » de tenter de faire entrer les gens dans des stéréotypes, qu'ils soient psychologiques, professionnels ou raciaux. Souhaitant ménager les âmes sensibles, je m'abstiendrai dans la mesure du possible d'utiliser les termes « Type A » et « Type B ». Sachez que chaque fois que vous aurez sous les yeux mon *nouveau* stéréotype « Actif », veuillez lui substituer mentalement « Type A ». Et quand vous lirez « Bon enfant », comprenez « Type B ».

4

ON PEUT AUSSI S'AMUSER EN TRAVAILLANT

> Contrairement à beaucoup de spécialistes de la question, mon but est de libérer le stress de toute angoisse en y introduisant la drôlerie.

« Coût du stress au travail : des milliards engloutis dans les arrêts maladie. » « Épidémie de stress. » « La peste des années 1990. » « Le stress, première cause de mortalité. » « Des millions de journées perdues pour cause de stress. » Il y a de quoi être soi-même stressé, à lire les manchettes hystériques des journaux. Le propos n'est pas de critiquer les conditions de travail responsables de cet état de fait, mais d'être bien dans sa peau quoi qu'il arrive, puisque nous dépendons tous de notre gagne-pain.

Je suis convaincu que toute tâche devrait non seulement satisfaire celui qui l'accomplit mais lui procurer du plaisir voire le divertir. Je parle aussi bien des acteurs que des comptables ou des conducteurs d'ambulance. Ne ricanez pas. Vous savez aussi bien que moi que vos huit à dix heures quotidiennes de labeur ont été pensées de façon à évacuer toute drôlerie de votre existence. L'anxiété due à la pression qui s'exerce sur vous aujourd'hui rend d'ores et déjà votre prochaine journée pénible.

Ce n'est pas une fatalité. Ce livre y remédiera grâce à des techniques élaborées sur le tas et s'appuyant sur un solide bon sens.

Investir dans le calme

Observez les gens que vous admirez parce qu'ils ont atteint un statut professionnel élevé : dans la majorité des cas vous verrez quelqu'un de détendu. Quand ils sont sous pression, ils font preuve d'un calme confinant à la fermeté qui a le pouvoir d'influencer leur entourage. Il est à la portée de chacun de les imiter en investissant dans le calme.

L'investissement personnel

Pourquoi cette absence de calme ? Avez-vous trop de choses à faire ? Vous sentez-vous coupable parce que vous passez trop de temps au bureau et trop peu avec votre famille ? Est-ce que quelqu'un usurpe le mérite qui vous revient ? Travaillez-vous dans un endroit trop bruyant ? Votre patron vous traite-t-il injustement ? Votre job n'est-il pas valorisant ? N'êtes-vous ni apprécié ni épanoui ? Il y a de fortes chances que plusieurs causes combinées soient à l'œuvre et que votre santé ainsi que vos performances en seront affectées. Apprenez à devenir calme à volonté. Vous vous sentirez utile et maître de vous. Vous saisirez les difficultés à bras-le-corps et partirez au travail d'un pas allègre.

L'investissement des entreprises

À une époque où les marchés évoluent à une allure frénétique, la pression sur les salariés des entreprises se fait plus forte. Entretenir leur calme semble le meilleur des investissements commerciaux. Non seulement l'entreprise y gagnera en stabilité et motivation mais l'harmonie qui régnera générera un puissant dynamisme.

Laisser tomber les mauvais prétextes

« *Je n'y peux rien.* » Absurde. Bientôt vous vous demanderez pourquoi vous avez mis tant de temps à découvrir que vous pouvez remédier à cela.

« C'est trop difficile. » Voir ci-dessus.

« Le stress me fait du bien. » Honnête mais équivaut à *« J'adore fumer »*. C'est une excuse comme une autre, mais la plupart du temps c'est celle des drogués et des imprudents. Personne ne peut tirer bénéfice du stress. Faites plutôt un maximum pour être calme, vous sentirez la différence.

« J'ai besoin du stress pour faire ce que j'ai à faire. » C'est le cas pour beaucoup. Le stress leur procure l'adrénaline, les sentiments de crainte et de panique qui leur sont nécessaires pour terminer leur travail (ceci est particulièrement évident dans le monde des arts et du spectacle). Habitude déplorable qui inhibe et en fin de compte diminue l'efficacité, et la meilleure façon d'écourter sa carrière. Pour maintenir leur niveau d'énergie, ces gens en arrivent à consommer des quantités de plus en plus importantes de stimulants – l'alcool aussi bien que les conflits.

« Les gens stressés sont durs à la tâche. » Ironiquement, cela semble vrai. Les gens stressés se créent un surcroît de travail à cause de leur inefficacité même. Durs à la tâche certes, mais certainement pas les plus brillants.

« Les meilleurs travailleurs sont ceux qui moulinent de longues heures. » Ma connaissance personnelle des milieux où a cours ce credo me permet de dire qu'il vaut mieux travailler intelligemment plutôt que longuement. Et songez à tout ce que vous pourrez faire du temps libre dont vous disposerez.

« Je n'ai pas le temps de changer. » L'autocomplaisance est un vilain défaut. D'autre part, changer de point de vue n'est pas une affaire de temps.

« Si vous ne vous en faites pas, vous n'arriverez pas au bout de votre travail. » Non, il faut exécuter votre travail du mieux possible. Vos capacités augmentent quand vous êtes calme.

« Étant en bas de l'échelle, je n'y peux rien. » Quel que soit votre statut, la personne la plus importante dans vos choix subjectifs, c'est vous. Utilisez donc votre influence pour vous sentir plus calme, donc mieux.

« C'est la faute du système. » Ne refilez pas le bébé aux autres. Pour beaucoup, « le système » représente tout ce qu'ils ne comprennent pas. Rappelez-vous qu'il n'y a qu'une personne responsable de votre bonheur, c'est vous.

« Sans stress je m'ennuierais. » Justification de plus en plus à la mode. Les médias et les publicitaires voudraient nous faire croire qu'il n'y a pas de plaisir sans stimulation ni excitation. Soyez calme et vous apprécierez mieux la vie.

« Travailler est un pensum. » Et même si c'était vrai, n'avez-vous pas envie d'en faire un plaisir ? C'est facile. Continuez de lire !

« J'ai essayé mais je ne peux pas changer les choses. » L'effort est la mère du progrès. Cela vous rassurera d'apprendre que la plupart des techniques présentées ici sont d'application plus aisée que celles que vous avez déjà expérimentées.

« Dès que je suis en vacances, je ne suis plus stressé. » Prendre des congés une ou deux fois l'an ne résoudra pas les problèmes liés au travail. Le stress n'est pas tout blanc ou tout noir comme le rhume ou l'acné, il est l'aboutissement d'une myriade de problèmes spécifiques – du conflit relationnel à la frustration de n'avoir aucune maîtrise sur ce

que vous faites. Ces derniers ne seront toujours pas résolus quand vous rentrerez de vacances.

« Le stress est un phénomène de société. » Difficile de croire que nous sommes moins bien lotis que du temps où nous avions toutes les chances de mourir de la variole, ou devions travailler douze heures par jour sept jours par semaine. La différence, c'est qu'aujourd'hui on nous rebat les oreilles avec le stress.

« C'est injuste, les patrons empochent l'argent et nous, on trime. » Cela ne sert à rien de se plaindre, si ce n'est à augmenter le sentiment d'insatisfaction. Il ne s'agit aucunement de justice, souvent, mais de point de vue. De toute façon, ce genre d'argument ne fait ni chaud ni froid aux chefs d'entreprise.

« Comment savoir si nous sommes stressés ? » C'est en général la première question que posent les journalistes. J'ai toujours été d'avis qu'il suffit de faire une pause et de réfléchir à ce que l'on sent. Si vous doutez, reportez-vous aux questionnaires, pages 24 et suivantes. En y répondant, vous vous apercevrez peut-être que vous êtes plus calme que vous le pensez.

« Ce n'est pas facile de devenir calme. » Désolé, mais ça l'est, incroyablement. Vous en conviendrez au terme de cet ouvrage.

« Tout stress est mauvais. » Faux. Il y a le bon stress et le mauvais. Le bon est enrichissant : par exemple, quand vous avez eu une augmentation ou une promotion, ou quand vous avez accompli quelque chose d'extraordinaire. C'est également celui que vous ressentez quand la porte de l'ascenseur s'ouvre sur l'être le plus désirable que vous ayez jamais vu. Ce stress-là vous garde jeune et vivant. Vous pouvez, en revanche, fort bien vous passer

du mauvais. L'idéal serait une dose de bon stress, sans lequel la vie serait monotone et moins dynamique, et aussi peu de mauvais que possible. Mais ne nous appesantissons pas plus avant sur les mauvais prétextes, passons aux choses sérieuses.

5

LE PREMIER PAS EST FACILE

Décidez simplement que vous allez devenir calme, vous le serez assurément sous peu.

Ici commence la section la plus importante de cet ouvrage. Le premier pas vers le calme ne requiert aucune étude, aucun effort. Arrêtez-vous 60 secondes et prenez une seule et unique décision : celle d'adopter à l'avenir et de pratiquer énergiquement un minimum de trois ou quatre parmi les suggestions présentées – et ce, avant même d'en connaître les détails.

C'est tout. Il s'agit de *décider que vous allez devenir calme*, rien de plus. Et si je vous disais que cela a toujours été aussi simple ? Ne tombez pas à la renverse, de grâce, consacrez les 60 secondes qui suivent à prendre cette décision.

6

DES CHOIX RADICAUX

La servilité envers des idéaux vagues et des maîtres, si abstraits fussent-ils (ainsi les multinationales), sert rarement vos intérêts

Si curieux que cela puisse paraître à toute personne tenue à une stricte routine de travail, nous avons le choix, tout particulièrement en ce qui concerne le calme au travail. J'entends d'ici vos soupirs de soulagement. Vos choix s'appliqueront sur deux points essentiels : 1) les priorités ; 2) les circonstances de votre vie.

Les priorités dans l'existence

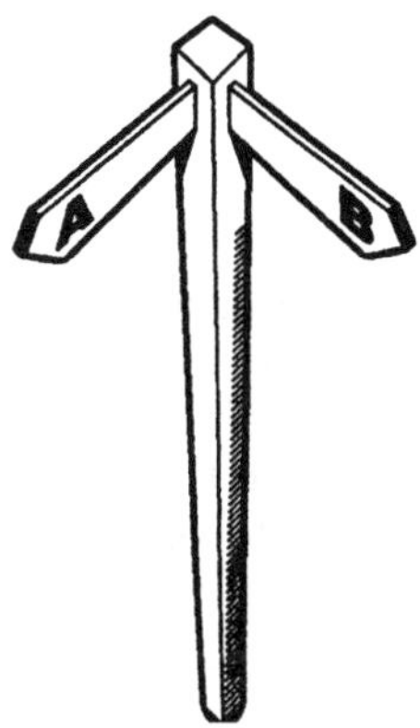

La plupart des gens sensés pensent que travailler (au sens d'avoir un emploi) est un droit fondamental de l'être humain, nécessaire à la satisfaction des besoins matériels mais aussi au respect de soi. Certaines idéologies font un pas supplémentaire. Les hindous ne sont pas les seuls à croire que le travail représente la plus pure forme de dévotion à Dieu, maintes religions partagent cette conviction. Plus extrême encore, le système bien connu de

Calculez votre adhésion à l'Éthique du Travail avec un grand E

Répondez vrai ou faux aux questions suivantes :

	VRAI	FAUX
• J'aime bien que les autres sachent combien je travaille dur.	❒	❒
• Ceux qui passent de longues heures à leur tâche sont de meilleurs travailleurs.	❒	❒
• Je me sens empoté en présence de mon patron.	❒	❒
• Même si je n'ai rien à faire, il est hors de question que je rentre plus tôt chez moi.	❒	❒
• Je ne ressens aucune sympathie pour les chômeurs.	❒	❒
• J'ai horreur de perdre du temps.	❒	❒
• Je préfère être cité dans le journal de l'entreprise plutôt que de recevoir une lettre d'un ami.	❒	❒
• J'ai du mal à me détendre durant les week-ends.	❒	❒
• J'ai des doutes sur ceux de mes collègues qui prennent trop de vacances.	❒	❒
• Je ne prends jamais de congé de maladie, quand bien même souffrirais-je mille maux.	❒	❒
• Je n'ai pas pris toutes mes vacances de l'année.	❒	❒
• Je sacrifierais le concert de mon enfant si le patron avait besoin de moi.	❒	❒
• Si je me lève tôt, je pars au travail au lieu de lire une revue.	❒	❒
• Je désapprouve ceux qui perdent du temps au travail.	❒	❒
• Je suis gêné quand j'ai à parler de mon salaire.	❒	❒
• Il y a quelque chose de satisfaisant à se sentir moulu après une journée de travail.	❒	❒

croyance que nous décrirons comme l'Éthique du Travail. Au risque d'être accusé de simplification outrancière, je le définirais par deux dogmes :

a) Le travail est noble.
b) Plus il est dur, plus il est noble.

Cet idéal raisonnable, orienté vers la production, pourrait fort bien servir de viatique aux travailleurs. Malheureusement, il s'accompagne souvent d'une série rigide d'ornements que j'appelle l'Éthique du Travail *avec un grand E*, et qui vous diront probablement quelque chose:

a) Plus l'on est mal à l'aise, plus noble est le travail.
b) Le loisir est une activité inférieure, peut-être même exempte de vertu.
c) L'obéissance à l'employeur, qu'il soit un individu, une société ou un État, se justifie par la simple raison de son statut d'employeur.

Corruption évidente de l'original, servant des visées paternalistes de soumission à l'employeur et encourageant une adhésion servile à un travail pénible ainsi qu'aux heures supplémentaires. Les «bons travailleurs» de ce type sont pour moi des parasites.

Inutile de compter vos points pour ce questionnaire. À titre d'indication, plus vous aurez de «vrai» et plus vous adhérez à l'Éthique du Travail avec un grand E, sans soupçonner les dommages qu'elle provoque. Ne soyez pas surpris d'apprendre que le stress évolue en proportion directe avec un tel idéal! Pourtant, me direz-vous, cela doit bien générer quelque bienfait? Au contraire. En tant qu'employeur, je serais enclin à apprécier ce qu'il apporte: des employés dévoués, opérationnels – excellent pour les affaires. En tant que défenseur du calme, je dois vous mettre en garde.

N'est-ce pas préférable de vous poser des questions sur ce en quoi vous croyez et ce que vous pensez vouloir tirer de votre travail *avant* de prendre position? Vous diriger vers un but que vous avez vous-même défini et duquel vous êtes foncièrement convaincu est l'une des conditions *sine qua non* du calme. Ce qui revient à dire que vous avez des choix à faire, il vous faut déterminer les priorités de votre existence. Votre travail est-il si important pour que vous vous sentiez quelqu'un? Est-ce que vos relations avec les autres ne sont pas plus importantes que votre travail ? Voulez-vous grimper au sommet de l'échelle dans votre profession ? Avez-vous envie de rencontrer des gens ? Votre but est-il d'économiser suffisamment d'argent pour passer le restant de votre vie à voyager ?

Telles sont les préoccupations de la plupart d'entre nous. Le calcul des priorités (page 89) vous facilitera la tâche. Basé sur une technique simple, il vous aidera à mettre en ordre vos désirs et vos réalités. Peut-être découvrirez-vous que le travail – l'argent, le statut social, le succès – est votre priorité. Vous ferez alors le choix du succès à tout prix, et déciderez que seul l'échec sera pour vous une cause de stress. Vous pouvez, au contraire, décider que famille et relations humaines passent en premier. Alors, vous n'aurez plus d'insomnies au sujet des petits problèmes de la journée. Tel est le rôle du calcul des priorités.

Les circonstances de la vie

Sous stress, vous avez *grosso modo* deux choix :
a) Vous pouvez en changer la cause ;
b) Vous pouvez changer votre perspective.

Les spécialistes du stress conseillent en général de changer le lieu de travail : modifier les comportements du management, redéfinir les responsabilités liées à chaque poste, donner plus de pouvoir aux employés. Ce ne sont que des idéaux, donc limités, prônant des changements structurels qui pourraient s'avérer impossibles, à tout le moins très lents à obtenir. Pas facile de remplacer votre patron, ni de demander votre transfert ; et allez-vous démissionner de votre job bien payé parce que votre supérieur immédiat ne vous aime pas ?

Reportez-vous aux solutions suivantes :
• **Le planning créatif, p. 164.**
• **Le planning inconscient, p. 170.**
• **Rejeter le succès est permis, p. 199.**

Changer votre point de vue sur les circonstances est tellement plus facile que d'essayer de les changer. De victime du stress, vous pouvez vous transformer en un être calme.

7

EMPLOYEURS À CHOISIR

Vous pensez probablement que c'est votre employeur qui vous choisit plutôt que le contraire : c'est le fruit d'un conditionnement délibéré, servant à perpétuer la relation maître-esclave.

> Quels que soient votre poste ou votre profession, vous êtes quelqu'un de puissant. En exécutant bien votre tâche, vous jouez un rôle d'une valeur inestimable auprès de votre employeur.

En disant que le rôle que vous jouez est inestimable, je sais de quoi je parle : la règle d'or, dans toute entreprise bien gérée, veut que votre contribution à la réussite de votre employeur vaudra plusieurs fois ce que vous lui avez coûté. Au jour le jour, vous valez plus aux yeux de votre employeur que lui aux vôtres. Cela n'est que théorique, certes, mais cela vous donne le droit de penser que, si vous faites votre job, c'est que vous l'avez choisi.

Comment choisir son employeur ?

La plupart des employeurs appartiennent plus ou moins à trois catégories. La description ci-dessous s'applique aux entreprises privées ou publiques, mais également à celles dont la fonction est de fabriquer, réparer, vendre, conseiller, rendre des services ou nettoyer, ce qui revient à dire la totalité des milieux professionnels.

Les Créateurs

Ils pensent : « Les hommes sont mon plus grand atout. Je prendrai le plus grand soin de cet atout, pour notre bien commun. » Ils disent : « De quelle façon pouvons-nous faire progresser les choses ? »

Les Créateurs sont ouverts vers l'extérieur, vers la croissance qui n'est pas forcément synonyme d'expansion dans le sens de développement de la taille de l'entreprise ou du profit. Le progrès, pour eux, est une fin en soi, il concerne aussi bien le rendement que l'emploi, la formation et les opportunités d'avancement personnel. Telle est l'orientation de pratiquement toutes les entreprises ou organisations qui ont du poids dans le monde actuel. Les Créateurs représentent la force positive des affaires, du service public, de l'éducation, la médecine, la religion et la politique. Ils méritent notre respect ainsi que notre soutien.

Qu'il s'agisse de ma propre entreprise ou de celles auxquelles je collabore, j'ai pour principe de ne choisir que des Créateurs, c'est-à-dire ceux qui consacrent leurs efforts à construire de conserve avec leurs employeurs ou leurs employés.

Les Sabreurs

Ils pensent : « Les hommes, ce sont autant de frais généraux à réduire. Facile : il suffit de réduire leur nombre ou leur salaire. Mon bilan ne s'en portera que mieux – pour le moment, du moins. »

Les Sabreurs sont aisément reconnaissables. Vous les entendrez se décrire eux-mêmes comme des pragmatistes, et ils sont intarissables quant à des sujets comme l'efficacité et la productivité. Leur diplôme d'une grande école de commerce ne leur sert pas à grand-chose : ils excellent en général dans la comptabilité et la gestion. L'ère du « rationalisme économique » des années 1990 les a, à mon avis, grisés. Adeptes serviles du « dégraissage », ils déclarent volontiers qu'« un dollar économisé en vaut trois gagnés ». *Moins cher, moins d'effectifs, plus vite* : au nom de leur obsession, les cadres moyens sont décimés, les employés âgés ostracisés, les avantages sucrés. La peur et l'incertitude s'installent insidieusement. Le plus alarmant, c'est qu'une tactique ponctuelle devient chez eux stratégie durable. Parmi les employeurs, ils représentent la force négative, les entreprises qu'ils dirigent sont tournées vers elles-mêmes, l'agitation y règne, et, s'ils réussissent, ce n'est jamais pour longtemps.

Les preuves de la faillite de ces options négatives sont là. Une étude portant sur 700 sociétés américaines à tendances négatives a montré que, dans une période s'étalant sur cinq ans, la plupart ont subi de sérieux revers boursiers. (Paradoxalement, la réaction garantissant un redressement immédiat quoique temporaire de la valeur des actions consiste à réduire massivement le personnel.) Selon une autre étude, le niveau de stress des employés y est notablement plus élevé que dans les sociétés « créatrices ». Le comble c'est que, d'après les résultats d'une troisième étude, moins de 50 % des « négatives » sont parvenues à leurs fins : améliorer le niveau de productivité. Et malgré ce score effarant, les Sabreurs existent toujours !

Les Indécis

Comme leur nom l'indique, ils sont indifférents, incapables ou peu enclins à décider à quel camp ils appartiennent. Approche pas négative en soi, mais qui n'a rien de spécialement positif non plus. Les indécis laissent à désirer en termes de direction ou de gestion, mais peuvent être de bons employeurs.

Pour qui devriez-vous travailler ?

Toutes choses étant égales, si vous avez le choix, allez travailler chez un Créateur, vous serez moins stressé. Même en période de crise, on s'y sent mieux. Durant la dernière récession, les temps étaient durs pour la profession dans laquelle j'évolue. La plupart de nos concurrents licenciaient à tour de bras. L'argent était de plus en plus difficile à gagner. Au lieu de sabrer, comme les autres, notre société a employé une tactique de « Créateur » en demandant à chacun de ses employés de consacrer 5 % supplémentaires de son temps de travail à chercher de nouvelles opportunités, si minimes ou absurdes fussent-elles, pour la société. Cette conjoncture difficile a été très bien vécue par chacun de nous ; nous nous sentions optimistes parce que utiles et pas spécialement stressés par le cataclysme qui s'abattait sur la profession. Les buts partagés ainsi que l'orientation vers le monde extérieur étaient un stimulant autant qu'une satisfaction. Notre société fut l'une des rares à avoir alors recruté du personnel supplémentaire.

Les choses ne sont pas toujours aussi tranchées. Les employeurs présenteront souvent à la fois les attributs du Créateur et ceux du Sabreur. *L'esprit* d'une entreprise, cependant, penche en général plutôt d'un côté ou de l'autre. Si vous voulez mon avis, et si vous tenez au calme, choisissez celle qui penche vers les Créateurs.

8

QUATRE NOTIONS SAINES

Travailler, c'est partager

> Même la tâche la plus prosaïque possède sa valeur intrinsèque – à condition que vous vous donniez la peine de la chercher. Quand vous l'aurez trouvée, vous éprouverez de la satisfaction à travailler. Et alors, le calme ne sera pas bien loin.

Théoriquement, tout travail met en jeu l'employeur (en tant que personne ou actionnaire), la direction et les employés. Si l'un de ces groupes faillit à ses responsabilités, l'entreprise échoue. En cas de succès, c'est chaque membre du groupe qui réussit. Là où les individus ont conscience qu'il y a un effort partagé, une espèce de contrat social entre les différentes parties, il fait bon travailler.

Par contre, là où les employés sont persuadés que la nature intrinsèque d'une direction est d'être exigeante et avide, et la direction que celle des employés est d'être indolents et avides, méfiance et tension règnent. Grâce au ciel, ce genre d'environnement tend à se faire de plus en plus rare, mais il reste que depuis la globalisation, à laquelle il faut ajouter les changements technologiques, le contrat social entre le travailleur et l'employeur s'est distendu. Ce problème est particulièrement difficile à surmonter, surtout dans les multinationales.

Mieux vaut ne considérer comme votre « employeur » direct qu'une ou deux personnes réelles, par exemple celui ou ceux qui vous ont recruté, ou celui à qui vous remettez vos rapports, cela vous aidera à voir votre travail comme une entreprise partagée. Ramener les choses à une dimension plus humaine est un facteur de satisfaction donc de calme.

Qu'est-ce qu'une entreprise ?

Il importe d'autre part de savoir pourquoi vous travaillez : pourquoi ce que vous faites est-il si important ? Pourquoi allez-vous travailler chaque jour ? Quel bénéfice apporte votre contribution ?

La réponse est assez évidente si vous travaillez pour le gouvernement, dans une association caritative ou religieuse, ce qui n'est pas le cas de la plupart d'entre nous. Nous travaillons pour le monde des affaires. L'entreprise n'a pas vocation d'offrir des emplois, de distraire ses propriétaires, ni de verser des impôts. Elle est là pour fabriquer des objets ou des services qu'elle vend avec une marge, c'est-à-dire à un prix supérieur au prix de production. Cela est vrai de toute entreprise commerciale, qu'il s'agisse d'une boutique, d'un fabricant de biscuits ou d'un hôpital privé. Le reconnaître est essentiel pour trouver paix et satisfaction dans ce que vous faites.

Un emploi pour quoi faire ?

La plupart des gens n'ont qu'une idée très vague de la raison pour laquelle ils travaillent dans une entreprise – à part, il va de soi, le fait qu'ils ont besoin de gagner leur vie.

Or, *vous travaillez pour votre propre bénéfice, pas pour votre patron, le gouvernement ou l'entreprise.* Vous aurez du mal à trouver un patron qui sera publiquement d'accord avec cette définition. Réfléchissez : il ne peut y avoir d'autre raison, hormis l'altruisme. Vous seriez surpris d'apprendre combien d'employés perdent de vue cette vérité première et quel tort cela leur cause. À partir du moment où vous le reconnaissez, il vous est possible de vous attacher à préserver votre calme, en toute sérénité.

Le pouvoir de l'individu

La conscience de vos droits en tant qu'individu travaillant vous sera d'une grande aide pour vivre en paix. Naturellement, qui dit droits dit aussi devoirs.

La peur, le sentiment d'insécurité, la gratitude ou un sens déplacé du devoir nous amènent occasionnellement à oublier ces notions élémentaires. Signalons, entre autres :

a) le droit de demander ce que vous voulez ;
b) le droit de décider vous-même dans le cadre de votre mission de travail ;
c) le droit de recevoir une compensation en fonction de vos efforts ;
d) le droit à la vie privée ;
e) le droit de dire non, ou de ne plus fournir les services que vous rendiez d'habitude.

Ce ne sont pas des droits au regard de la loi, mais des droits moraux qui ne peuvent être déniés ni abolis dans une société démocratique. Il est aussi important que vous reconnaissiez par ailleurs vos responsabilités en tant qu'individu travaillant (en première place : il est de votre responsabilité de reconnaître les droits des autres).

Vos responsabilités

Souffrance ou satisfaction dans votre travail dépendent, dans la plupart des cas, de ce que vous-même faites plus que de ce que quelqu'un d'autre fait. C'est toujours réconfortant de pouvoir rejeter la faute sur les autres, mais en matière de bien-être une seule personne est responsable. Vous.

N'importe quel poste, n'importe quel job, toute tâche peut avoir du sens et épanouir pourvu que vous lui en donniez la possibilité. *Pourvu que vous preniez la responsabilité de le rendre tel.* L'effort à 100 % vous y aidera. Vous en retirerez énormément de satisfaction, et vous vous apercevrez par la même occasion que vous pouvez allier travail, calme et détente.

Reportez-vous aux solutions suivantes :

- **Comment arriver à ses fins, p. 214.**
- **L'art de la négociation, p. 222.**
- **Parler franchement, p. 215.**
- **L'effort à 100 %, p. 153.**
- **Le pouvoir du non, p. 138.**

9

CINQ CONSEILS POUR VIVRE MIEUX

Je vous livre ces petits bijoux parce qu'ils peuvent, malgré leur grande simplicité, vous aider à vous sentir calme à votre travail.

> Votre patron ou votre emploi peuvent être responsables de votre stress, ils ne sont aucunement responsables de votre état de calme et de contentement. C'est vous qui l'êtes.

Voir le bon côté des choses

Vous êtes sur la bonne voie, puisque vous avez décidé d'être calme. Continuez d'avoir des pensées positives, vous irez de mieux en mieux.

Être responsable de soi-même

Au cours des ateliers que je dirige ou de mes émissions de radio, je suis toujours étonné d'entendre des réponses telles que « C'est la faute du patron », « C'est le problème de la direction, pas celui des individus ». Une fois écrit noir sur blanc, ce qui est plausible oralement commence à paraître ridicule, non ? C'est pourtant l'une des grandes causes de stress et d'anxiété.

C'est vrai qu'un bon manager allège le stress et qu'un mauvais le crée. Et alors ? Êtes-vous capable de le faire remplacer ? Si oui, êtes-vous capable d'en trouver un meilleur ? De toute façon, ni votre patron ni votre emploi ne peuvent vous aider à vous sentir calme et comblé. Il n'y a que vous qui puissiez le faire. Plus vous vous sentirez responsable de votre état, meilleurs seront les résultats.

Se cantonner à son travail

Nous aimons tous nous sentir appréciés des autres ; quoi de plus facile, afin de l'être, de faire tout ce qu'on nous demande ?

Hélas, certains types d'employés ont tendance à aller trop loin – esprits mal organisés surestimant leurs capacités, ou bien masochistes aimant à clamer qu'ils travaillent beaucoup trop ? Les raisons peuvent être multiples, mais toutes révèlent une incapacité à dire « non ». Non au travail supplémentaire, non aux invitations, non aux appels au secours.

Reportez-vous aux solutions suivantes :

- **Le pouvoir du non, p. 138.**
- **Comment dire non gentiment, p. 140.**
- **Du temps pour le calme, p. 134.**
- **Connaître ses limites, p. 142.**
- **Du temps à soi, p. 148.**
- **À chaque jour suffit sa peine, p. 150.**

Apprenez à dire « non », vous vous sentirez non seulement mieux dans votre peau mais plus efficace.

Prendre le temps de vivre

Même si votre plus cher désir est d'être au sommet de l'échelle, le champion des employés, le parfait dirigeant, le propriétaire le plus riche, vous ne le réaliserez pas en restant agrippé à votre but.

Prenez le temps de vivre, vous n'en apprécierez que plus votre travail.

Reportez-vous aux solutions suivantes :

- **À chaque jour suffit sa peine, p. 150.**
- **S'amuser, p. 290.**
- **Un peu de stress, c'est bien ! p. 202.**

Apprendre à respirer

L'apprentissage de la relaxation requiert une seule mais importante technique, savoir respirer correctement.

« Respirer » n'est pas *savoir* respirer. Une respiration correcte est le fondement de toute relaxation.

10

CHANGER, C'EST FACILE

Un changement significatif dans l'un – ou, encore mieux, la totalité – des six domaines qui suivent vous sera grandement profitable.

> Quel que soit le lieu où vous travaillez, le stress apparaît toujours au même endroit – dans votre esprit.

Le comportement

Certains comportements induisent directement le stress : remettre les choses au dernier moment, fréquenter des collègues eux-mêmes tendus, fumer cigarette sur cigarette, boire quinze tasses de café par jour.

Reportez-vous aux solutions suivantes :
- **En quoi êtes-vous vulnérable ?, p. 21.**
- **Ôter leur pression aux échéances, p. 133.**

Adoptez quelques-uns des comportements calmes présentés dans ce livre, vous m'en direz des nouvelles.

L'état d'esprit

Certains déséquilibres intérieurs seront réajustés grâce aux techniques contenues dans le présent ouvrage.

Reportez-vous aux solutions suivantes :
- **Un mot positif, p. 175.**
- **Contributions positives, p. 176.**
- **L'image positive, p. 178.**
- **Voir le bon côté des choses, p. 180.**
- **La méthode du plus et du moins, p. 187.**
- **Les gros soucis, p. 189.**

Les circonstances

Travaillez dans une usine bruyante, vous serez bientôt à cran. Dans un environnement surpeuplé, vous sentirez vite la pression monter. Assis toute la journée sur une chaise inconfortable, vous serez tendu. Portez une cravate, vous vous sentirez serré et inhibé. Ces facteurs physiques auront un effet notable sur votre état d'esprit dans votre travail.

Reportez-vous aux solutions suivantes :
- **Créer son espace, p. 256.**
- **Le son du calme, p. 256.**
- **Le parfum du calme, p. 257.**
- **L'espace du calme, p. 257.**

Même s'il n'est pas de votre ressort de les changer, vous pouvez contrôler vos réactions.

Les pratiques

Les mauvais managers ne sont pas les seuls à provoquer du stress, certaines pratiques ayant cours sur les lieux de travail sont déplorables.

Si vous ne pouvez pas les changer, changez votre point de vue.

Reportez-vous aux solutions suivantes :
- **L'agenda du calme, p. 172.**
- **Au ralenti, p. 201.**
- **Épouser le calme, p. 241.**

Le planning

Gérer le temps. Formuler des buts. Cibler. Planifier. On a écrit des volumes entiers, donné des cours, consacré des programmes universitaires à ces sujets. Dans une entreprise, de la bonne planification dépendra souvent le succès ou l'échec. En ce qui concerne l'individu, elle joue un rôle tout aussi important, puisqu'elle a une incidence directe sur votre capacité à supporter votre travail.

Savoir où l'on va, savoir planifier permet de surmonter son anxiété. S'éduquer, essayer d'en savoir plus apprend à s'épanouir. Les gens organisés souffrent moins de la pression du temps. Projetez donc d'être calme.

Reportez-vous aux solutions suivantes :
- **Le calcul des priorités, p. 89.**
- **Le planning créatif, p. 164.**
- **Le planning inconscient, p. 170.**

La décision

Beaucoup de gens, alors qu'ils cherchent des solutions à un problème, ne prennent jamais réellement la décision de résoudre ce problème. Ils ont les solutions, mais ne les utilisent pas. Ils consultent le médecin, achètent des livres, s'offrent la dernière vidéo sur l'aérobic, projettent de se mettre au yoga, lisent des recettes – mais ne font pas ce qu'il faut faire pour arriver à la solution : décider de liquider le problème.

Reportez-vous aux solutions suivantes :
- **Le temps de la décision, p. 168.**
- **Comment décider calmement, p. 171.**
- **La méthode du plus et du moins, p. 187.**

Prendre une décision n'a rien à voir avec la volonté ou la détermination. Il s'agit juste de prendre une décision. Il est à présent temps de décider d'être calme. Cela fait, il ne vous reste qu'à mettre en œuvre les solutions présentées ici.

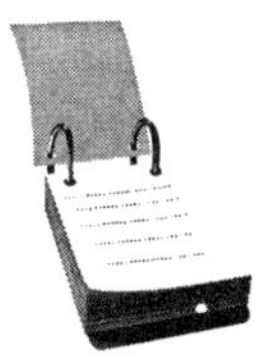

11

LES CAUSES DU STRESS AU TRAVAIL

Sept facteurs sont déterminants en matière de stress au travail : le temps, le contrôle, soi-même, les autres, le changement, le physique, le mode de vie.

Les causes du stress au travail relèvent de trois catégories : physique, émotionnelle et comportementale. Les causes physiques vont de la maladie aux problèmes liés à l'environnement ; le désagrément de chaussures inconfortables, soit dit en passant, vaut celui du bruit, du froid ou de la poussière. Les facteurs émotionnels, prenant leur origine dans votre esprit, sont les plus graves et les plus complexes. Parmi les comportements favorisant le stress, citons les atermoiements, les habitudes inefficaces, l'abus de médicaments, l'alcoolisme. Cette classification courante du stress au travail n'a cependant rien à voir avec les facteurs qui le déterminent.

Fondamentalement, ceux-ci sont liés au changement, au temps, au contrôle de son destin, aux autres, à la charge de travail. Certains thérapeutes insistent sur la conjonction d'une pression maximale et d'un contrôle minimal sur les choses, d'autres mettent l'accent sur le sentiment d'insécurité face au changement. (Il y a dix ans, aucune étude ne mentionnait le changement comme cause principale de stress, il est actuellement présent dans tous les esprits.) Peu de spécialistes mettent en lumière le rôle du «soi» ou du «mode de vie», alors qu'il est évident. Le schéma ci-dessous représente les sept facteurs majeurs de stress; la valeur proportionnelle varie selon le domaine d'activité, le pays, l'époque.

Il se trouve une école pour déclarer que le sentiment de stress au travail, souvent, n'est en aucune façon provoqué par les conditions de travail. Ses défenseurs montrent du doigt un autre facteur, certes non négligeable dès lors que tant de parents, de nos jours, travaillent et que l'insécurité financière et sociale semble se répandre: les préoccupations personnelles et familiales. Ces causes extérieures au lieu de travail sont tellement diverses – mauvaise santé, troubles relationnels, calvitie menaçante, boulimie, anorexie, pratiquement tout ce qui vous passera par la tête – que je m'en tiendrai à analyser les facteurs de stress du schéma. Ce sont les solutions qui nous intéressent, ne l'oublions pas.

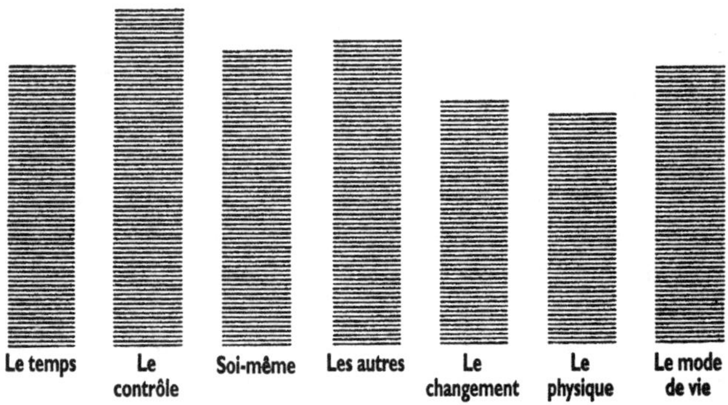

Le temps

Problème clef. Des délais draconiens, le temps qui presse, tant à faire en si peu de temps, les heures de la journée ne suffisent pas! Pour certains, cela semble ne jamais s'arrêter. C'est le mal des temps modernes : il faut s'activer à tout prix, n'est-ce pas le message dont nous bombardent les publicités ? Et puis toutes ces distractions si tentantes...

La notion de temps est totalement abstraite. C'est votre état d'esprit, la perception que vous en avez qui crée ou ne crée pas la pression.

Les délais draconiens

Il y a une relation directe entre délais et perception du temps – combien de temps vous pensez avoir à votre disposition.

Pour nombre d'entre nous, tout délai crée problème. Pour d'autres, par contre, cela leur donne un sentiment de sécurité. Pourquoi cette différence ? La réponse réside dans votre perception du temps, mais aussi dans votre talent à le gérer.

Reportez-vous aux solutions suivantes :

- **Du temps à soi, p. 148.**
- **Les rendez-vous, p. 149.**
- **Connaître ses limites, p. 142.**
- **Du temps pour le calme, p. 134.**
- **Trois lois pour gérer temps et efforts, p. 131.**

Le poids du travail

La plupart des gens sont persuadés qu'ils travaillent trop. Il est vrai qu'au début des années 1990 les exigences de productivité qui ont suivi la récession nous ont amenés à travailler de plus en plus dur. Sommes-nous vraiment assommés de travail ?

Oui, répondront unanimement la plupart. Cependant, autant que la réalité, la *perception* que nous avons du poids de notre travail fait partie intégrante du problème.

Reportez-vous aux solutions suivantes :

- **Le pouvoir du non, p. 138.**
- **Comment dire non gentiment, p. 140.**
- **Connaître ses limites, p. 142.**
- **Du temps à soi, p. 148.**
- **À chaque jour suffit sa peine, p. 150.**

La surinformation

C'est le nouveau problème des cadres. C'est sur lui que 40 % de ceux qui ont été interrogés rejettent leurs problèmes au travail. Il y a trois ans, c'était un mal inconnu.

Reportez-vous aux solutions suivantes :
- **S'émanciper, p. 144.**
- **Le calcul des priorités, p. 89.**

Découvrir son origine n'est guère sorcier. La totalité des connaissances double tous les deux ou trois ans, paraît-il, et un seul numéro du *New York Times* contient plus d'informations que nos arrière-grands-parents n'en emmagasinaient en une vie. Des cerveaux d'un certain âge ont du mal à accepter l'Internet. La quantité d'informations à la disposition d'un cadre sur n'importe quel sujet défie tous les calculs. (Difficile par conséquent de justifier le niveau d'ignorance ayant cours dans certains cercles.)

Votre impression d'écrasement sous ces avalanches de mégaoctets est compréhensible. Le lecteur le plus entraîné à la lecture rapide serait réduit à quia devant la quantité d'informations aboutissant quotidiennement sur le bureau de certains cadres. L'ignorance est-elle la seule solution ? Heureusement non. Notre réponse résidera dans la sélectivité et la discipline.

L'atermoiement

Pourquoi, me demanderez-vous, le classer dans la catégorie « temps », plutôt que dans « comportement » ou « habitudes de travail » ? D'abord, parce qu'il s'agit d'une mauvaise utilisation de votre temps. Remettre à plus tard ne peut qu'ajouter à la pression que vous subissez déjà. De plus, ces choses désagréables que vous vous refusez à faire tout de suite s'accumuleront et tôt ou tard vous devrez vous exécuter.

Reportez-vous à la solution suivante :
- **L'effort à 100 %, p. 153.**

Le contrôle

Il y a en général trois butoirs possibles au stress : la possibilité de prévoir son occurrence et son évolution, celle d'exercer un contrôle, et enfin, le fait de pouvoir bénéficier d'un soutien affectif.

Les psychologues s'accordent sur le fait que l'absence de contrôle sur le travail que l'on exécute peut mener au stress, à l'anxiété ou à la colère. (Ils veulent parler du degré de contrôle que vous vous *sentez* exercer.) La solution prônée serait une politique de délégation de pouvoir attribuant un certain degré d'autonomie aux employés et aux subordonnés en matière de tâches à accomplir et de productivité. Cela marche. Ce concept, admirable dans son principe, n'affranchit cependant pas de l'emprise du patron ; en dépendant de lui pour surmonter vos tensions, vous vous mettez dans une position très vulnérable.

Pourquoi ne pas essayer de maîtriser les aspects de votre travail qu'il vous est possible de contrôler – si minuscules et insignifiants soient-ils ? Ceci, afin de ne plus avoir à souffrir d'actes monotones et répétitifs, de l'absence de communication et de l'excès d'autorité, condamné à réagir sans agir. La frustration est l'ennemie du calme. (Si vous pensez que les dirigeants d'une entreprise ont toute prise sur leur vie et leur destin, vous vous trompez. Seuls l'échelle et les détails diffèrent.) Attention à la manie qui consiste à vouloir absolument contrôler le moindre événement : ceux qui en sont victimes arrivent à se mettre dans des rages folles parce que les choses ne cessent de se dérober. Vous avez, d'une part, des gens qui pourraient prendre le contrôle de leur travail mais ne le font pas ; d'autre part, des gens obsédés par l'exercice de leur contrôle mais qui n'y parviennent pas. La solution est la même dans les deux cas. Elle consiste à se rappeler que la seule chose que l'on puisse vraiment contrôler c'est soi-même. Ses actions, ses états d'esprit, ses perceptions. Essayez, vous serez surpris de votre pouvoir.

L'attente

L'imprévisible rend l'attente stressante. Attendre pendant une demi-heure le coup de fil d'un patron hors de lui peut être plus désespérant que la semonce elle-même. Si cette demi-heure est employée à bavarder avec la réceptionniste ou lire une revue, elle représentera une détente. L'imprévisible étant devenu productif, vous pouvez vous permettre d'être calme.

Reportez-vous aux solutions suivantes :
- **C'en est fini de l'ennui, p. 157.**
- **L'effort à 100 %, p. 153.**

L'ennui

Un sentiment de nervosité et d'impuissance accompagne souvent l'ennui – cela nous conduit à rechercher des distractions. Si vous êtes stressé, vous aurez tendance à ressentir de l'ennui.

Alors, est-ce que le second résulte du premier ou le contraire ? Cela n'a pas réellement d'importance. Vaincre l'ennui vous permettra de vous épanouir et de réduire les effets négatifs du stress dans votre vie.

La frustration

Vous êtes pris dans un embouteillage, coincé dans l'ascenseur, poursuivi par l'être le plus ennuyeux du monde, retardé par un assistant incapable, vous désespérez d'obtenir un entretien avec le directeur : ces inconvénients mineurs représentent pour beaucoup d'entre nous des sommets de frustration.

Le stress négatif naît de la frustration. Et *vice versa*, plus votre niveau général de stress sera élevé, plus vous aurez tendance à vous sentir frustré. Rassurez-vous, frustration comme ennui se surmontent facilement.

Reportez-vous aux solutions suivantes :
- **L'effort à 100 %, p. 153.**
- **C'en est fini de l'ennui, p. 157.**
- **La joie de la répétition, p. 154.**

Double responsabilité

Nous aurons fait le tour du chapitre « contrôle » quand nous aurons traité d'un dernier point, l'atomisation des responsabilités lorsqu'on travaille et mène concurremment une vie familiale.

L'époque est révolue où la structure familiale variait peu et se répartissait entre ceux qui faisaient bouillir la marmite, ceux qui fondaient des foyers et avaient des enfants. De nos jours, dans la plupart des familles à deux parents, les deux travaillent. Quand il s'agit d'unités monoparentales, c'est une lutte permanente pour le chef de famille, qui n'ayant en général pas le temps de s'occuper des enfants ni l'argent pour payer une employée de maison, porte un fardeau disproportionné. Par ailleurs, les célibataires sont plus nombreux que les couples, et jamais dans l'histoire il n'y a eu autant de divorcés, de veufs et de veuves. Ces changements affectent profondément modes de vie et mentalités, et les répercussions s'en font sentir sur le lieu de travail car qui dit conflit des responsabilités dit stress.

Reportez-vous aux solutions suivantes :
- **Le calcul des priorités, p. 89.**
- **La double responsabilité, p. 158.**
- **Le pouvoir du non, p. 138.**
- **Le fonds de secours, p. 207.**

Soi-même

La plus grande cause de contrariété au travail n'est pas le temps, ni le changement ou l'absence de contrôle sur les choses. C'est vous. Votre façon de penser. Votre type de personnalité. Ce que vous croyez. Comment vous raisonnez. *Ce qu'il y a à l'intérieur de votre tête.*

Ce qu'il y a de rassurant, c'est de savoir que les solutions se trouvent au même endroit : votre tête, c'est-à-dire ce qu'il y a de plus accessible pour vous. Penchez-vous sur vos perceptions, vos états d'esprit, la façon dont vous réagissez aux problèmes que vous pose votre travail, non seulement vous éliminerez ces problèmes, mais vous aurez fait un grand pas en direction du calme.

La personnalité

Certaines personnes sont-elles naturellement prédisposées à l'anxiété ? Certaines sont-elles plus vulnérables aux soucis et à la nervosité ? Question ô combien pertinente. Je répondrai que oui, il y a des « inquiets » de naissance, et j'en suis un. D'autres types de personnalité sont également constitutionnellement susceptibles de souffrir de stress négatif.

La majorité des lecteurs du *Grand Livre du calme au travail* présenteront probablement les caractéristiques d'un comportement « actif ». Le stress autogénéré frappe plus les actifs que les autres. Le lecteur de type énergique feuillettera, grappillera quelques paragraphes à droite et à gauche avant de diriger son attention vers tout autre chose, persuadé qu'en permanence il maîtrise tout, lui-même autant que la situation.

Reportez-vous aux solutions suivantes :

- **En quoi êtes-vous vulnérable ?, p. 21.**
- **Prétendre être du Type B, p. 193.**
- **La pause relax, p. 193.**
- **S'amuser au travail, p. 195.**
- **Un peu de stress, c'est bien, p. 202.**
- **Sourire et continuer, p. 266.**

L'anxiété

Les théories abondent sur le sujet. Certaines vont chercher très loin les causes de l'anxiété – mémoire réprimée, déséquilibres biochimiques ou neurochimiques, perspectives culturelles... D'autres incriminent des facteurs sociaux tels que l'habitat, les conditions de travail. Celle à laquelle j'accorde le plus de crédibilité présente l'anxiété comme étant la seconde phase d'un processus de modifications biologiques liées au stress : d'abord survient une succession d'incidents ou de comportements stressants, puis une sensation générale d'anxiété s'installe – la troisième phase étant la perte du contrôle des émotions.

La théorie n'a que peu d'importance, puisqu'elle n'empêche pas l'anxiété de survenir. Celle-ci en effet est un résultat et non une cause. La plupart du temps, on se sent juste anxieux ; on ne sait pas pourquoi. Or, le sentiment d'appréhension que nous appelons « anxiété » peut être décrit très précisément : c'est toujours un produit de l'imagination, ayant toujours un lien avec le temps et presque toujours avec l'avenir. Il s'exprime de diverses manières, sous la forme de soucis financiers, d'inquiétude quant à sa propre responsabilité, de crainte de l'autorité ou de l'échec, ou même d'une sensation générale de peur et de malaise. Toutes ces manifestations présentent deux traits communs : le manque de substance et la relation à l'avenir – celui qu'on peut prédire, dans trente minutes, ou l'avenir lointain, en tout cas quelque chose qui n'existe pas au moment où l'on parle. Au moment présent, l'avenir n'est rien de plus qu'un concept, une abstraction. Ce sont nos efforts pour lui conférer une réalité quelconque (quitte à le qualifier de « proche » ou « lointain ») ainsi que pour le traiter comme un objet contrôlable, manipulable, qui, s'ils n'en sont pas la cause même, exacerbent notre anxiété.

Peu de gens sont dotés de suffisamment d'objectivité pour analyser leur anxiété. S'ils pouvaient considérer les probabilités que leurs inquiétudes se transforment en réalité, ils concluraient probablement qu'elles sont pratiquement nulles. Ainsi, ils n'auraient plus à s'en faire du tout, puisque leurs raisons de se sentir anxieux s'évanouiraient. Quelques techniques dans cet ouvrage permettent de surmonter ces obstacles en toute détente et même parfois en se distrayant.

Reportez-vous aux solutions suivantes :

- **Le parc, p. 204.**
- **Choisir ses contraintes, p. 196.**
- **Le nez, p. 190.**
- **L'éliminateur de soucis, p. 181.**
- **Voir le bon côté des choses, p. 180.**

L'ambition

Les gens qui en ont devraient, pensez-vous, jouir de quelque avantage sur ceux qui en manquent ; après tout, ils savent ce qu'ils veulent et sont en général suffisamment motivés pour travailler avec la concentration et l'effort requis – ce qui veut dire qu'ils parviennent à maîtriser les nombreux éléments stressants du travail. Du moins, c'est ce que l'on croit.

En réalité, les ambitieux souffrent autant des maux provenant du stress négatif que les autres ; même plus, parfois. La pression engendrée par le fait d'être ambitieux s'apparente à celle que ressentent les fanatiques des délais draconiens. Vous vous fixez des objectifs, puis vous faites votre maximum pour les atteindre à tout prix. Il en résulte que beaucoup de gens excessivement ambitieux liront mon livre.

Ce n'est pas parce que vous êtes amené à vous donner des buts que vous serez stressé ; au contraire, beaucoup sont stimulés par les défis à relever et s'en trouvent dopés. L'ambition peut apporter un but et un sens à la vie. En tout cas, l'âge avançant, elle est un puissant moteur de jeunesse. Cependant, couplée avec des buts peu clairs, elle forme un cocktail dangereux. L'énergie est présente, sans la satisfaction qu'apporte le succès. Donc, des buts mal définis comme « Je veux être riche » ou « Je veux être célèbre » – surtout s'ils dépassent vos capacités ou les limites temporelles que vous vous êtes fixées – créent de la tension.

Ambition rime avec paix et satisfaction à condition que vous vous fixiez des objectifs précis. À pratiquer depuis pas mal d'années la stratégie et la planification, j'ai appris que les organisations où règnent sérénité et efficacité sont celles qui

Reportez-vous aux solutions suivantes :
- **Le calcul des priorités, p. 89.**
- **L'éliminateur de soucis, p. 181.**
- **Trois lois pour gérer temps et efforts, p. 131.**

ont une vision précise de la direction où elles vont; autrement dit, celles qui ont un plan. J'ai également découvert que les plans les plus viables émanent d'esprits structurés par le calme – à mille lieues de l'ambition incontrôlée et de la panique.

La crainte

Le plus féroce facteur de stress au travail. Si l'on exclut le fait qu'elle galvanise et mobilise toutes vos ressources pour vous défendre contre une menace ou l'adversité, ses effets physiologiques sont presque entièrement négatifs. La crainte est considérée comme un facteur émotionnel aux conséquences des plus désastreuses, dont le lieu de travail est une source de prédilection.

La crainte est rarement rationnelle. Vous avez peur que le commentaire que vous vous êtes permis de faire à la cantine ne revienne aux oreilles de votre chef de service. Vous redoutez que le mépris de l'environnement dont font preuve vos concurrents ne contribue à la destruction de la planète. Quelqu'un d'autre va certainement être nommé au poste que vous convoitez... Et le percepteur ne va-t-il pas vous harceler au sujet des abattements que vous aviez revendiqués l'an dernier? Les craintes auxquelles vous ne voyez aucune cause spécifique sont encore plus débilitantes – quand vous savez que vous vous sentez mal à l'aise, que peut-être quelque chose va arriver... L'irrationalité de toutes ces craintes liées au travail est à rapprocher de celle de l'anxiété, se rapportant à quelque chose qui ne se passe pas dans la réalité au moment présent et qui, dans beaucoup de cas, n'a que peu de chances de se produire dans l'avenir. Votre crainte ne concerne la plupart du temps que ce qui *pourrait* arriver. Sensations hautement nuisibles à l'efficacité, et tellement irritantes aussi. Heu-

Reportez-vous aux solutions suivantes :

- **La méthode du plus et du moins, p. 187.**
- **Un mot positif, p. 175.**
- **L'image positive, p. 178.**

reusement, votre arme sera la même que la leur: votre subconscient, dont ce livre fera grand usage.

La culpabilité

Si invraisemblable que cela puisse paraître, la culpabilité est l'une des causes majeures de stress au travail. Qu'elle soit l'effet de vos propres traumatismes, de la pression exercée par des influences externes à vous-même, ou issue d'un sens indu de la responsabilité, les résultats sont également négatifs.

Il y a deux origines possibles à la culpabilité:

a) ce que vous pensez de vous-même (le type de personne que vous êtes, ce que vous avez accompli, ce que vous avez fait ou avez l'intention de faire, ou certains aspects de vous-même que vous avez été conditionné à croire mauvais ou non attirants);
b) ce que les autres tentent de vous faire sentir (vous seriez responsable de leur humeur ou de leur situation, votre travail ne serait jamais à la hauteur).

Dieu merci, plus vous garderez votre calme et moins vous serez tenté de succomber à ces sentiments de culpabilité. Et *vice versa.*

L'ego

Combien de tourments trouvent-ils leur origine non dans ce que vous pensez de vous-même, mais dans ce que vous croyez que les autres pensent de vous? Cela fait mal de découvrir que quelqu'un pense que vous êtes inefficace, non professionnel, peu fiable. Cela fait mal de découvrir que vous n'êtes pas aimé, pas respecté.

Par ailleurs cause de bien des stress au travail, la vanité n'a rien à voir là-dedans. Simplement, ce que les autres pensent de vous (ou ce que vous pensez qu'ils pensent) ne cadre pas avec l'image que vous avez de vous-même. Une telle dissonance blesse, on se sent lésé, plongé dans une grande détresse. Avoir une image raisonnable, objective de vous-même et connaître vos points forts et vos points faibles tout en les acceptant est une façon de contourner le problème. Les psychologues veulent nous faire croire qu'il nous est difficile de formuler une estimation exacte de notre propre personnalité sans l'aide d'une tierce personne. Je ne conteste pas l'existence d'une telle limitation, mais je rejette totalement la notion qu'elle devrait limiter la façon dont *nous nous voyons*. Nous sommes, après tout, les produits de nos propres pensées et de nos propres images. Ce qui veut dire que rien ne nous empêche de créer les pensées et les images qui nous aideront à accomplir ce que nous voulons accomplir.

Reportez-vous aux solutions suivantes :

- **Modèle de visualisation, p. 114.**
- **Se fixer ses propres repères, p. 198.**
- **Le calcul des priorités, p. 89.**
- **Rejeter le succès est permis, p. 199.**
- **L'effort à 100 %, p. 153.**

Rien ne nous empêche de créer des images mentales de nous-même en tant qu'être calme, sûr de soi, rempli de potentialités. Nous-même gagneur, courant de succès en succès… Vous avez juste besoin de savoir comment procéder.

L'insécurité

Elle mérite une mention spéciale par son ubiquité. D'autre part, plus le monde change et plus le sentiment d'insécurité augmente.

Sur les lieux de travail, actuellement, elle a tendance à croître avec le temps, et au moment où l'on se sent en perte de vitesse, plus tellement indispensable ; peut-être y a-t-il des gens mieux à même d'exécuter notre tâche. Non pas tant que les connais-

Reportez-vous aux solutions suivantes :

- **Faire semblant d'être sûr de soi, p. 206.**
- **Être sûr de soi et le dire, p. 206.**
- **Le fonds de secours, p. 207.**
- **Le parfum du calme, p. 257.**

sances se soient érodées, elles sont plutôt frappées d'obsolescence – à cause d'une base de données, d'un jeune diplômé ou d'un commercial très performant. Cette insécurité qui guette chacun d'entre nous, indépendamment de ses talents ou du poste occupé, nous pouvons facilement la surmonter en ne nous laissant pas prendre par surprise.

La détermination

Bien qu'ignorée par la plupart des manuels spécialisés, elle représente l'une des grandes causes personnelles de stress négatif dans le travail. Je veux parler de *l'absence* de détermination.

Quand on dit d'un sportif de haut niveau qu'il a «la rage de vaincre» ou d'un chef d'entreprise qu'il «sait où il va», on implique que l'un et l'autre sont en route vers le succès. Ceux qui manquent de détermination, au contraire, sont plus lents à accomplir les choses, moins efficaces et en ressentent de la frustration. Une entreprise sans tête sera un endroit peu propice au travail serein. Si c'est le cas de la vôtre et s'il n'est pas en votre pouvoir d'y remédier, notez qu'il vous est possible, à titre individuel, d'acquérir cette détermination qui manque par ailleurs et, en la cultivant, de maîtriser avec calme votre travail.

Ne vous méprenez pas : par détermination, je n'entends pas des idéaux supérieurs de succès ou d'accomplissement semblables à ceux qu'on attribue aux gagneurs. Je veux simplement dire qu'il existe une manière d'utiliser la détermination pour faciliter votre travail et le rendre plus satisfaisant. Libre à vous, naturellement, de choisir d'y exceller ou non. Nous aurons l'occasion de voir que la détermination est en soi une technique de calme.

Reportez-vous aux solutions suivantes :

- **L'effort à 100 %, p. 153.**
- **Le planning créatif, p. 164.**
- **Leçon de marketing en 30 secondes, p. 220.**
- **Le planning inconscient, p. 170.**
- **La double responsabilité, p. 158.**

Les autres

Ultime cause de stress négatif au travail, hydre à têtes multiples : l'absence de soutien de la part des autres, qui comprend aussi bien le manque de respect que l'on vous porte, le manque de reconnaissance de votre contribution à la collectivité, que les conflits quotidiens dont les sources peuvent remonter aussi loin que le conseil d'administration ou les autorités en charge.

La compétitivité

La place de plus en plus grande que les gouvernements comme les entreprises accordent à la compétition et à la compétitivité alimente les tensions sociales dans tous les milieux professionnels. Et cela va aller de mal en pis. Allons-nous ainsi nous laisser ôter notre joie de vivre ? La compétition va-t-elle forcer les plus faibles d'entre nous à une retraite anticipée ou à l'inutilité ? Être plus compétitif ou périr : n'y a-t-il pas d'alternative ? Bonjour le stress !

Les as de la compétition, eux, se sont appliqués à transformer le stress qui en est le corollaire en force positive. Elle les aide à aller chaque fois plus loin. S'efforcer d'atteindre des buts de plus en plus difficiles leur apporte un regain de vigueur tout en enrichissant leur vie. Beaucoup d'entre nous, cependant, réagissent à l'opposé. Au lieu d'être stimulante, la compétition leur semble débilitante et vulgaire. Ceux qui n'ont pas été élevés dans un tel climat sont intimidés. Ceux que poursuivent des sentiments d'insécurité et de doute en seront le plus affectés. Pourquoi cela ?

Parce que nous préférerions ne pas être comparés. Nous n'aimons guère nous sentir constamment sur la sellette. Que quelqu'un puisse trouver son intérêt à mesurer et comparer nos performances et les siennes nous paraît le comble du mauvais goût. Or c'est à cette deuxième catégorie, celle qui considère que la compétitivité est un stress négatif, qu'appartiennent la majorité des gens qui travaillent. Tout ce qu'ils veulent, c'est bosser dur et recevoir la récompense de leurs efforts. Être évalué puis mis en regard avec leurs semblables en Corée, en Suède ou en Tchéquie est un affront. D'où un supplément de stress.

Dans de telles conditions, le secret d'un calme quotidien si agréable, c'est de considérer que votre travail représente un but en soi et de vous y atteler du mieux possible. Un brin idéaliste, comme approche ? Mais vous le découvrirez bientôt, vos journées s'écouleront sans peine et vous en serez comblé.

Reportez-vous aux solutions suivantes :

- **En quoi êtes-vous vulnérable ?, p. 21.**
- **Se fixer ses propres repères, p. 198.**
- **Rejeter le succès est permis, p. 199.**
- **Leçon de marketing en 30 secondes, p. 220.**

La colère

Ses effets physiques sont proches de ceux de la peur ou d'autres états d'excitation : accélération du cœur, respiration plus rapide, pupilles dilatées, afflux du sang de l'estomac et des intestins dans le cerveau et les muscles, augmentation du taux de glucose et ainsi de suite.

L'on sait que la colère est un sous-produit du stress, mais elle peut aussi, à l'opposé, exacerber ce dernier. À l'état de nature, l'être humain est porté à résorber les effets de sa colère en prenant la fuite ou en attaquant (physiquement et verbalement) la source de sa frustration. Sur le lieu de travail, une telle solution est fort mal vue, nous ne pouvons pas souvent nous offrir le luxe de ce genre de soupape de sécurité. En outre, la source de votre frustration sera la plupart du temps vague, hors de votre contrôle ou peut-être même inconnue. Alors, tout ce que vous pouvez faire, c'est laisser votre colère se transformer en une accumulation de stress. Pauvre de vous !

Il vous faut apprendre à vivre avec votre colère. Que vous y succombiez ou que vous essayiez de la contenir, votre santé en subira également les conséquences. Quelques techniques simples vous permettront, sachez-le, de surmonter ses effets.

Reportez-vous aux solutions suivantes :
- **Dissiper la colère, p. 213.**
- **Le parc, p. 204.**

L'envie

L'avidité forme l'un des traits les plus remarquables de la vie d'une entreprise, et l'envie en est la proche parente. À sans cesse convoiter le poste, les biens ou la réussite des autres, l'on finit par être complètement stressé.

L'envie s'accompagnant de grandes espérances (une cause de stress), elle peut aussi mener à la frustration (autre cause de stress). Ajoutons qu'elle a la capacité de relâcher le raisonnement et d'aveugler des gens normalement équilibrés, les poussant à des actes de folie et de cruauté. Reconnaître l'existence de l'envie est déjà important. La conscience de son existence ainsi que de ses méfaits rapproche de la solution. Des techniques permettant de la planifier ou de la rendre positive parachèveront le dispositif.

Reportez-vous aux solutions suivantes :
- **Le calcul des priorités, p. 89.**
- **Un mot positif, p. 175.**
- **S'amuser, p. 289.**

Les relations humaines

Comment vous y prenez-vous avec un patron abusif, un directeur dépassant le cadre de ses fonctions, un subordonné apathique ? Avec des gens malveillants ou malhonnêtes ? Une brute mal embouchée ? Comment faites-vous pour, de temps à autre, arriver à vos fins ?

D'aucuns me rétorqueront que les cas cités ne présentent aucun rapport les uns avec les autres; je pense néanmoins que les relations de travail entrent dans quelques catégories très précises régies par quelques techniques très simples.

Reportez-vous aux solutions suivantes;
- **L'effort à 100 %, p. 153.**
- **Les gens difficiles, p. 211.**
- **L'art de la négociation, p. 222.**
- **L'autodéfense, p. 228.**

L'assurance

Que ce soit dans l'industrie, le commerce ou le service public, les employés sont enjoints, à des fins de compétitivité, de montrer plus d'assurance dans leurs choix et vis-à-vis des autres.

Reportez-vous aux solutions suivantes:
- **En quoi êtes-vous vulnérable?, p. 21.**
- **Comment arriver a ses fins, p. 214.**
- **Parler franchement, p.** 215.

Le manque d'assurance donne le sentiment que l'on est impuissant. Il est particulièrement présent chez ceux qui travaillent au sein d'un groupe dont les membres changent sans arrêt. Cela ne sert à rien d'incriminer une mauvaise gestion de l'entreprise: apprenez à avoir plus d'assurance, c'est la seule solution.

Les pressions sociales extérieures au travail

Souvent, combiner le travail et la famille semble insurmontable. Cette difficulté peut cependant être relativisée si vous suivez quelques principes de base:

a) Sachez ce que vous voulez de votre travail.
b) Concevez des stratégies pour l'obtenir.

Reportez-vous aux solutions suivantes:
- **La double responsabilité, p. 158.**
- **Le calcul des priorités, p. 89.**
- **Le bain, p. 289.**
- **Dissiper la colère, p. 213.**
- **Le fonds de secours, p. 207.**
- **Varier un peu, p. 205.**

c) Faites part de ces dernières à votre partenaire, votre famille ou à toute personne importante pour votre carrière.

Le changement

Il m'est arrivé de travailler avec une femme – championne dans son domaine – qui, après avoir accédé à la direction générale, s'est empressée de demander aux cadres supérieurs de la société de changer de bureau. « Le changement bouleverse les conforts personnels, m'avoua-t-elle. Ils vont mettre un certain temps à se réadapter ; à ce moment-là, j'aurai vraiment les rênes en main. » Cela a marché. Elle a été une femme très puissante. Une manipulatrice, certes, certainement pas un bon manager selon les critères actuels, mais extrêmement bonne pour chambouler les *statu quo*.

De nos jours, au travail, le changement est la seule chose dont nous pouvons être absolument certains. Il est non seulement inévitable, mais voué à se développer formidablement. Si cette idée ne vous enchante pas – c'est le cas de la plupart –, la perspective d'avoir à faire face à un monde de plus en plus dynamique, fluide jusqu'au bouleversement peut devenir terrifiante. Insécurité et tension deviennent votre lot, vous vous cristallisez sur les notions de perte et d'échec au lieu de voir les progrès innombrables qu'ont suscités les changements. Notre niveau de vie ne cesse de s'améliorer grâce à des méthodes de production et d'organisation nouvelles. Nous disposons de meilleurs services médicaux, de systèmes de transports plus sûrs, nous guérissons mieux les maladies, nous bénéficions de communications abordables et de la transparence gouvernementale qui sied à des démocraties... Aussi longtemps que vous serez capable de déceler les avantages qu'apportent les changements – les statistiques prouvent qu'ils sont supérieurs aux désavantages –, vous pourrez faire en sorte qu'ils jouent en *votre* faveur, pour l'amélioration de *votre* existence, *votre* travail, *votre* bien-être.

Si l'on considère par ailleurs l'allongement général de la vie ainsi que la fascination qu'exercent loisirs et distractions sur les hommes, peut-être est-ce le moment d'envisager une modification dans votre plan de carrière… Accueillez le changement à bras ouverts car il peut vous apporter de bonnes choses. Acceptez-le parce qu'il est inévitable. Vous vous sentirez plus détendu, vous vous déferez de vos inquiétudes sur le monde contemporain, et toutes les chances de succès seront de votre côté.

Reportez-vous aux solutions suivantes :

- **La liste des changements, p. 247.**
- **Jamais trop vieux pour être calme, p. 249.**
- **Changer en bien, p. 250.**

Le physique

Il y a cinq mille ans, l'être humain souffrait surtout de stress physique – soit vous capturiez votre proie, soit elle vous capturait ; si vous ne sortiez pas vivant d'un feu de brousse, vous étiez rôti, et si vous ne trouviez pas une caverne pour y dormir, vous geliez. Et puis, les gens ont commencé à travailler pour gagner leur vie, et les choses se sont compliquées.

Il y a cent ans, la source la plus répandue de stress au travail résidait dans les conditions physiques où vous deviez évoluer : des facteurs environnementaux comme la chaleur, le froid, l'humidité, l'obscurité, la luminosité, la sécheresse auxquels s'ajoutaient les inconvénients liés à la nature des tâches accomplies – tels un éclairage déficient ou une mauvaise ventilation. Le lieu de travail, aujourd'hui, peut être aussi stressant, mais il est généralement bien moins menaçant sur le plan physique. Là réside l'un des grands progrès de l'ère industrielle : les causes physiques du stress n'ont plus rien à voir avec ce qu'elles étaient il y a un siècle.

Elles existent pourtant. Les plongeurs, les mineurs et les pompiers accomplissent leur tâche dans des conditions extrêmes, tandis que d'autres travailleurs sont affectés par le bruit, les vibrations et les diverses formes de pollution – mauvaises odeurs, gaz, poussières et substances toxiques. Les causes les plus courantes de stress physique sont plus bénignes. Particulièrement stressants et inconfortables, le sort des employés dans la restauration rapide, debout derrière leur comptoir, celui des informaticiens devant leur écran, sans oublier les ouvriers à la chaîne, les préposés aux urgences des hôpitaux, les agents de change. Les aléas physiologiques de ceux qui sont soumis aux trois-huit sont à peine imaginables pour la plupart d'entre nous.

Reportez-vous aux solutions suivantes :

- **Créer son espace, p. 256.**
- **Couper le son, p. 255.**
- **Le son du calme, p. 257.**
- **Droit et calme, p. 268.**
- **Desserrer les masséters, p. 270.**
- **Le visage du calme, p. 272.**
- **Le calme debout, p. 281.**

À cause physique, solution physique. Certaines sont évidentes (elles dépassent les visées de ce livre), d'autres seront traitées plus loin.

Le mode de vie

Je n'ai jamais compris pourquoi ce facteur était omis dans les causes entérinées du stress au travail. Pour moi, il est évident que si vous fumez, êtes accro au café, sortez tous les soirs, ne faites pas de sport, buvez trop, ne dormez pas assez, vous disputez avec votre conjoint, ou êtes la proie d'une centaine d'autres mauvaises habitudes, il y a de fortes chances que vous soyez plus vulnérable aux stress physiques et émotionnels sur votre lieu de travail. Cela dit, vous n'avez pas nécessairement à changer votre mode de vie. Tout ce que vous avez à faire, c'est identifier ces facteurs aggravants et apprendre à les contrer.

Reportez-vous aux solutions suivantes :

- **Se dorloter, p. 286.**
- **La gourmandise, p. 287.**
- **Se divertir, p. 288.**
- **Le bain, p. 289.**
- **Les six voies du calme permanent, p. 294.**

Deuxième partie

MÉMENTO POUR LE CALME

1

PRENEZ LA DÉCISION !

> Prenez aujourd'hui la décision de concentrer votre énergie sur les choses importantes pour vous, comme trouver le calme.

L'acte le plus important, si vous voulez tirer un maximum de bénéfices de votre travail, c'est de décider quel est votre but, en travaillant.

La seule façon de procéder est de remettre en question vos idées reçues et préconçues, ensuite de dresser des plans d'action selon les conclusions que vous aurez tirées. En vous efforçant d'atteindre des objectifs définis par *vous-même* et dans lesquels vous croyez, vous parviendrez à être calme et satisfait de ce que vous faites. La technique suivante, très simple, vous aidera à déceler ce qui a de l'importance dans votre vie.

■ Le calcul des priorités

Placez-vous le travail au sommet de vos priorités ? Ou le poste occupé ? Ou l'argent ? Le succès ? La famille ? Le bonheur ? Ou peut-être les relations humaines ? À moins que vous vouliez juste rencontrer des gens ? Le calcul des priorités vous aidera à en décider.

Si, après avoir fait ce test, vous décidez par exemple que la réussite professionnelle est ce qui compte le plus pour vous, vous pourrez alors mettre toute votre énergie dans cette mission. Vous vous rendrez compte que bien des stress et frustrations quotidiens, en apparence sans lien aucun, disparaîtront ou deviendront insignifiants.

Votre calcul de priorités

Revoyez la vie que vous avez vécue, projetez-vous à l'âge de 65 ans. Ensuite, classez les propositions suivantes selon l'importance qu'elles revêtent à vos yeux.

- J'ai réussi dans mon travail
- J'ai gagné beaucoup d'argent grâce à mon labeur
- Je me suis hissé au sommet de ma profession
- J'ai aidé les autres et partagé avec eux ma bonne fortune
- Je suis devenu directeur général
- J'ai possédé une maison et une voiture fabuleuses
- J'ai établi des relations amicales
- J'ai passé mes meilleurs moments avec ma famille
- J'ai pris le temps de développer mes relations avec mon partenaire
- J'ai parfois passé des vacances fantastiques
- J'ai appris beaucoup de techniques enrichissantes n'ayant rien à voir avec mon travail
- J'ai trouvé que chaque jour était une aventure
- J'ai écrit un bouquin/construit une maison/appris à jouer du violon/fait le tour du monde sur un voilier/obtenu un doctorat
- J'ai bien pris soin de ma santé
- J'ai passé un maximum de temps avec mes enfants quand ils étaient jeunes

Il vous faut vous asseoir dans un endroit tranquille. Avant de commencer, prenez quelques minutes pour vous écouter respirer, sans rien faire d'autre. Une fois installé dans votre respiration, imaginez-vous à 65 ans : à quoi vous ressemblerez, ce que vous ferez. Puis, revoyez la vie que vous avez vécue…

Cette liste n'est certainement pas complète, elle a été établie pour vous aider à dégager vos priorités. Si celles qui sont liées au travail arrivent en tête, vous pouvez choisir de réussir à tout prix, et soyez assuré qu'après une telle décision seul l'échec pourra vous stresser. Si par contre vous décidez que les relations humaines ou les aspects enrichissants de votre existence doivent primer, vous ronger le sang au sujet de votre travail n'aura plus de sens; n'en ressentez aucune culpabilité, épargner vos forces pour parvenir à votre but ne vous empêchera pas de remplir vos fonctions avec diligence et sincérité. Chacun de nous n'a qu'une quantité limitée d'énergie à sa disposition. La dilapider pour des choses non importantes serait déplorable. Prenez cette décision dès aujourd'hui.

Reportez-vous aux solutions suivantes:
- **Respirer calmement, p. 94.**
- **Modèle de visualisation, p. 114.**

2

RESPIREZ CALMEMENT

> En maîtrisant votre souffle, vous aurez un sanctuaire de calme à votre disposition, même dans les conditions de travail les plus stressantes.

Les gens nerveux et stressés se caractérisent par la façon dont ils respirent. Leur souffle est court, superficiel, le rythme tendu, inégal. À reprendre de l'air sans arrêt et à intervalles rapides pour remplir leurs poumons, ils ne se débarrassent jamais vraiment de celui qui y reste plus ou moins en permanence et qui est vicié. S'ensuit une chaîne de réactions hautement stressantes : la quantité d'oxygène dans le sang est limitée tandis que le dioxyde de carbone n'est pas éliminé, ce qui cause un rétrécissement des vaisseaux sanguins dans tout le corps, réduit l'alimentation en oxygène du cerveau, favorisant ainsi tension et nervosité.

En revanche, la respiration d'une personne calme et détendue est lente, mesurée, profonde. Le rythme en est tranquille et détendu. Cela veut dire que plus d'oxygène pénètre dans le système sanguin et parvient au cerveau après élimination d'une plus grande quantité de dioxyde de carbone, ce qui favorise la production d'endorphines (l'hormone de la tranquillité) et vous aide à vous sentir calme. La conclusion est évidente : si vous visez le calme et la relaxation, il vous suffit de veiller à garder une respiration lente, mesurée, profonde. C'est aussi facile que ça ! Efficace et rapide également. Apprenez à respirer correctement, et *n'oubliez pas* de contrôler votre respiration. Vous serez capable de faire face à n'importe quelle situation difficile dès son apparition.

L'effet des états émotifs sur la respiration				
	Nervosité extrême	**Nervosité élevée**	**Nervosité normale**	**Nervosité calme**
Respiration par minute	35-40	20-28	12-18	6-8
Volume d'air inhalé à chaque respiration (ml)	170-150	300-215	500-330	1000-750
Air vicié exhalé par minute (ml, approx.)	100	2400	4200	5100
Air vicié retenu par minute (ml, approx.)	5900	3600	1800	900

■ Respirer calmement

La respiration est une fonction unique chez l'humain dans la mesure où elle est la seule activité physique involontaire sur laquelle nous pouvons exercer un contrôle conscient. Être capable de contrôler sa respiration signifie être maître de sa santé, de son bien-être, de sa façon de penser et de son état d'esprit en général. Les quelques indications qui suivent vous permettront d'agir sur votre état physique et émotionnel.

Je ne suis pas le premier, loin s'en faut, à découvrir la magie de la respiration – les Chinois et les Indiens la connaissent depuis près de cinq mille ans, durant lesquels cette connaissance a été intégrée à leurs arts martiaux et à leurs rituels de méditation – mais je peux vous transmettre les notions principales en quelques secondes ! Elles constituent la base de toutes les techniques du calme, mais aussi de la plupart des techniques utilisées par les athlètes et les champions – et pourraient également être celle de performances extraordinaires dans le cadre de votre travail, mais c'est une autre histoire.

Respirer calmement. C'est l'exercice physique le plus important qui vous sera inculqué dans cet ouvrage. Sauf si vous en possédez déjà la maîtrise, aucune autre – que ce soit le yoga, le taï-chi, la méditation, l'autorelaxation ou le biofeedback – ne vous sera d'une aussi grande aide pour devenir et rester calme quand et où vous en avez besoin. Il deviendra un tremplin pour l'accès à toutes ces disciplines. En outre, ne se composant que de trois phases, il est assimilable en quelques minutes.

Respirer profondément

À quoi bon étudier ou analyser la respiration ? Ne pratiquons-nous pas tous cette activité depuis notre naissance ? Quant à la respiration profonde, ne nous a-t-elle pas été inculquée durant les cours d'éducation physique ou à l'armée ?

Commençons donc par tester vos talents. Essayez d'exécuter les mouvements suivants debout devant un miroir. Prenez une respiration profonde. Géante. La plus grande, la plus pleine dont un humain soit capable. Que vos poumons soient gorgés au maximum. Observez vos épaules et votre poitrine : les premières se seront soulevées, la partie supérieure de votre poitrine, elle, se sera propulsée vers l'avant et votre estomac se sera résorbé (voir le point A de la figure ci-dessous). Vous vous êtes concentré sur cette partie supérieure de la poitrine – c'est bien ce qu'on vous a appris, non ? Malheureusement, et contrairement à ce que croient maints chanteurs, acteurs et athlètes, c'est incorrect.

Dans la bonne façon de respirer profondément et de remplir vraiment vos poumons, vous ne soulevez pas vos épaules, vous ne gonflez pas la poitrine en avant. Bien au contraire, il vous faut vous concentrer sur *le bas* de vos poumons, aspirer l'air droit au fond. Près de votre nombril.

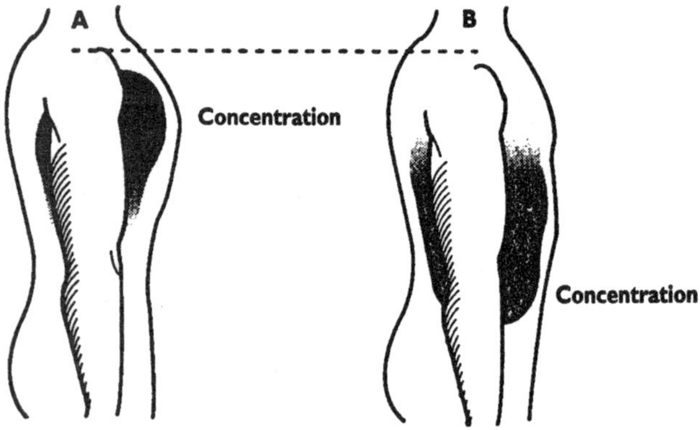

Une respiration profonde

Vous devez sentir votre estomac s'enfler pour laisser passer l'air (voir le point B de la figure ci-dessus). Jetez un coup d'œil à la figure ci-dessous représentant l'expansion de vos poumons dans un cas et dans l'autre, vous verrez que A et B ne sont guère comparables. La quantité d'air inhalée quand vous vous concentrez sur la partie supérieure de votre poitrine (voir A) est significativement moindre que quand vous vous concentrez sur la partie inférieure (voir B). Les athlètes et ceux qui se prétendent en forme sont généralement persuadés qu'ils respirent bien, inconsciemment. À moins qu'ils n'aient été spécifiquement entraînés, j'en doute. D'habitude, ils utilisent la respiration médiane, celle où les muscles font bouger les côtes vers le haut et vers

L'expansion de vos poumons

l'extérieur afin de laisser entrer plus d'air dans les poumons, technique qui n'utilise pas dans sa totalité la capacité des poumons. Seule la respiration profonde correcte le permet. Les muscles intercostaux y déplacent les côtes vers le haut et vers l'extérieur cependant que le diaphragme, sous les poumons, se contracte et tire vers le bas, développant la capacité de vos poumons vers le bas. C'est pourquoi vous devez vous concentrer sur la partie inférieure de vos poumons dans la respiration profonde.

Imaginez ceci

Imaginez que vos poumons forment un long cylindre rigide, comme le montre en A la figure ci-dessous. Le fond de ce cylindre imaginaire est tapissé par un matériau doux et flexible, une espèce de caoutchouc. C'est votre diaphragme. Quand vous inspirez, vous forcez l'air dans le cylindre rigide que sont vos poumons ; élargir le matériau élastique du fond sera la seule façon de contenir cet air supplémentaire, comme en B. Quand vous cessez d'inspirer, et que la pression de l'air vers le bas s'arrête, que se passe-t-il ? Le matériau souple reprend sa forme normale, et l'air est expulsé. Donc, tout ce que vous avez à faire, c'est concentrer votre souffle au bas des poumons plutôt qu'en haut. À partir du moment où vous sentez que votre diaphragme s'étire, le reste vient tout seul.

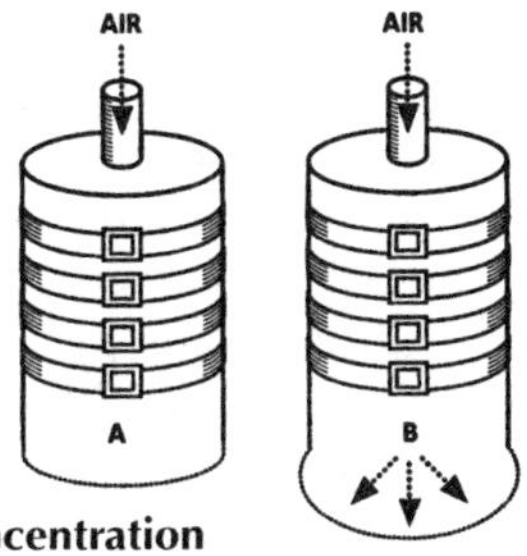

Concentration

Visualisation d'une respiration profonde

Comment le sentir ?

Vous pouvez contrôler l'expansion de votre diaphragme avec vos mains. Placez-les sur vos hanches (voir figure), vos médiums touchant presque votre nombril, vos pouces reposant dans le creux de la taille et les autres doigts étalés sur votre estomac. En prenant garde à ce que vos épaules ne se soulèvent pas, prenez une respiration, sentez votre abdomen se gonfler sous vos doigts. Votre diaphragme va s'étirer afin de contenir l'air inspiré, votre abdomen fait pression sur vos doigts. Puis expirez lentement et régulièrement jusqu'à ce que vous sentiez votre abdomen retomber.

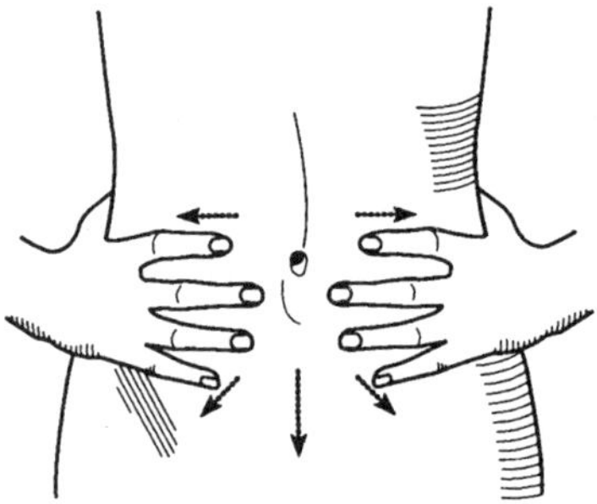

Sentez votre abdomen s'étirer

Respirer lentement

Rappelez-vous, le rythme de la respiration chez les gens nerveux augmente leur sensation de tension et les empêche d'expulser un volume satisfaisant d'air vicié. Une personne extrêmement tendue pourra respirer 35 à 40 fois par minute, expulser très peu d'air et vivre au bord de l'hyperventilation. À 20 à 28 fois par minute, elle ne sera pas hyperventilée, mais c'est encore trop rapide et propice à la tension tout en ne permettant pas d'expulser l'air vicié en proportion adéquate.

La fréquence se réduira à 12 à 18 respirations par minute dans un état émotionnel dit normal, dont on peut dire que le sujet est raisonnablement détendu. L'idéal, cependant, consiste à respirer 6 à 8 fois par minute. En situation de relaxation, vous trouverez facile de baisser votre rythme à 10 ou 12 respirations par minute. 6 par minute nécessitera peut-être un peu plus de concentration, mais c'est tout à fait faisable sans inconfort particulier. (Les adeptes expérimentés de la méditation respirent jusqu'à 4 fois par minute.) Un volume maximum d'oxygène se répandra dans vos vaisseaux sanguins, vous expulserez un volume maximum d'air vicié. Ce faisant, vous commencerez à vous sentir plus détendu, et capable d'influer sur le cours des événements. Respirez profondément, respirez calmement, vous trouverez le calme. Mais est-il possible de jouir d'une telle relaxation presque instantanément et à volonté ?

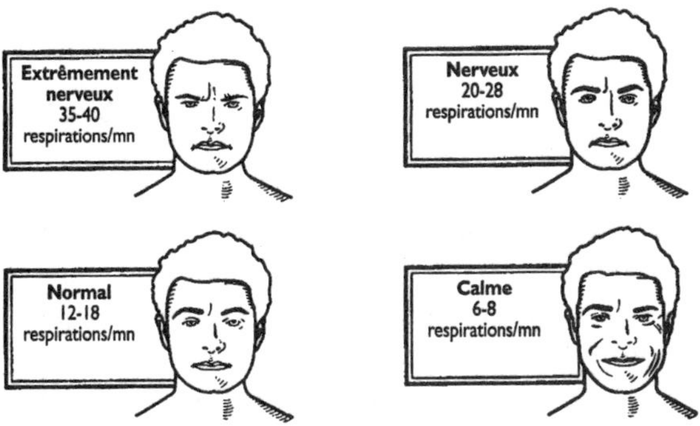

Rythmes respiratoires

Écouter

Cette dernière phase transforme une méthode éprouvée de contrôle de son corps et de ses émotions – celle que nous venons de décrire – en une technique rapide, facile à reproduire.

Pour respirer profondément n'importe quand, même dans les situations de tension extrême, il vous faut utiliser vos oreilles. Respirez profondément (jusqu'au bas de vos poumons), lentement (entre 6 et 8 respirations par minute), et écoutez. Oui. Écoutez le son de votre propre respiration qui survient et s'en va. Écoutez l'air frais se couler dans vos narines. Écoutez le son de votre souffle chaud tandis que vous expirez par la bouche. C'est tout ce que vous avez à faire. Respirer profondément. Respirer lentement. Et écouter.

Vous vous apercevrez que vous pouvez avoir recours à cette technique dans les circonstances les plus inattendues. En vous concentrant de cette manière, vous entendrez facilement le son de votre respiration « à l'intérieur » de votre tête, même au milieu d'un bruit assourdissant. Du moment que vous l'écoutez, vous l'entendrez. Clairement. Comme si vous flottiez ou nagiez sous l'eau.

Respirez calmement

1 Respirez profondément (utilisez le bas de vos poumons).
2 Respirez lentement (6 à 8 respirations par minute).
3 Écoutez le son de votre respiration quand vous inspirez – l'air entre par vos narines.
4 Écoutez le son de votre respiration quand vous expirez – l'air sort par votre bouche.
5 Répétez cela pendant 60 secondes, ou à l'infini.

Tendre vers un calme durable

Pour rester tout le temps calme, appliquez-vous à respirer correctement tout le temps. Apprendre est aisé, se rappeler demande de l'effort. Des années de mauvaises habitudes ne se surmontent pas en un clin d'œil et, à force de respirer superficiellement, le diaphragme et les muscles abdominaux s'affaiblissent. Seule la pratique peut les remettre en forme.

Pratiquez pendant des moments de calme. La bonne respiration vous reviendra naturellement durant les moments de stress. La pratique rend intuitif. En pratiquant dans des moments de calme, vous finirez par associer calme et respiration profonde.

La posture calme

Votre posture a une grande influence sur votre façon de respirer. La plus petite voussure des épaules peut réduire le volume de votre cavité thoracique, ce qui vous oblige à respirer superficiellement, avec la partie haute de votre poitrine et non avec vos côtes et votre diaphragme.

Reportez-vous aux solutions suivantes :

- **Droit et calme, p. 268.**
- **Le son du calme, p. 257.**
- **Sourire et continuer, p. 265.**

Un simple réajustement de la posture, et des choses surprenantes deviennent possibles. Ouvrez votre poitrine, l'air envahira le bas de vos poumons. Ceux-ci lâchent les déchets qui les encombrent, réduisant les tensions musculaires autour de l'estomac et des côtes. Alors, la respiration correcte commence à devenir un automatisme.

3

FAITES TRAVAILLER VOTRE SUBCONSCIENT

> Le stress est la plupart du temps une résultante de ce qui se passe dans la pensée plutôt que dans le corps.

J'ai écrit plus haut que, si vous vous fiez à votre intuition pour vous diriger vers les meilleures solutions, vous accéderez aux techniques les plus fécondes de ce livre. Beaucoup d'entre elles, en effet, requièrent un certain degré de confiance dans votre intuition ou votre subconscient pour fonctionner à leur maximum. Cela n'a rien d'inhabituel. *Tous* les progrès significatifs dans la vie découlent peu ou prou d'une telle prise de conscience.

Ceci est une hérésie pour beaucoup de ceux qui travaillent et ont bâti leur carrière sur la logique, à l'abri de toute émotion, s'efforçant d'être toujours maîtres de la situation. S'éloigner de la voie de la raison pratique est fort mal vu. Ces gens ont tendance à privilégier la pensée de type «cerveau gauche». La figure (p. 105) vous fera comprendre pourquoi le cerveau gauche domine les affaires, l'industrie, ainsi que la plupart des activités humaines. Le cerveau est divisé en deux hémisphères. Le gauche est essentiellement utilisé dans les processus intellectuels structurés faisant appel à la raison et à l'analyse – ceux que l'on attend de vous et qui sont les plus courants, les plus appréciés au travail. Le côté droit du cerveau, lui, est associé aux processus mettant en jeu l'imagination, les capacités d'abstraction, les émotions. En conséquence, il est moins utilisé quotidiennement au travail, en dépit du fait que bien des professions en tireraient le plus grand profit. Même dans les domaines où l'on penserait que la créativité et l'imagination priment, telles la publicité et la télévision, le cerveau gauche qui structure, raisonne et analyse prédomine. Vous concevrez facilement que c'est une véritable gageure d'inciter certains individus à utiliser leur subconscient ou leur intuition, cela semble si peu raisonnable, tellement illogique. Du moins c'est ce qu'ils croient.

La logique du subconscient

L'activité de votre subconscient fait partie intégrante du fonctionnement normal de votre cerveau. Le subconscient enregistre tout ce sur quoi votre attention ne se concentre pas. Rien, pour ainsi dire, de ce qui a été accompli de sublime dans l'existence ne l'a été sans le recours au subconscient.

Quel bénéfice pouvez-vous en tirer dans le cadre de votre travail ? Eh bien, en ce qui concerne le contrôle des émotions, votre subconscient est substantiellement plus puissant que votre conscience, et incomparablement plus que votre volonté, si forte soit-elle. Ceux qui accomplissent de grandes choses savent qu'ils n'y seraient jamais parvenus en se reposant uniquement sur leur raison et leur volonté. Observez le maître de karaté se préparant à fendre cinq briques avec son front : vous verrez, dans ses yeux, un regard lointain, défocalisé. Il vous dira peut-être qu'il est en train de se concentrer sur son *chi* (la force vitale), mais en fait, il fait appel à son subconscient – parce que c'est celui-ci qui lui permet de croire qu'il peut accomplir ce que nous « savons » infaisable. Ce regard, le même, vous le verrez dans les yeux des grands musiciens au paroxysme de leur prestation. Dans ceux des boxeurs, des coureurs et des nageurs avant que la compétition n'ait commencé. Je l'ai vu dans les yeux des hommes d'affaires juste avant qu'ils signent un grand contrat. *Et vous le verrez dans les yeux des gens qui gardent leur calme dans des situations de stress.*

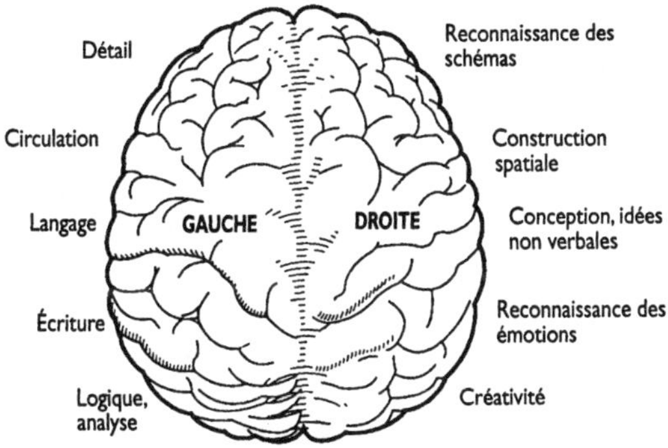

Activités du cerveau

Appelez-le comme il vous plaira, il s'agit d'un processus très simple au cours duquel vous invitez votre subconscient à participer. Il vous amènera à réussir presque tout – y compris à garder votre calme dans des situations que vous trouveriez normalement stressantes. La première phase consiste à apprendre à lui faire confiance.

Une vérité bien connue

Vous êtes-vous jamais dit, en allant au lit : « Demain matin, je me lèverai à 7 heures » ? Et sûrement, vous vous êtes réveillé au moment où l'aiguille venait de marquer 6 h 59. Comment une telle exactitude est-elle possible ?

Les scientifiques ont récemment découvert qu'il existe dans le cerveau une zone responsable de l'heure, d'une acuité extraordinaire. Il est impossible d'y accéder de façon consciente. Vous aurez beau pratiquer, appliquer toute la volonté dont vous êtes capable, vous échouerez parce que vous ne pouvez entrer dans cette zone qu'avec votre subconscient. Le plus magnifique de l'histoire, c'est que votre subconscient marche le mieux quand *vous le croyez*. Il vous réveillera à 7 heures pile, chaque fois. Si vous avez essayé votre réveille-matin mental sans succès, je vous dirai que vous n'avez pas suffisamment compté sur votre subconscient. Faites-lui donc confiance, il travaillera pour vous, soyez-en sûr.

Il accomplit bien d'autres choses dans la vie quotidienne, et sans arrêt. Par exemple, quand vous entendez votre nom prononcé à l'autre bout d'une pièce bruyante, alors qu'à une telle distance vous auriez été incapable de saisir ne serait-ce qu'une bribe de conversation. De même, c'est votre subconscient qui vous prévient qu'il faut vous méfier de la personne qui vient de vous être présentée ou que plus loin, sur le chemin, se cache un fossé. Votre subconscient vous aidera à devenir calme.

Êtes-vous trop intelligent pour cela ?

Au fond d'eux-mêmes, beaucoup d'intellectuels sont sceptiques sur le pouvoir du subconscient. Leur foi dans leur cerveau en tant qu'instrument de connaissance est telle, qu'ils se refusent à accepter qu'il pourrait y avoir quelque chose d'autre, quelque chose d'aussi puissant – et même, quelle horreur, de plus puissant. Ces gens-là aiment à dire «prouvez-le», ils croient secrètement que s'ils ne peuvent le voir ou l'entendre cela ne peut exister.

Je leur répondrai qu'une grande partie de cette information «visible» passant de leurs yeux à leur cerveau ne peut être qualifiée comme telle. Elle ne va pas du tout dans le cortex visuel (dans la partie du cerveau consacrée à la pensée et au raisonnement) mais s'éparpille dans les régions périphériques (siège du non-conscient, de ce qui ressortit à l'émotion, aux motivations) ou, plus bizarre encore, dans les parties auditives du cortex. Toutes ces fonctions «non conscientes» ont un rapport avec l'intuition. L'ouïe ne fonctionne pas différemment car il est impossible que vous soyez pleinement conscient de tout ce que vous avez entendu. J'ajouterai qu'il existe un état psychologique bien connu des spécialistes, dans lequel vous *voyez* réellement des sons et *entendez* des couleurs. En *synesthésie*, vous percevez un stimulus détecté par un système sensoriel dans un autre système sensoriel. C'est un état familier aux artistes et aux musiciens, mais certains scientifiques sont persuadés que nous en sommes tous capables à un moment ou à un autre – à condition d'y prêter attention.

Si vous vous sentez gêné d'apprendre que vous ne voyez ni n'entendez tout ce que vous regardez ou écoutez, vous serez rassuré de savoir que votre subconscient, lui, a accès directement à toutes ces informations – à la fois conscientes et inconscientes. Ce sont ses armes, qu'il met à votre disposition pour pouvoir l'impossible. Sentir qu'une voiture s'approche alors que vous regardez dans la direction opposée, tomber sur votre nom au milieu de milliers de caractères imprimés sur une page de journal, deviner les intentions hostiles sous des paroles amicales. De même, votre subconscient peut vous aider à accomplir de grandes choses, surmonter vos problèmes et devenir calme.

Gérer son subconscient

C'est une chose que de savoir que votre subconscient peut se montrer un allié de taille, c'en est une autre que de l'amener à travailler pour vous dans votre quête du calme. Contrairement à ce que laisse croire une description très technique, cela ne nécessite ni formation spéciale ni études approfondies.

Il s'agit d'abord d'abandonner votre volonté. Cela fait, choisissez l'une des voies suivantes :

a) L'imagination ;
b) La répétition ;
c) La séduction.

L'imagination

Les plus disciplinés d'entre nous ont été entraînés à penser qu'avec une dose suffisante de volonté nous pouvons accomplir ce que nous avons décidé d'accomplir, et que volonté et personnalité écrasent de leur poids tous les soubresauts du subconscient. Je regrette d'avoir à leur faire perdre leurs illusions.

L'imagination est toute-puissante. Ainsi, vous savez qu'il y a extrêmement peu de chances que vous soyez attaqué par un monstre masqué dans l'obscurité d'un cimetière et que vous en avez beaucoup plus d'être écrasé par un autobus ou de mourir d'une intoxication alimentaire. Alors pourquoi les battements de votre pouls augmentent-ils d'intensité quand vous traversez un cimetière la nuit et ne s'altèrent-ils point quand vous traversez une rue encombrée en mangeant un hamburger ? À cause de votre imagination. Elle est d'autant plus forte que votre volonté essaie de la contrôler. Restons dans l'analogie du cimetière : plus vous allez exercer votre volonté à *ne pas* penser au monstre masqué, plus vous marcherez sur la pointe des pieds au milieu des tombes. En conclusion, si vous voulez influencer vos pensées et vos sentiments, vous devez faire appel à votre imagination, non à votre intellect. Des techniques de visualisation vous aideront à utiliser la puissance de l'imagination pour surmonter des sensations ou des situations de stress.

La répétition

Les émissions de télévision sur l'hypnose vous auront fait comprendre que l'hypnotiseur a un truc : la répétition. Il lui arrive de formuler sa suggestion différemment, mais il la répète sans arrêt. La répétition produit un effet radical sur le subconscient. Si vous ne cessez de mentionner votre travail comme un boulet que vous traînez, vous vous sentirez tendu dès que vous y serez. Suggestions et pensées négatives appellent l'échec, l'accident et la maladie. *A contrario*, à force de suggestions positives, le succès peut venir et l'adversité être vaincue.

Comment ça marche ? La répétition, tendant à dominer votre pensée consciente, pénètre subrepticement votre subconscient, ce qui vous permet de vous concentrer d'une manière impossible avec la seule volonté. Quand vous vous concentrez de cette façon – non par la force de la volonté mais par *l'absence* de pensée consciente –, votre subconscient est éminemment réceptif. C'est le moment d'effectuer des changements positifs. Si vous voulez influencer votre subconscient, répétez, répétez, répétez – avec des actions, des pensées, des mots positifs.

La séduction

Aucun mécanisme, que ce soit la logique, la volonté, le bon sens, ne peut forcer le subconscient à agir rationnellement. Pour qu'il accepte vos exigences bien définies, pratiques, concrètes – c'est-à-dire un ordre de votre volonté –, il doit être *séduit*. Vous devez le charmer, le cajoler, le duper pour qu'il exécute ce que vous souhaitez de lui. D'où le rôle de la suggestion.

Contrairement à la pensée consciente, le subconscient n'a pas la capacité de discriminer. Toute suggestion qui lui est présentée dans de bonnes conditions sera intégrée et deviendra action (pourvu qu'elle ne soit pas en opposition avec vos croyances et vos désirs). C'est parce qu'ils comprennent le pouvoir de la suggestion que les vendeurs de choc exercent leur influence sur leurs clients, que les malades guérissent, que les champions d'arts martiaux font des prouesses et les champions gagnent des médailles. Outre l'hypnose, les programmes d'autohypnose et d'autorelaxation se basent sur le même principe. Vous aurez envie de vous gratter en suivant une conversation portant sur les démangeaisons, bâillerez en prétendant être fatigué. C'est la raison pour laquelle les gens qui n'ont que le succès à la bouche réussissent souvent, et les perdants ne parlent que de perdre. Ce phénomène s'appelle « suggestion appliquée ». Celle-ci peut émaner d'une tierce personne (quelqu'un qui se plaint, un vendeur, un hypnotiseur) ou de vous-même, mais dès que la suggestion est acceptée par le subconscient, ce dernier se met en devoir de la transformer en réalité.

Ainsi, en persistant à vous dire à vous-même des choses *positives, qui calment*, vous les accomplirez. Les suggestions *visuelles* sont les plus puissantes. Si vous pouvez « voir » mentalement ces choses positives, ces choses qui calment, et surtout si vous pouvez vous « voir » y participer, vous êtes bien parti pour qu'elles arrivent vraiment.

4

QUATRE INSTRUMENTS DU SUBCONSCIENT

Il y aurait des centaines de manières d'influencer le subconscient afin d'obtenir ce que vous voulez à votre travail. J'ai choisi de simplifier en concevant quatre catégories qui se sont avérées brillamment efficaces au cours de mes recherches.

> Le subconscient se conduit souvent comme un petit enfant; il aime qu'on l'amuse, qu'on joue avec lui, et adore les rêves, les émotions, les idées abstraites, concepts, images, idéaux, ornements visuels.

Chacune est présentée sous la forme d'une technique de base ou d'une formule que vous pouvez compléter ou modifier à votre guise et selon les besoins. Ce sont les suivantes :

a) La visualisation,
b) L'affirmation,
c) L'autohypnose (et la méditation),
d) Le jeu de rôles.

Une fois ces techniques de base assimilées, vous pouvez les affiner ou les augmenter afin de les adapter aux problèmes spécifiques que vous rencontrez à votre travail. Au début, cependant, elles doivent être utilisées chez vous – elles vous préparent à ce qui pourrait arriver au travail ; elles ne sont pas nécessairement destinées à être utilisées sur le lieu de travail, sauf, peut-être, durant les périodes de tranquillité.

La visualisation

Pour influencer le subconscient, rien ne vaut une image, même mentale. L'expérience vous le prouve : assister soi-même à une rixe est plus choquant que si la même rixe vous est racontée au téléphone ; apercevoir Tom Cruise en chair et en os marque infiniment plus que n'importe quelle description alléchante dans une revue.

Ce qui veut dire que, si vous nourrissez votre subconscient d'images visuelles *positives*, vous l'inciterez plus aisément à les intégrer. La visualisation est un instrument très puissant pour induire des changements d'humeur ou de comportement car elle charme l'imagination, c'est-à-dire cette faculté qu'a l'esprit de former des images. Vous n'avez pas assez d'imagination pour cela ? Qu'à cela ne tienne, faites comme si c'était pour vous la plus facile des choses au monde. L'effet sera le même.

Je présente ici la technique cardinale en matière de visualisation. Des variantes seront possibles selon les besoins, qui ne nuiront en rien à sa singulière efficacité.

L'écran argenté

Tout à fait approprié à notre époque dominée par l'électronique et les multimédias, l'instrument essentiel quoique imaginaire employé dans cette technique nous est à tous familier : c'est un grand écran de cinéma argenté. Au lieu d'imaginer ou de visualiser dans quelque zone indistincte de votre esprit, imaginez simplement le lieu de votre visualisation comme étant ce grand écran. Exécutez les indications qui suivent les yeux fermés.

D'abord, choisissez l'image qui résume le mieux ce que vous aimeriez ressentir. Si vous êtes surmené, fortement stressé, vous pouvez choisir une image de vous calme, détendu, complètement maître de vous. Vous pouvez préférer une représentation plus idéalisée. Vous dans la paix d'une forêt tropicale luxuriante. Ou sur la plage d'une île idyllique du Pacifique.

Une fois le choix de l'image résolu, vous projetez celle-ci sur votre grand écran argenté. Vos yeux sont toujours fermés. Imprégnez-vous des détails visuels de l'image apparue sur l'écran : les feuilles tapissant le sol de la forêt tropicale, les étendues infinies de sable blanc sur la plage du Pacifique. Quand l'image est claire, imaginez que vous montez sur l'écran et devenez partie intégrante de cette image. Observez-vous dans cette forêt tropicale. Ou sur le sable ensoleillé de l'île. Observez ce que vous portez, la relaxation que dénote votre attitude, la brise qui soulève vos cheveux, le sourire calme sur votre visage. Imaginez maintenant ce que vous verriez si vous étiez réellement là-haut sur l'écran. « Voyez » le décor environnant à travers vos propres yeux. En même temps, vous commencerez à « entendre » les sons de l'endroit comme si vous y étiez vraiment. Les vagues léchant la côte. Les oiseaux de paradis dans la forêt. Puis «sentez» ce que c'est que d'être là, debout au milieu de cette scène. La chaleur du soleil sur votre corps. La brise fraîche sur votre visage. Le tapis de feuilles ou le sable si doux sous vos pieds. Au moment où vous avez l'impres-

Reportez-vous aux solutions suivantes :

- **Respirer calmement, p. 94.**
- **Droit et calme, p. 268.**
- **Le son du calme, p. 257.**
- **L'image positive, p. 178.**

Modèle de visualisation

1 Laissez-vous aller à 5 minutes de respiration calme. Écoutez-vous inspirer et expirer.

2 Une fois détendu, fermez les yeux et imaginez devant vous un immense écran argenté.

3 Quand vous «voyez» cet écran argenté, imaginez l'environnement le plus relaxant possible. Examinez cet endroit en détail.

4 Imaginez-vous monter dans cette image. Vous vous y voyez – exactement comme vous aimeriez être – agissant, parlant, pensant toujours *positivement*.

5 Maintenant que vous faites partie de la scène, «voyez» tout ce qu'il y a autour de vous.

6 «Entendez» tous les sons.

7 «Sentez» la brise, les textures et la température.

8 Quand tout cela est solidement implanté dans votre esprit, prenez une «photo» (ou faites un arrêt sur image) de vous-même, avec toutes ces images, ces sons et ces sensations.

9 Détendez-vous, laissez les sensations positives s'infiltrer dans votre conscience (sans effort).

10 Si nécessaire, répétez l'exercice.

sion que vous vivez réellement la scène, prenez-la en photo. Ou faites un arrêt sur image. Et complétez avec toutes les sensations des cinq sens. Attardez-vous, repaissez-vous. En quelques secondes, vous vous sentirez calme et détendu – comme si vous étiez vraiment sur cette île merveilleuse, ou dans cette si tranquille forêt tropicale, les fruits de votre imagination.

L'affirmation

L'affirmation est une technique bien connue des hypnothérapeutes, psychothérapeutes, et des promoteurs de cours d'autorelaxation. On trouve même des cassettes à cet effet.

Elle repose sur la répétition constante d'une suite de mots destinés à influencer le subconscient, qui finissent par se suffire à eux-mêmes. Cela paraît simple, et ce l'est. L'affirmation est pourtant un très puissant instrument de changement – et tout particulièrement si vous recherchez le calme et l'ordre.

Choisir les mots justes

Les mots choisis doivent être au temps présent et sous la forme active, simples et positifs. Il n'y a pas de place pour les subordonnées et les qualificatifs ; les suggestions doivent être directes. Exemple : « J'apprécie de plus en plus mon travail. Chaque moment m'apporte une satisfaction supplémentaire. »

Les mots liés à l'émotion sont particulièrement bien reçus (« apprécier », « aimer », « admirer », « confiance », « heureux »), tandis que les mots faisant allusion à une visualisation, tels que « je regarde », « les gens me voient », « je garde la tête haute », bien que pas très faciles à incorporer dans une affirmation, font mouche à tout coup. Supposons que votre gros problème, au travail, consiste en un patron qui ne cesse de dénigrer vos efforts et vos qualités. Afin de contrer cela, choisissez des mots uniquement dirigés vers la *solution* désirée – pas des mots rappelant les caractéristiques négatives de votre patron ou de vos relations avec lui. Vos mots doivent être centrés sur vous-même ainsi que sur vos sensations et sentiments. N'oubliez pas que vous êtes le facteur essentiel de l'équation. Cela ne sert à rien d'ajouter des phrases comme « mon patron pense que je suis formidable » si vous ne le croyez pas. Travaillez sur votre état d'esprit et vos propres capacités, le reste viendra tout seul.

Reportez-vous aux solutions suivantes :

- **Respirer calmement, p. 94.**
- **Couper le son, p. 256.**
- **Être sûr de soi et le dire, p. 206.**
- **Un mot positif, p. 175.**
- **L'autopersuasion, p. 199.**

Dans le cas cité, vous pourriez choisir quelque chose comme : *J'ai une confiance totale en mes capacités et mes talents. Je sais que je peux accomplir tout ce que je veux dans mon travail. Mon calme et ma confiance en moi rayonnent sur mon entourage.* Essayez de prononcer ces paroles quelques

Modèle d'affirmation

1 Laissez-vous aller à 5 minutes de respiration calme. Écoutez-vous inspirer et expirer.

2 Choisissez des mots/phrases positifs qui :
- reflètent ce que vous aimeriez être dans l'idéal ;
- sont simples, actifs, positifs, directs ;
- sont mis au temps présent ;
- plaisent à l'imagination ou aux émotions, plutôt qu'à l'intellect.

3 Répétez-vous ces mots sans arrêt. Répétez, répétez, répétez.

4 Faites cela plusieurs fois par jour.

fois avec autorité, vous remarquerez une différence dans ce que vous ressentez. Si vous les répétez plusieurs fois par jour, l'idée que vous vous faites de vous-même changera en très peu de temps. Si cela ne marche pas, choisissez d'autres paroles. Encore une fois, seulement des mots actifs, positifs, avec des verbes au présent. Ne cessez pas de répéter aussi fort que vous pouvez vous le permettre, jusqu'à ce que votre tête soit remplie. Faites cela au moins cinq minutes chaque fois. Ne vous inquiétez pas si soudain vous pensez à autre chose, revenez simplement à vos mots.

L'autohypnose

Ne vous arrêtez pas à l'apparent exotisme de cette expression qui évoque immanquablement les tours de magie au cours desquels des spectateurs crédules s'endorment encore et toujours plus profondément. L'autohypnose est une technique simple et tout à fait accessible qui ne doit pas vous effrayer.

L'autohypnose diffère de l'hypnose sur une scène de théâtre ou dans une thérapie en ce qu'au lieu d'ouvrir votre subconscient à une autre personne – l'hypnotiseur – vous procédez à l'opération vous-même. Dans les deux cas, cependant, c'est *vous* qui contrôlez tout ce qui se passe. L'affirmation et la visualisation telles que nous venons de les présenter sont, par bien des points, semblables à l'autohypnose. Les trois techniques emploient ce qu'on appelle *la suggestion appliquée* – dans laquelle vous nourrissez votre subconscient – et toutes trois parviennent au même résultat: votre subconscient se met à diriger votre pensée consciente. (C'est la meilleure façon de surmonter peurs, stress et sentiments irrationnels.) Comment s'y prend-on? On peut consulter un hypnotiseur et lui demander une suggestion posthypnotique qui permet d'entrer en état d'hypnose quand on le veut. La plupart des gens choisiront, j'en suis sûr, la technique simplissime qui suit.

Technique de l'autohypnose

Toute hypnose suppose deux phases :

a) une transse est provoquée ;
b) une suggestion est présentée au subconscient, qui la mettra à effet.

N'allez pas croire que la transe est liée à un univers obscur plein de mystères, c'est quelque chose de complètement naturel que chacun de nous expérimente quotidiennement. Oui, même vous. Dans le train, par exemple, quand vous n'avez rien d'autre à faire que regarder par la fenêtre en écoutant le cliquetis des roues. Vous « regardez dans le vide », « rêvez éveillé », « ne pensez à rien de particulier ». Et après un massage, une séance chez l'esthéticienne, même, pourquoi pas, après une coupe de cheveux, n'avez-vous pas senti la même chose, n'étiez-vous pas somnolent ? C'était une transe. Sans doute tout aussi profonde et significative – si brève ait-elle été – qu'une transe hypnotique. Une transe de quelques minutes voire quelques secondes. Exactement de la même espèce que celle qu'utilisent les professionnels sur la scène. Exactement la même que celle que vous pouvez utiliser pour devenir calme. Quand vous êtes normalement éveillé, vous pouvez être conscient de centaines de stimuli différents à la fois ; en état hypnotique, au contraire, votre attention est focalisée sur une seule chose. En éveil, votre champ de conscience est étendu, global ; en transe, il est concentré, aigu, plus intense. Cette intensité donne une grande réceptivité au subconscient. Donc, ne craignez pas de tomber dans un sommeil profond ou de perdre votre contrôle quand vous vous livrerez aux exercices qui suivent.

Provoquer une transe

Parmi les mille et une façons de provoquer une transe, j'en ai choisi une très simple pour vous. Il s'agit juste de saturer vos sens avec les visions, odeurs et sensations qui sont autour de vous, puis de les évacuer une par une jusqu'à ce que votre attention soit de plus en plus concentrée.

Pour commencer, trouvez-vous un endroit tranquille dans une pièce où la lumière est tamisée. Ôtez vos chaussures, défaites votre cravate, asseyez-vous et mettez-vous à l'aise. Restez là quelques minutes à respirer calmement. Avant d'aller plus loin, dites-vous – avec conviction ! – qu'au moment où vous atteindrez la transe votre menton se soulèvera, lentement, sûrement, de lui-même. Ce sera un signal de votre subconscient, vous prévenant que vous êtes parvenu à l'état désiré – celui où votre subconscient est le plus réceptif à toute suggestion que vous pouvez lui soumettre. (Ce n'est pas de la magie, juste quelque chose comme le réveille-matin mental déjà mentionné.) Vos mains reposent confortablement sur vos genoux, sans se toucher. Concentrez-vous sur un point brillant dans la pièce, un reflet dans une poignée de porte en cuivre ou une tache de soleil sur le sol. Ensuite, notez, *en utilisant seulement votre vision périphérique*, six objets différents que vous pouvez *voir* dans la pièce. Puis, sans détourner votre attention de son point de focalisation, notez six sons différents que vous pouvez *entendre*. Enfin, notez six sensations. De six, vous passez à cinq – toujours avec votre vision périphérique. Puis à quatre, à trois, deux et un. À ce moment, vous remarquerez probablement que votre menton se meut de lui-même. Vous en serez tellement surpris que vous ferez un bond et sortirez de votre si paisible transe d'il y a un instant. (Cette dernière partie sur le mouvement automatique du menton n'est à faire que la première fois – histoire de vous démontrer que votre subconscient communique avec vous. Vous pouvez vous en passer les fois prochaines.)

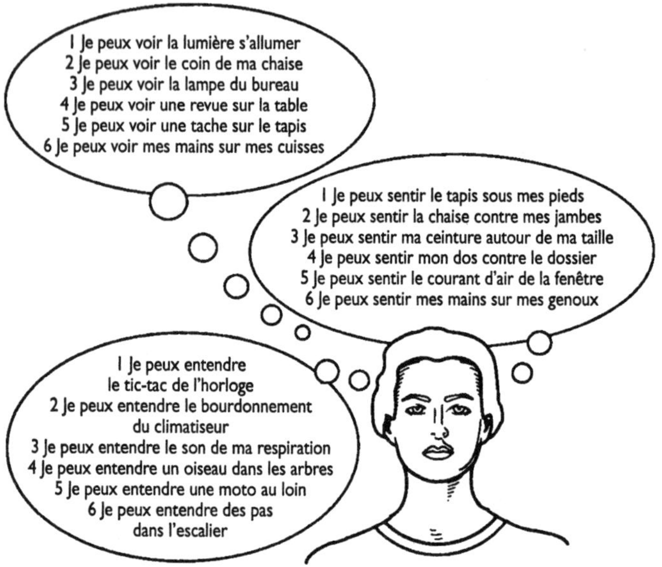

Soumettre la suggestion

Si vous le souhaitez, vous pouvez utiliser les mêmes autosuggestions que dans l'exercice concernant l'affirmation.

Un modèle de phrase permettant de vous autohypnotiser pour trouver le calme et la détente pourrait être quelque chose comme : *De plus en plus, je me détends et me trouve dans un parfait état de calme et de paix. Je me sens satisfait, tranquille et bien dans ma peau. Mon calme et ma paix rayonnent sur ceux avec lesquels je suis en contact.* (Remarquez que tous les mots sont positifs et se réfèrent aux émotions au temps présent.) Pour trouver le calme par l'autohypnose, soumettez ce type de mots à votre subconscient *après* avoir atteint l'état de transe. Deux méthodes sont possibles. La première consiste à apprendre le texte par cœur, et puis, au début de votre séance d'autohypnose, au lieu du menton,

Modèle d'autohypnose

1 Asseyez-vous sur une chaise confortable. Enlevez vos chaussures. Posez vos mains confortablement, sans qu'elles se touchent, sur vos genoux.

2 Laissez-vous aller à 5 minutes de respiration calme. Écoutez-vous inspirer et expirer.

3 Dites-vous que vous allez réciter vos autosuggestions une fois l'état de transe atteint. (Ou préparez une bande enregistrée.)

4 Concentrez-vous sur un point brillant dans la pièce, et continuez de vous concentrer dessus jusqu'à la fin.

5 En utilisant votre vision périphérique, notez six choses différentes que vous pouvez voir dans la pièce.

6 Notez six choses différentes que vous pouvez entendre.

7 Notez six choses différentes que vous pouvez sentir.

8 Ensuite notez cinq choses différentes que vous pouvez voir. Entendre. Sentir.

9 Faites de même avec quatre choses. Puis trois. Puis deux. Puis une.

10 Récitez-vous vos autosuggestions. Ou passez la bande préenregistrée.

programmez-vous afin de le réciter une fois que vous serez en transe. La seconde serait d'enregistrer le texte et vous programmer pour appuyer sur le bouton (assurez-vous que le volume sera assez bas).

Reportez-vous aux solutions suivantes :
- **Respirer calmement, p. 94.**
- **Le son du calme, p. 260.**
- **Droit et calme, p. 269.**

La méditation

Beaucoup de puristes auront les cheveux qui se dresseront sur leur tête à l'idée que je puisse introduire la méditation ici. Pour eux, c'est une façon d'être, peut-être même un don sacré, certainement pas quelque chose que l'on puisse considérer comme un simple instrument du subconscient.

Les pragmatiques me suivront dans l'usage que je fais de la méditation comme *exercice* – ce n'est plus une métaphysique – du subconscient. Elle vous aide à atteindre le calme, à devenir positif, à résoudre vos problèmes et à améliorer votre santé. Brièvement, la méditation est un état altéré de conscience au cours duquel vous vous sentez profondément détendu et coupé du monde extérieur, tout en étant complètement éveillé et en communion avec un monde bien plus vaste (plus vous étudiez les diverses techniques de méditation, plus vous parvenez à apprécier ces paradoxes).

La pratique de la méditation est à la fois agréable et profitable. Et plus vous pratiquez, plus cela devient ainsi. Nous nous appesantirons sur le sujet plus loin dans ce même ouvrage. Vous pouvez également vous reporter à la section adéquate du site Internet du Centre du Calme (http ://www.calmcentre.com) qui vous guidera en images.

Le jeu de rôles

Parfois on peut se sentir très mal dans la peau d'un être humain. Toute cette intelligence et cette volonté à votre disposition, et être incapable de contrôler ses réactions aux situations les moins compliquées. Vous vous sentez tendu, plein d'appréhension, vous savez que c'est complètement idiot, mais malgré toutes vos ressources en matière d'intellect et de personnalité, vous n'y pouvez rien.

Vous savez à présent de quoi il retourne. Votre volonté n'a aucune influence sur votre subconscient. Celui-ci ressemble à bien des égards à un petit enfant; il aime les distractions et les jeux. Aussi, l'une des manières les plus efficaces de s'y prendre est d'utiliser une technique que vous avez vous-même perfectionnée dès l'âge le plus tendre. Elle vous rendait capable de vous évader des aléas de la vie normale, vous transportait en un clin d'œil dans des univers féeriques. Grâce à elle, vous pouviez avoir la taille d'un dé à coudre ou celle d'un chêne. Vous faisiez semblant. Vous jouiez des rôles imaginaires. Cette activité créative, ludique, fourmillant d'images irréelles, comporte un énorme pouvoir de séduction vis-à-vis du subconscient. Les psychothérapeutes les plus talentueux, en particulier ceux qui travaillent avec l'hypnose, l'utilisent pour surmonter barrières mentales et intrusions de la conscience. Ils demandent à leurs sujets de faire semblant d'être quelque chose ou de se trouver dans un état particulier. En faisant abstraction du réel, ils contournent les inhibitions de la conscience et font appel au subconscient du sujet. De cette façon, le succès survient cent fois, mille fois plus rapidement.

Comment faire semblant

C'est une technique. Grâce à elle vous pouvez trouver calme et relaxation. (Avec de légères modifications, elle pourrait vous aider à surmonter votre timidité, à cesser de fumer, améliorer vos prouesses sportives ou être à la hauteur devant des situations nouvelles.)

Il convient tout d'abord d'évoquer dans votre esprit toutes les caractéristiques qui seraient les vôtres si vous étiez une personne absolument calme : les vêtements, les réactions, vos gestes mesurés, votre élocution lente. Vous voyez ce que je veux dire. La technique vient après : vous faites comme si vous étiez tout ce que vous venez d'imaginer. Ces actions synonymes de calme, vous les accomplissez. Vous parlez d'une voix calme, bougez comme le

Modèle de jeu de rôles

1 Laissez-vous aller à 5 minutes de respiration calme. Écoutez-vous inspirer et expirer.
2 Une fois détendu, fermez les yeux et imaginez devant vous un immense écran argenté.
3 Projetez sur cet écran une image de vous-même, calme, détendu, en paix avec le monde (ou autre chose selon votre gré). Notez la manière dont vous respirez, parlez, bougez.
4 Quand vous avez une image claire de ce à quoi vous ressemblez, éteignez l'écran argenté et ouvrez les yeux.
5 *Maintenant*, faites comme suit dans votre vie de tous les jours :

- Faites comme si vous étiez exactement comme la personne que vous avez imaginée. (Qui n'est qu'un faux-semblant, vous pouvez donc forcer jusqu'à l'extrême.) Faites comme si vous étiez calme. Bougez comme une personne calme, parlez comme une personne calme, agissez comme une personne calme.
- Ensuite, faites comme si les autres vous voyaient tel que vous vous imaginez.

ferait une personne calme. En d'autres termes, vous prétendez que vous êtes calme et détendu. Vous prétendez que vous contrôlez totalement la situation, et toute situation s'en rapprochant. *Faites comme si* ce sentiment de paix vous était familier. Et devinez ce qui se passera au bout de cinq minutes ? Vous vous sentirez

Reportez-vous aux solutions suivantes :

- **Le jeu de rôles, p. 239.**
- **Prétendre être aux commandes, p. 156.**
- **Faire semblant d'être sûr de soi p. 206.**
- **Prétendre être du Type B, p. 193.**
- **Sans montre, p. 128.**

calme. Si vous voulez aller plus loin, appliquez cette variante subtile : faites comme si tous les autres vous voyaient tel que vous prétendez être, calme, détendu. Faites cela consciencieusement, avec sincérité, et bientôt vous le croirez vous-même.

5

LA MAÎTRISE DU TEMPS

> La cause des problèmes de temps n'est pas votre réveil, mais votre tête.

Si vous interrogez les bourreaux de travail sur ce qui leur pose le plus de problèmes, ils vous répondront : le temps. Ou plutôt le manque de temps.

Vous compatirez certainement. N'est-il pas vrai que la vie moderne est de plus en plus trépidante et que, s'il y a une chose dans la vie sur laquelle on ne peut exercer aucun contrôle, c'est bien le temps ? À moins que… Il existe des gens qui travaillent dur, certes, mais qui sont capables d'exécuter en un jour ce que d'autres font en une semaine. Est-ce du génie, de la magie ? Non. À l'avantage de posséder des talents ou des techniques leur permettant une bonne gestion du temps, ils ajoutent celui d'avoir un état d'esprit leur permettant de *percevoir* différemment le temps. Pour eux, seul compte le temps en soi, et non le temps dont ils disposent. C'est dans la tête que cela se passe. Les quelques techniques qui suivent vous aideront à la contrôler, votre tête, et par conséquent votre perception du temps.

Contrôler le temps

Soyons clair: personne ne peut contrôler le temps. Ni vous, ni moi, ni qui que ce soit. Tout ce que vous serez jamais capable de contrôler, ce sont les événements, et peut-être le temps durant lequel ceux-ci se produisent. La notion d'un «contrôle» du temps telle qu'elle est exposée ici consiste à:

a) contrôler les événements qui prennent votre temps; et
b) contrôler votre façon de voir le temps.

L'ennemi n° 1

Ce n'est pas une personne, ce n'est pas une méthode de travail, ni un problème d'état d'esprit. Il s'agit d'une montre.

Si vous êtes plutôt du type «actif», vous aurez tendance à jeter un coup d'œil à votre montre une centaine de fois par jour. Chaque fois, vous vous créez une tension: «Je dois finir à...», «Oh! la la, il me reste peu de temps...», «Comment vais-je faire pour finir...», «Je n'ai simplement pas le temps». Vous êtes susceptible de vous conduire de la sorte avec ou sans montre, mais si vous n'en portez pas, quelque chose de très important va se passer. Vous allez commencer à vous comporter comme une personnalité de type «insouciant» – quelqu'un de plus détaché en ce qui concerne le temps, les échéances et toutes les pressions qui en découlent.

■ Sans montre

Réfléchissez un peu aux vérités suivantes:

- Les insouciants ne se font pas de cheveux à tout bout de champ au sujet du temps, des échéances et toutes les pressions qui en découlent.
- Les insouciants, s'ils oublient de temps à autre de porter leur montre, ne présentent pas des symptômes de retranchement sur soi.
- Les insouciants s'inquiètent si peu du temps qu'ils choisissent de ne pas porter du tout de montre.

Soumettez ces propositions à votre subconscient, et le simple fait d'enlever votre montre pourrait vous faire agir comme si vous aviez une personnalité de type « insouciant » et vous apporter une certaine distance par rapport au temps. Ce serait un premier pas vers le calme. Si vous trouvez que c'est ridicule, faites un effort, essayez au moins une fois. Vous vous apercevrez que votre subconscient adore jouer le jeu et réagira splendidement.

Reportez-vous aux solutions suivantes :

- **Respirer calmement, p. 94.**
- **Le jeu de rôles, p. 239.**
- **Prétendre être du Type B, p. 193.**

Sans montre

- Laissez-vous aller 5 minutes à respirer calmement. Écoutez-vous inspirer et expirer.
- Une fois détendu, fermez les yeux et imaginez-vous sur un immense écran argenté, calme, détendu, en paix avec le monde. Remarquez comme vous vous sentez plus insouciant sans porter de montre. Remarquez comme les échéances n'ont plus l'air si menaçantes, vous avez plein de temps devant vous pour terminer votre travail, vous faites une chose à la fois et en tirez un plaisir évident.
- Quand vous avez une image claire de ce à quoi vous ressemblez, ouvrez les yeux.
- Puis, après avoir enlevé votre montre, vaquez à vos occupations habituelles.
- Faites comme si vous étiez exactement la personne que vous avez imaginée. Comme si vous étiez insouciant. Bougez, parlez, agissez comme si vous l'étiez, impassible devant le temps qui passe.
- Faites comme si les autres vous voyaient tel que vous vous imaginez.

Pour rendre le jeu plus piquant

La fiche « Sans montre » page 129 donnera une autre dimension au jeu, et vous l'appliquerez là, où et quand vous le désirerez.

Chaque fois que vous voudrez échapper à la pression du temps, il vous suffira de vous débarrasser de votre montre, de vous rappeler les caractéristiques « insouciantes » que vous avez visualisées sur votre écran argenté imaginaire, et de laisser faire votre subconscient pour le reste.

L'acupression

Technique requérant un minimum d'efforts mais éminemment calmante. Après avoir repéré l'emplacement exact des points, vous exercerez sur chacun d'eux une pression ferme vers le bas avec l'index tendu.

a) Appuyez en expirant. Lâchez en inspirant.

b) Répétez plusieurs fois l'opération.

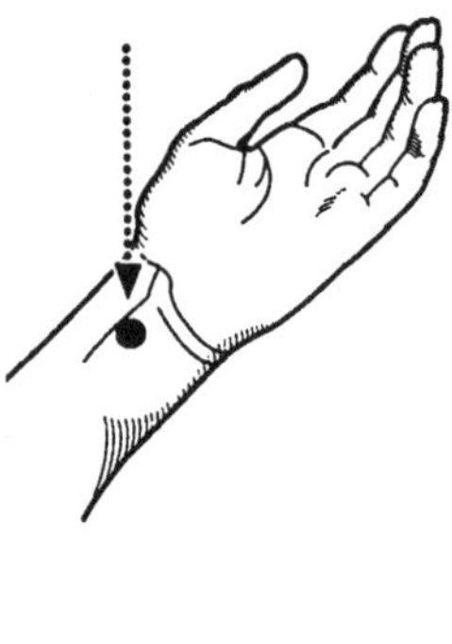

Ce point d'acupression est connu pour traiter l'anxiété. Il est situé au centre de votre poignet, en ligne droite à partir de votre majeur, à environ 5 centimètres du bas de votre paume. Vous sentirez un creux à l'intérieur du poignet, juste derrière l'os.

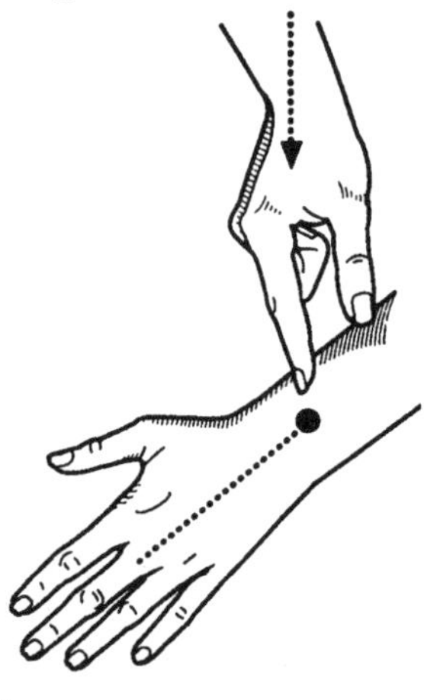

Ce second point peut être utilisé au lieu du premier. Sur le côté extérieur du poignet, en ligne droite à partir de votre majeur, à environ 5 centimètres au-dessus du pli du poignet. Vous sentirez une concavité.

■ Trois lois pour gérer temps et efforts

Ce ne sont pas les grands projets mais les petits, ceux dont vous ne devriez même pas vous préoccuper, qui forment la cause majeure de perte de temps. J'ai eu, au cours des années, d'amples preuves de l'efficacité de ces trois lois et vous les recommande. Ce sont des principes simples de planification qui vous apprennent à prendre du recul par rapport à vos efforts au travail.

(1) Les choses que vous voulez vraiment faire prennent en général deux fois plus de temps, coûtent deux fois plus, et vous rapportent deux fois moins de considération, que ce soit de la part de votre patron, du conseil d'administration, des actionnaires, ou de votre conjoint, ou même de votre banquier.

(2) Les tâches difficiles dans le travail ont invariablement l'air plus coriaces avant de les aborder que quand vous les exécutez. De même, les choses que vous ne voulez pas faire prennent seulement deux fois moins de temps, coûtent deux fois moins cher et souvent rapportent deux fois plus de considération que vous le croyiez.

(3) Quatre-vingts pour cent de votre temps et de vos efforts se rapportent en général à des projets qui ne sont rentables qu'à vingt pour cent.

1re loi : la planification

Chaque fois que vous projetez une tâche ou un événement que vous souhaitez – en projetant, vous planifiez également la satisfaction que vous en obtiendrez –, souvenez-vous de la première loi. Si tous ceux qui se lançaient dans les affaires prenaient cette précaution, le nombre des faillites baisserait drastiquement. Si plus de gens planifiaient ainsi leur travail et leur vie, ils seraient moins frustrés quand ils ne parviennent pas à accomplir en temps requis ce qu'ils voulaient. Planifiez en gardant ces repères à l'esprit, *puis efforcez-vous de faire mieux qu'eux en cours d'exécution !*

2e loi : l'effort réduit la pression du temps

Les gens enclins à la procrastination sont ceux qui souffrent le plus du temps et de la pression qu'il exerce. Est-ce à cause de celle-ci qu'ils remettent toujours au lendemain ou le contraire, je n'en ai aucune idée. Je suis sûr, en revanche, que l'action est une forme plus efficace de combattre la pression liée au temps que la procrastination. Une fois que vous vous attelez à une tâche, le temps dont vous avez besoin pour l'exécuter semble diminuer. Plus tôt vous vous y mettez, et moins de temps vous y consacrerez. Il s'agit juste de commencer à travailler.

Reportez-vous aux solutions suivantes :

- **Le calcul de priorité, p. 89.**
- **Le pouvoir du non, p. 138.**
- **Comment dire non gentiment, p. 140.**
- **Le planning créatif, p. 164.**
- **Le planning inconscient, p. 170.**

3e loi : investir votre talent

On peut perdre énormément de temps et d'énergie à se lancer dans des actions n'apportant aucun profit, particulièrement frustrantes. Le rapport de 80 à 20 s'applique

Trois lois pour gérer temps et efforts

- En planifiant des tâches que vous voulez vraiment mener à bien, sachez qu'elles prendront deux fois plus de temps, coûteront deux fois plus et vous rapporteront deux fois moins que ce que vous en attendez – et puis tâchez d'améliorer vos performances.
- Plus tôt vous vous attellerez à une tâche, moins de temps vous mettrez à l'achever. La procrastination allonge les projets.
- Concentrez vos efforts sur les 20 % des tâches produisant les meilleurs résultats.

aussi bien au temps qu'à l'effort. 80 % de vos efforts produisent seulement 20 % de vos résultats et *vice versa.*

Tranchez brutalement : décidez quelles sont les tâches méritant que vous y investissiez votre temps et vos efforts. Concentrez-vous sur elles avant toute chose.

Ôter leur pression aux échéances

Pour beaucoup, dès qu'il y a échéance, il y a problème. Cela est propre à certains types de personnalité et à certaines professions. Les professions soumises à des échéances précises et les individus obsédés par elles endurent un supplice permanent.

Les échéances peuvent être un instrument efficace de gestion du temps, dans la mesure où elles combattent la procrastination et poussent à faire les choses. Elles représentent cependant un stress supplémentaire dans une journée de travail. Au fur et à mesure que l'heure approche, on ne peut plus se dérober, et la tension s'accroît. Il y a, naturellement, ceux qui, se sentant en sécurité grâce aux échéances, travaillent mieux. Cela n'annule en rien le fait qu'elles causent des problèmes : par exemple, affirmeront certains, le « manque de temps ». Je ne suis pas d'accord. D'après mes observations, une échéance imminente gêne non à cause de la perception du temps du sujet mais parce qu'elle est vue comme un point de non-retour le menaçant – ce qui revient à dire un danger irrationnel créé par le subconscient. Phénomène tout à fait compréhensible, le mot évoquant l'exécution obligatoire et connotant l'expiration et le terme… Cette menace qui vous guette, vous pouvez la réduire à néant en redéfinissant légèrement votre tâche ; oui, vous avez bien lu, vous en viendrez à bout grâce à votre subconscient.

■ Du temps pour le calme

Comment redéfinir une tâche ? Tout simplement en changeant de terme de référence : vous ne pensez plus à des échéances mais à du « temps disponible ». Vous ne vous fixez plus d'échéances, vous vous donnez du temps pour accomplir quelque chose.

Reportez-vous aux solutions suivantes :

- **Le calcul des priorités, p. 89.**
- **Le pouvoir du non, p. 138.**
- **Comment dire non gentiment, p. 140.**
- **L'art de la négociation, p. 222.**

Si, par exemple, vous disposez d'une semaine, ou sept jours, ou encore plus rassurant, 168 heures, vous pouvez modifier ce temps disponible à votre guise – vous donner 144 heures, ou 99 heures, ou 12 heures.

Qu'avez-vous fait ? Alors que d'habitude ce sont les autres qui vous fixent des échéances, maintenant, c'est *vous*

Du temps pour le calme

- Négociez les échéances tout de suite, ou le plus tôt possible, dans le déroulement d'un projet.
- Si l'échéance vous est imposée, transposez-la *immédiatement* en termes de temps disponible.
- Opérez de légères variations dans ce temps dont vous disposez afin de savoir que c'est vous qui contrôlez les choses.
- Pour les grands projets, mettez cette durée par écrit et tenez à jour vos performances en matière de temps.
- Pour ces mêmes grands projets, mettez constamment en relation les heures que vous avez passées à travailler et la totalité de temps disponible.
- Détendez-vous, puisque vous savez pertinemment que vous êtes le seul à contrôler votre temps.

qui répartissez le temps. Vous êtes en charge de votre propre destin. Moyen souverain de moins souffrir du stress au travail. (Cela dit, si vous gaspillez le temps dont vous disposez, attendez-vous à une tension accumulée dès lors que vous n'aurez plus que quelques heures devant vous.)

Un dernier conseil : dans le cas où vous sentez que l'échéance qui vous a été imposée ne vous donne aucune possibilité de procéder à une telle redéfinition de votre tâche, négociez dès le départ – pas au moment où vous sentez que les heures sont comptées.

La procrastination

Les experts en gestion du temps montrent du doigt la procrastination comme étant la pratique la plus débilitante dans le travail.

L'on pourrait croire, à première vue, qu'elle procède d'une vision de la vie empreinte de relaxation. Remettre au dernier moment toutes les tâches difficiles, les moins agréables devrait – du moins l'imagine-t-on – dégager des heures de plaisante paresse, suivies d'une brève période de travail acharné. Malheureusement, cela ne se passe pas comme ça. Au contraire, cela ne fait qu'augmenter la pression ambiante dans le quotidien du travail. En effet, les tâches remises à plus tard sont toujours celles qu'on aime le moins faire, et leur accumulation non seulement a un effet négatif sur votre productivité mais est préjudiciable au respect que vous avez pour vous-même, ainsi qu'à votre niveau de stress. C'est qu'au lieu de vous-même, ce sont les événements qui vous contrôlent. Je suis persuadé que la procrastination est l'un des moteurs dominants, quoique le moins visible, du stress au travail. L'action, en revanche, mène au calme. Traitez chaque problème dès son apparition, et vous aurez fait place nette pour que s'installe la paix dans votre esprit.

Comment surmonter ce défaut rédhibitoire ? Les experts prônent l'établissement de dates limites pour chaque tâche, afin de créer une impression d'urgence. Or nous savons que c'est une bonne façon d'augmenter le stress. Nous aurons donc besoin d'une solution plus complète.

■ Éliminer la procrastination

Considérant que la procrastination résulte de l'impression fallacieuse que nous aurons plus de temps dans l'avenir que nous n'en avons maintenant pour accomplir la tâche de ce jour, et qu'outre ses effets sur l'efficacité et la productivité elle contribue à l'accumulation du stress au travail, nous avons mis au point une méthode comprenant sept phases permettant de l'éliminer.

1 Répartissez les tâches lourdes en tâches plus légères

Cela vous rappelle quelque chose, n'est-ce pas ? Alors, plus d'excuses, c'est le moment de mettre ce conseil en pratique. On a tendance à remettre à plus tard une tâche lourde à cause de sa taille et sa complexité. Sachez que presque toutes peuvent se scinder en une série de plus petites. Après, la tâche globale n'a plus l'air si redoutable.

2 Écrivez-les

La première phase résulte en un traitement plus efficace du détail – c'est un bon point pour votre travail. Forcez-vous aussi à un peu plus de discipline, notez par écrit toutes les tâches à exécuter de telle sorte que vous puissiez continuellement vous y référer.

3 Définissez la durée de chaque tâche

Cela vous donnera le sentiment de contrôler votre travail, bien mieux que si vous vous fixiez des échéances.

4 Jetez-vous à corps perdu dans ce que vous aimez le moins

À partir du moment où vous avez défini vos tâches, exécutez d'abord les moins agréables, et gardez pour la fin les plus gratifiantes. Ce sera une force d'impulsion que vous aurez mise en branle, et qui vous portera jusqu'au bout du projet.

5 Faites de votre travail un jeu

Comment ! Des adultes, jouer en travaillant ? Oui. C'est ainsi que devrait être tout travail. Essayez de faire la course contre la montre, de faire comme si vous étiez un chercheur de la NASA et non un rond-de-cuir, amusez-vous à soigner votre voix au téléphone. D'une part, vous recrutez votre subconscient pour vous aider dans votre tâche ; d'autre part, vous ne sentirez pas le temps passer.

6 Donnez de l'importance à votre récompense

Il est important, si vous voulez vous défaire de vos tendances à la procrastination, de vous entraîner à compter les bénéfices. Englobez la récompense dans votre programme. Ce peut être quelque chose de tangible, un cadeau en lien ou non avec le travail et que vous vous octroyez, comme tout laisser tomber pendant une heure pour aller vous promener au parc. Afin de donner à cette récompense davantage d'importance, notez-la par écrit, à côté de vos tâches et de leur durée.

7 Apportez un maximum d'efforts à chaque tâche

Enfin, quand le temps est venu de commencer à travailler, et surtout d'aborder les tâches les moins agréables, faites-le avec une concentration totale, en mobilisant un maximum d'efforts. Le temps passera alors rapidement ; en outre, vous en retirerez une satisfaction inattendue. (Votre efficacité en sera accrue, mais ceci est une autre histoire.)

Reportez-vous aux solutions suivantes :
- **Du temps pour le calme, p. 134.**
- **Se divertir, p. 288.**
- **Trois lois pour gérer temps et efforts, p. 131.**
- **L'effort à 100 %, p. 153.**

Éliminer la procrastination

- Répartissez les tâches lourdes en plusieurs plus petites.
- Notez-les par écrit.
- Donnez-vous du temps pour chaque tâche.
- Jetez-vous à corps perdu dans ce que vous aimez le moins.
- Faites de votre travail un jeu.
- Donnez de l'importance à la récompense.
- Mobilisez vos efforts à 100 %.

Le surmenage

Source de détresse avec un grand D chez les travailleurs. C'est vrai que, dans la dernière décennie plus qu'à toute autre époque dans le passé, les exigences d'un surcroît de productivité ont exigé d'eux qu'ils travaillent plus longtemps, tout en bénéficiant de moins de soutien. Mais la charge de travail a-t-elle augmenté tant que cela? Sommes-nous vraiment surmenés?

Même si la réponse était non, il reste que la *perception* que nous avons de notre surmenage existe, et qu'elle pose autant de problèmes que si elle était réelle. Quand les gens parlent de surmenage, pourtant, ils veulent la plupart du temps dire autre chose. En général, des exigences exorbitantes par rapport au temps imparti. Avec douze heures de plus par jour et la même masse de travail, le surmenage disparaîtrait sans aucun doute. Le problème étant bien cerné, il devient beaucoup plus simple s'y remédier.

■ Le pouvoir du non

Vous êtes-vous jamais demandé pourquoi ces exigences démesurées dans votre travail, alors que vous disposez de si peu de temps ? La réponse n'est ni l'absence de planification, ni une surestimation de vos capacités ; mais tout simplement une incapacité à dire « non ».

Pourtant, cela ne ferait pas de mal à votre santé ni à votre efficacité d'acquérir ce talent. La question est de savoir comment procéder, où tracer les limites, quand dire « non ». Trois principes simples vous faciliteront la chose :

a) Définissez des objectifs et des résultats pour chaque aspect de votre travail.
b) N'acceptez que ce qui vous permettra de réaliser ces objectifs et de parvenir à ces résultats. Dites « non » à tout le reste.
c) Ignorez tous les arguments tendant à vous démontrer le contraire.

Parlons d'abord du résultat : en fin de course, qu'est-ce que vous aurez accompli ? Quels bénéfices tirerez-vous ? Dans quel état serez-vous ? Après avoir trouvé les réponses à ces questions, écrivez le résultat escompté en haut d'une feuille blanche et en utilisant un langage positif, au temps présent. En dessous, vous établirez la liste des objectifs. (Les objectifs sont les marches d'une échelle que vous gravirez pour obtenir votre résultat.)

Au cas où quelqu'un vous demanderait de faire un travail que vous n'avez pas prévu, vous avez trois choix très clairs :

a) Dire « oui » si cela vous aide à atteindre votre résultat et vos objectifs.
b) Dire « oui » si vous voulez aider quelqu'un pour quelque chose de sérieux, et sans qu'il y ait d'impact négatif sur votre résultat ou vos objectifs.
c) Dire « non ».

Reportez-vous aux solutions suivantes :
- **L'art de la négociation, p. 222.**
- **Parler franchement, p. 215.**
- **Comment arriver à ses fins, p. 214.**

Apprenez à dire «non» si nécessaire, et non seulement vous vous sentirez mieux dans votre peau, mais vous travaillerez plus efficacement.

Le pouvoir du non

- Fixez-vous des objectifs et des résultats.
- Commencez par les résultats : en fin de compte, qu'aurez-vous accompli, quels bénéfices en tirerez-vous, comment vous sentirez-vous ? Puis définissez vos objectifs (les marches de l'escalier que vous parcourez).
- Écrivez votre résultat au haut d'une page, dressez la liste de vos objectifs en dessous.
- Évaluez toute demande qui vous sera adressée à l'aune de cette page. Dites «oui» aux tâches qui vous aideront à réaliser vos objectifs et buts. Dites *vite* «non» au reste.
- Résistez à tout argument tendant à démontrer le contraire.

■ Comment dire non gentiment

Si vous êtes de ceux qui ne peuvent refuser les heures supplémentaires, les invitations ou toute autre sollicitation et si vous en souffrez, cela vous fera grand bien d'acquérir un talent d'une importance cruciale : la capacité de dire «non» (gentiment) quand vous le devez.

N'ayez pas peur que cela nuise à vos intérêts. En effet, qui trop embrasse mal étreint. Votre niveau de stress s'élève, votre efficacité décroît ; finie la productivité, plus rien n'est clair ni sûr. Vous connaissez les statistiques sur les affaires qui échouent, incriminant les petits plutôt que les grands problèmes. Dire «non» quand on le doit n'est donc pas synonyme de paresse, d'asociabilité, et n'a aucune connotation négative. Au contraire, vous y gagnerez l'image de quelqu'un d'efficace au travail, en permanence maître de soi – surtout si vous expliquez pourquoi vous dites «non». Deux éléments vous faciliteront les choses :

a) établir vos priorités ; et
b) avoir une bonne raison de refuser.

Établir vos priorités

Comment savoir quelles tâches accepter et lesquelles rejeter ? Avant tout, il vous faut déterminer ce qui est important pour vous.

Pour les décisions d'ordre stratégique, servez-vous du calcul des priorités, page 89, ou du planning créatif, page 164, qui vous aideront à déterminer les priorités de votre existence – travail, profession, argent, réussite, famille, bonheur, et ainsi de suite. Cependant, en ce qui concerne les décisions au jour le jour, rien ne remplace une planification détaillée. Celle-ci se décompose de la façon suivante :

a) savoir quelles tâches vous devez exécuter ;
b) décider quel temps vous allez leur accorder ;
c) ainsi que leur ordre de priorité.

Ensuite seulement, vous pourrez vous permettre d'évaluer votre capacité à assumer des tâches supplémentaires.

Avoir une bonne raison de refuser

Beaucoup de gens, en se rendant compte qu'ils ne sont pas en mesure de répondre favorablement à une demande, sont gênés d'avoir à se dérober. C'est la raison pour laquelle ils assument trop de responsabilités.

Reportez-vous aux solutions suivantes :

- **Le calcul des priorités, p. 89.**
- **Un mot positif, p. 175.**
- **Le planning créatif, p. 164.**
- **Le planning inconscient, p. 170.**

Si vous êtes l'une de ces personnes « trop gentilles », il vous faudra trouver une bonne raison de refuser, et la planification de votre travail en est une idéale, ne serait-ce que pour vous-même. Il s'agit simplement de dresser une liste par ordre d'importance des tâches que vous avez à accomplir, ainsi que du temps que vous allez leur consacrer. Planifiez de cette façon votre journée ou votre semaine, vous trouverez facile de dire que votre emploi du temps n'autorise aucune tâche ni faveur supplémentaire.

Comment dire non gentiment

- Établissez vos priorités : les tâches que vous avez à faire, leur ordre d'importance, le temps que vous voulez consacrer à chacune.
- Inscrivez-les dans votre plan de travail (pour votre propre usage).
- Déclinez poliment en citant votre plan de travail et tout ce qui n'entre pas dans celui-ci.
- Si l'on insiste, tenez-vous-en à votre plan de travail.

■ Connaître ses limites

L'information la plus précieuse que vous possédez quand vous êtes menacé de surmenage, c'est de connaître vos limites, en matière de temps, de ressources et de capacités. Il vous sera ainsi plus facile de savoir ce que vous êtes capable de faire ou de réussir. Ceci s'applique aussi bien aux postes et aux responsabilités, que vous acceptez ou non, qu'aux tâches et aux échéances.

La surinformation

De nos jours, c'est la cause la plus courante de stress au travail – particulièrement chez les cadres, dans les médias ou dans les nouvelles technologies.

Dans le monde actuel, le savoir semble infini. Une grande partie de ces informations vous sont accessibles par e-mail, Internet, les bibliothèques, les universités. Comment se tenir au courant ? De quelle façon allez-vous protéger les compétences que vous avez mis des années à acquérir ? Et quelle est leur valeur alors que les connaissances se développent à une telle vitesse ? Enfin, que faire pour absorber toutes les informations qui passent sur votre bureau chaque jour ? Voilà les vrais problèmes. Celui de la surinformation n'en est pas un.

Si par *surinformé* l'on entend qu'il y a bourrage de crâne, c'est faux. Personne ne force quiconque à absorber toutes les données disponibles sur terre. Les gens ont simplement à choisir entre beaucoup, beaucoup d'options. Ces dernières sont-elles à redouter ? Est-ce que cela vaut la peine de se stresser sous prétexte qu'on a le choix ? Ce serait le monde à l'envers car un plus grand nombre de travailleurs encore mentionne *l'absence* de choix comme étant leur principale cause de stress.

Dès lors que vous remplacez le mot de « surinformation » par celui de « choix », le problème n'est plus si grave. N'est-ce pas merveilleux de vivre à notre époque ? D'avoir, en matière d'information, tant de choix susceptibles de vous aider dans votre travail ? Et si par hasard vous croyez qu'il vous faut ingurgiter la *totalité* de cette information pour réussir, vous avez de bonnes raisons d'être stressé. Mais ce n'est pas le cas.

Une histoire australienne

Au début du siècle, ma grand-mère et son mari furent embauchés comme manœuvres pour la construction d'un tronçon de voie ferrée dans l'intérieur du pays. Au sein de leur équipe, il y avait un être incroyablement fruste, un pauvre jeune homme qui aurait dépéri sur place si sa sœur ne lui avait pas régulièrement envoyé des colis de nourriture, qui ne l'empêchaient pas de mourir de faim. N'ayant aucune idée de ce qu'était la planification, il se jetait sur son ravitaillement d'une semaine à l'instant où celui-ci lui était livré et avalait tout. Il restait sans manger jusqu'au colis de la semaine suivante. Ma grand-mère, s'en étant aperçue, l'invita à partager leurs modestes repas : des pommes de terre, de la viande en conserve, du pain. Le jeune homme dévorait tout ce qu'il y avait sur l'assiette qu'on lui présentait. Ma grand-mère avait beau le sermonner, l'exhorter à partager, à attendre, rien ne pouvait le dissuader. Du moment que c'était devant lui, il lui fallait tout manger. Pour lui, la notion de choix n'existait pas ; il était obligé de s'empiffrer.

À bien des égards, les cadres « surinformés » de notre époque ressemblent à ce jeune manœuvre de 1921. C'est pour eux une obsession que de consommer ce qu'on met devant eux – cette fois, ce n'est pas de la nourriture mais des informations et de la documentation. Ils ont tort. Devant eux, il n'y a qu'un éventail d'options. À eux de choisir.

■ S'émanciper

Nous vivons dans un âge éclairé. Quels que soient votre centre d'intérêt ou votre profession, vous avez à votre disposition une abondance de documentation et d'information dans laquelle choisir afin d'accomplir votre tâche du mieux possible.

Ceci ne s'appelle pas surinformation mais choix. Si vous voulez en faire votre miel, il vous suffit d'un peu d'anticipation, de quelques filtres et d'un minimum de discipline.

Anticipation

Égale planification. À l'aide du calcul des priorités, déterminez ce qui est important pour vous, votre carrière et votre vie, puis notez-le par écrit. Atteindre cet objectif nécessitera probablement d'être informé.

Quelques filtres

L'une ou l'autre des techniques de planification ci-dessous vous permettra de décider de quels filtres vous aurez besoin. Notez-les par écrit. Vous devriez n'avoir à faire ceci qu'une fois, ou, au plus, une fois par an.

a) Le premier filtre consiste à décider si vous avez l'intention d'être un généraliste (avec une vision large mais une connaissance moins détaillée de votre sujet) ou quelqu'un de très spécialisé.

b) Le second se fonde sur la profession. Dans quel domaine travaillez-vous *maintenant*, dans lequel pourriez-vous travailler *plus tard* et dans lequel *aimeriez-vous* travailler (à supposer qu'il ne s'agisse ni du premier ni du second) ?

c) Le troisième est d'ordre géographique et concerne le marché. Où avez-vous l'intention de vous positionner ou d'accomplir votre travail ? Quel est votre marché aujourd'hui, quel sera-t-il demain ?

d) Progressivement, vous ajouterez des filtres supplémentaires selon vos besoins, vos centres d'intérêt, vos buts ou vos ambitions.

e) Le filtre final a pour rôle de filtrer tous vos filtres : existe-t-il un expert ou une source d'information pouvant se substituer à l'un de ces filtres qui sont les vôtres ? (Par exemple, si vous avez répondu que votre marché se situerait en Asie à l'avenir, serait-ce mieux d'avoir de temps en temps recours à un expert asiatique plutôt que d'essayer d'élargir vos connaissances à l'Asie ?)

Un minimum de discipline

C'est le plus facile. Dès qu'une information vous est présentée, appliquez-lui les filtres ci-dessus (vous prendrez soin d'en conserver la liste dans un tiroir de votre bureau). Votre assistant ou votre secrétaire peuvent également s'en charger.

Toute information qui ne satisfait pas aux critères de vos filtres doit être ignorée. N'essayez pas de vous demander si elle pourrait être utile à quelqu'un d'autre, ce serait stressant, pure perte de temps. Si une information ne passe pas par les trous des filtres, vous l'ignorez ou la rejetez. Oui, mais, si vous êtes le directeur général d'une grande entité et que *toute* l'information passant par votre bureau est pertinente non seulement pour l'entité mais pour vous-même, ces filtres, que valent-ils ? Je le répète, le choix vous appartient. Les directeurs généraux de grandes entreprises doivent être des généralistes plus que des spécialistes. Aussi leur tout premier filtre élimine-t-il la plupart des informations générées par l'entreprise qu'ils dirigent.

S'émanciper de l'information

1 Utilisez le calcul des priorités afin de déterminer ce qui est important pour vous.

2 Consignez ce qui est important pour vous.

3 Utilisez des techniques de planification pour déterminer les filtres à information que vous utiliserez.

4 Êtes-vous un généraliste ou un spécialiste ? Dans quel domaine travaillez-vous (allez-vous travailler) ? Quel filtre géographique devriez-vous appliquer ? Autres filtres ?

5 Notez par écrit les filtres retenus.

6 Existe-t-il un expert ou une source d'information qui éviterait d'avoir recours à ces filtres ?

7 Évaluez toute information qui vous sera présentée en fonction de ces filtres.

8 Rejetez toute information ne répondant pas à vos critères. (Ne faites pas des cauchemars en pensant aux gens qui pourraient s'en servir.)

En résumé, pour accomplir une tâche, faites ce qui s'est fait depuis toujours : réunissez *l'information dont vous avez besoin*, agissez ensuite. La question va se poser de savoir de quelle information vous avez besoin.

Reportez-vous aux solutions suivantes :

- **Le calcul des priorités, p. 89.**
- **Leçon de marketing en 30 secondes, p. 220.**
- **Le planning créatif, p. 164.**
- **Le planning inconscient, p. 170.**

Il nous faut évoquer ici le problème que pose le caractère importun des e-mails. Certains de mes amis reçoivent jusqu'à cinq cents messages non désirés par semaine. S'il est possible d'ignorer le courrier superflu arrivant quotidiennement de la poste, il est difficile d'ignorer vos e-mails, à moins d'avoir le logiciel adéquat. La plupart des programmes de courrier électronique vous donnent la possibilité de filtrer selon l'expéditeur ou le sujet. Si vous êtes submergé, vous devez acquérir ce logiciel, le prix que vous paierez sera compensé par le calme que vous gagnerez.

Votre temps

Nous arrivons maintenant au sujet qui peut sauver votre vie, votre santé physique et mentale, et qui a un rapport avec le temps.

Les esclaves du temps que nous sommes tous, au travail, négligent toujours un élément vital pour leur développement personnel. Prendre le temps de se recharger, se réserver du temps à soi-même, du temps à ne rien faire, représentent le plus noble usage du temps que l'on puisse imaginer. La plupart des travailleurs l'ignorent, ceux qui remettent au lendemain, les bosseurs invétérés qui, avec une vie sociale réduite, devraient pourtant disposer de beaucoup de loisirs, ainsi que les solitaires. À cause d'une conception disproportionnée de la vie en société et d'une éthique du travail hors de propos, très peu de gens s'autorisent du « temps à soi » digne de ce nom. Être tout seul, sans rien faire. Ne ricanez pas, ce n'est pas si évident.

■ Du temps à soi

Se le ménager pour exister, s'évader de la pression du quotidien, profiter de soi-même. Le temps à soi prendra 15 à 30 minutes, plus si vous le souhaitez. La première chose à faire dès votre réveil ou la dernière avant de vous coucher, ou n'importe quand entre les deux. Sans personne ni stimuli ou divertissement, sans essayer de résoudre des problèmes, et surtout sans penser au travail. Cela vous paraîtra peut-être plus difficile qu'il n'y paraît. La raison en est que vous êtes conditionné pour penser que ce n'est qu'indolence, perte de temps. La vérité est tout autre.

Après avoir expérimenté quelques fois ce temps à soi, vous ne pourrez plus vous passer de ces moments. Vous serez capable de vous lever une demi-heure plus tôt le matin afin de pouvoir vous y adonner; ces moments précieux, vous les déroberez aux êtres chers – de toute façon, cela ne fera qu'enrichir le temps que vous passerez avec eux. 15 à 30 minutes par jour. Chaque jour. Juste pour se faire plaisir. Que vous utilisiez ce temps pour méditer, respirer calmement, ou rester assis en regardant le mur n'a aucune importance. Ce qui en a, c'est que vous vous engagiez à passer ce temps, chaque jour, à ne rien faire.

Si vous êtes quelqu'un d'occupé, sans une seconde à vous (du moins, c'est ce que vous croyez), vous penserez probablement que ces 15 à 30 minutes pourraient être plus rentables en vous replongeant dans le livre que vous avez mis de côté, en regardant le journal télévisé ou en bavardant avec votre conjoint ou vos enfants. Vous vous trompez. Le temps à soi ne doit pas empiéter sur les périodes importantes de votre journée mais sur celles qui ne le sont pas – c'est à vous de décider lesquelles. (À ce propos, je rappelle à tous ces gens terriblement stressés qui ne jurent que par une seule méthode de relaxation, à savoir s'écrouler devant la télévision, que même le plus nul des programmes est une excitation et non une détente.) J'ajoute d'ailleurs que la pratique régulière du temps à soi libère des soucis et des problèmes liés au stress, est bénéfique pour votre santé, enrichit et prolonge votre vie. Le temps à soi, en somme, est une activité extrêmement productive pour toutes les personnes très occupées.

Reportez-vous aux solutions suivantes :

- **Respirer calmement, p. 94.**
- **La technique du calme, p. 298.**
- **L'espace du calme, p. 263.**
- **Sourire et continuer, p. 265.**
- **Au ralenti, p. 201.**

Du temps à soi

- Choisissez une période d'au moins 15 à 30 minutes, *chaque jour.*
- Durant cette période de temps à soi vous ne ferez rien. Pas de visiteurs ni de stimuli extérieurs, ne passez pas non plus ces moments à résoudre des problèmes, et surtout ne pensez pas au travail. N'écoutez pas de musique, ne parlez pas à votre chien.
- Utilisez ce temps pour méditer, respirer calmement ou rester assis à regarder le mur. En pratiquant régulièrement, vous serez libéré des soucis, des problèmes liés au stress, votre santé sera meilleure et vous vivrez longtemps une vie enrichissante.

■ Les rendez-vous

Aussi important que de programmer du temps à soi : ménager des creux dans votre journée de travail. Si votre routine quotidienne comporte beaucoup de réunions et de rendez-vous, prenez l'habitude de prévoir de telles pauses, vous n'en vivrez que plus vieux. Cette pratique repose sur des principes simples :

a) Partez avec 10 minutes d'avance pour tous vos rendez-vous à l'extérieur. Non seulement vous éviterezvous le stress inévitable quand on est pressé, mais si tout va bien, vous disposerez de 10 minutes pour vous détendre avant d'attaquer.

b) Prévoyez un battement de 15 minutes entre deux rendez-vous. Dans l'idéal, cela vous octroiera un peu d'espace sans stress, et en tout état de cause vous serez sûr que vos rendez-vous ne se chevaucheront pas.

Reportez-vous aux solutions suivantes :
- **L'agenda du calme, p. 172.**
- **Au ralenti, p. 201.**
- **Du temps pour le calme, p. 134.**

■ À chaque jour suffit sa peine

Le meilleur conseil que je puisse donner, à quiconque croit qu'il est surmené ou manque de temps mais connaît les bienfaits de la planification, est le suivant : à chaque jour suffit sa peine.

Ayez un moment précis où vous « fermerez tout » – quand vous posez le pied sur le trottoir devant votre bureau, quand vous passez le portail de votre jardin – auquel vous vous consacrerez religieusement chaque jour. Quand ce moment arrive, purgez votre esprit de toute pensée relative au travail. Faites-vous plaisir. Distrayez-vous. Après avoir mis toute votre énergie à accomplir votre tâche, laissez-la derrière vous en rentrant à la maison. (S'il reste quelque chose à exécuter chez vous, décidez d'une période de temps pour le terminer, et oubliez-le tant que le moment n'est pas arrivé.) Vous pouvez toujours reprendre le lendemain là où vous l'avez laissé.

Reportez-vous aux solutions suivantes :
Du temps pour le calme, p. 134.
Le temps de la décision, p. 168.
L'exécution en 3 points, p. 168.
Le planning inconscient, p. 170.
Du temps à soi, p. 148.

6

LA QUESTION DU CONTRÔLE

> Vous ne pouvez pas contrôler un patron/un employé/un portier/un climatiseur difficiles. Vous vous sentiriez bien mieux si vous vous attachiez à essayer de contrôler, non pas les événements qui sont une cause de stress négatif, mais la façon dont vous y réagissez.

Avez-vous parfois l'impression que vous n'avez aucun contrôle sur les événements dont votre travail est constitué ou, pire, que ce sont les événements qui vous contrôlent ? L'impression que vous ne dominez pas votre travail, que vous êtes piégé dans un circuit qui ne vous mène nulle part ? Le sentiment que c'est toujours quelqu'un d'autre qui tire les ficelles ? Vous n'êtes pas le seul. Beaucoup de gens ne sont pas logés à meilleure enseigne que vous, votre directeur général compris. Sachez d'abord ce que vous appelez contrôle.

Pas plus que le temps, vous ne pouvez tout contrôler dans votre univers. Votre directeur général lui-même exerce très peu d'emprise sur le sien. La seule chose au monde que vous pouvez espérer dominer, c'est vous-même : vos actions, vos états d'esprit, vos perceptions. En adoptant cette perspective, vous serez surpris de vous rendre compte à quel point vous vous sentez maître de votre travail.

Prenez le contrôle de votre vie

Quels sont ceux qui en apparence contrôlent leur destinée ? Les riches et les puissants ? Ceux qui sont célèbres ou ceux qui ont de grands talents ? Les chefs d'entreprise, les politiciens, les dirigeants des grandes organisations ? Peut-être.

Moins, cependant, que le surfeur poursuivant les vagues d'une plage sublime à une autre, le petit enfant jouant sans se lasser avec une poupée en chiffon, le peintre paysagiste qui ne voit rien d'autre que sa toile, l'O.S. toujours en train de siffler sur sa chaîne de montage, en apparence fasciné par les fruits au sirop qui défilent devant lui. Tous ont quelque chose en commun, quelque chose que vous n'avez pas. Ce n'est pas nécessairement leur travail, leur richesse ou leur absence de sophistication. Le niveau de contrôle qui leur a été attribué n'entre pas en jeu non plus. Ce qu'ils ont en commun, c'est un engagement total dans ce qu'ils font, qui leur permet d'avoir le sentiment qu'ils contrôlent leurs actes. D'où leur absence de souci. Une preuve supplémentaire vous sera offerte au spectacle d'un maître ébéniste au travail. Il passe des heures et des heures à creuser les mortaises d'un tiroir (avec des clous, cela lui aurait pris quelques secondes), et cette activité fastidieuse semble lui procurer paix et plaisir. Ne trouvez-vous pas étonnant que l'on puisse tirer satisfaction de quelque chose qui en rendrait fou plus d'un ? Voyez la caissière efficace, pour elle chaque client est une vieille connaissance que l'on retrouve. Elle est attentive à son bavardage, scanne chaque article comme si c'était un trésor. Vous, vous vous demandez comment elle peut faire ça toute la journée sans se sentir frustrée.

La réponse à ces questions réside dans la capacité qu'ont les individus à se plonger entièrement dans le présent. Ou bien, diraient les adeptes du zen, à vivre totalement dans le moment. (Vous vous souviendrez que les suggestions les plus accessibles au subconscient sont celles qui sont formulées au présent.) Les gens qui choisissent de vivre de cette manière – immergés dans le présent, par opposition à ceux que l'avenir préoccupe et que le passé hante – ont trouvé le secret pour se sentir aux commandes, donc calmes. La technique qui suit vous aidera à transformer n'importe quel travail, même le plus prosaïque ou répétitif, en un exercice qui vous donnera une intense satisfaction et vous permettra d'atteindre le calme. En investissant votre effort à cent pour cent, vous serez à cent pour cent le maître.

■ L'effort à 100 %

Supposons que vous avez à taper un document de deux cents pages, pas particulièrement intéressant, disons un guide technique indigeste. Il y a deux façons d'aborder un pensum de cette sorte.

Vous pourriez faire comme la plupart des gens : soupirer toutes les trente secondes sur la tâche ennuyeuse que vous avez à terminer, en vous demandant combien de temps il reste avant l'heure du déjeuner et en vous lamentant sur la malchance d'avoir à recopier le texte le plus débile de la Création, alors que vous pourriez suivre Roland-Garros à la télé et que vous ne serez même pas félicité pour vos efforts valeureux parce que vous ne savez même pas pour qui vous faites ce machin.

L'autre façon, c'est de commencer par accepter les choses telles qu'elles sont. À défaut de pouvoir changer ou rejeter ce travail, vous devez en tirer le meilleur parti possible. Votre défi va être de le transformer en un exercice créatif et épanouissant. À cet effet, vous devez mettre toute votre passion à taper aussi bien qu'il est humainement possible de le faire. Qu'aucun détail ne vous échappe, ni l'orthographe, ni la mise en page. L'immersion à cent pour cent dans l'effort vous apportera un contrôle à cent pour cent. Et, subrepticement, voilà qu'en quelques minutes vous êtes absorbé dans votre travail. Calme et détendu comme jamais vous ne l'auriez imaginé. Mieux, vous n'avez pas vu le temps passer. Encore mieux, à avoir effectué cette besogne consciencieusement, vous avez tiré une énorme satisfaction. La raison en est que vous êtes totalement aux commandes. Les adeptes de la méditation le savent, disperser son attention crée la tension, la concentrer sur une chose seulement apporte le calme. C'est la meilleure façon de travailler !

Reportez-vous aux solutions suivantes :

- **C'en est fini de l'ennui, p. 157.**
- **À chaque jour suffit sa peine, p. 150.**
- **L'agenda du calme, p. 172.**

L'effort à 100 %

- Faire une chose à la fois, telle est la clef, et faites-la avec autant de conviction que vous en êtes capable. Quelle que soit la nature de votre travail, consacrez-vous à votre tâche aussi consciencieusement et habilement que vous pouvez.
- Essayez d'exclure les stimuli extérieurs comme la radio ou la conversation.
- Concentrez-vous à chaque étape. Concentrez-vous sur le détail. Efforcez-vous d'être aussi efficace que possible.
- En étant totalement absorbé par ce que vous faites, les choses vous paraîtront faciles. Alors, vous serez calme, détendu, en paix.

■ La joie de la répétition

La tante de ma mère, qui était blanchisseuse dans les sous-sols étouffants d'un grand hôpital, trouvait qu'il n'y avait pas de meilleur job au monde que le sien. Ce travail manuel répétitif et pénible la stimulait, disait-elle. Elle avait un truc.

En général, les tâches répétitives sont très frustrantes pour ceux qui les exécutent. Pourtant, on peut y voir des côtés positifs. La répétition, en effet, est la clef de bien des techniques destinées à influencer le subconscient, telles que l'autohypnose et l'affirmation. Elle joue un rôle majeur dans la plupart des styles de méditation. Vous avez certainement entendu parler des « mantras », qui se composent de mots ou de sons répétés à l'infini pour faciliter le passage à un état de paix et de méditation. Pourquoi ce genre de répétition aurait-il un effet sédatif alors qu'une autre serait tout le contraire ? Tout repose sur le degré de contrôle que vous avez ou n'avez pas. Ou que vous *croyez* ne pas avoir ! Il est à son maximum dans la méditation, puisque vous pouvez arrêter quand vous le désirez, aller chercher une tasse de thé quand vous en avez envie, laisser complètement tomber si cela vous chante. À l'usine ou devant un ordinateur, aucun contrôle ne vous est imparti, quelqu'un d'autre s'en charge en général, et la répétition est une chose que l'on vous force à accepter.

« L'effort à 100 % », technique très simple, transformera toute tâche sans intérêt et de nature répétitive en un exercice épanouissant. Appliquez-y 100 % de concentration et d'effort, la répétition deviendra un avantage. Plongez-vous complètement dedans, de telle sorte que vous obteniez le meilleur résultat dont vous êtes capable, et le travail fastidieux se métamorphosera, devenant presque méditation, avec les propriétés calmantes qui s'y attachent. (Cela s'appelle « la petite voix », rendue célèbre par sainte Thérèse de Lisieux, il y a un siècle, et que la tante de ma mère comprenait fort bien.)

■ Prétendre être aux commandes

Au début de ma carrière, j'occupais un poste relativement subalterne dans une grande agence de publicité. N'ayant peur de rien, je posai ma candidature à un poste de premier ordre qui s'était libéré. Mon patron me fit savoir que la société, par principe, n'envisageait même pas de nommer quelqu'un de mon âge à un tel poste. « Mais pourquoi ne feriez-vous pas *comme si* vous l'aviez ? continua-t-il. Agissez comme si vous aviez été nommé à cette fonction, il y a de fortes chances que tout le monde se persuade que vous en avez les capacités. » Désemparé, je suivis son conseil. Devinez ce qui se passa ? Cela a marché.

J'ai appris que l'une des plus grandes limitations au progrès personnel réside dans la perception que l'on a de soi-même. La meilleure façon de rester un subalterne, c'est de vous percevoir comme en étant un ; la meilleure façon de rester un pion, c'est de vous percevoir comme n'étant qu'un pion sur l'échiquier. En revanche, si vous vous percevez comme un employé ayant de l'importance, quelqu'un ayant un contrôle sur ses actions, vous aurez déjà fait la moitié du chemin sur la route menant à une promotion. Pour ce faire, jouez le rôle que vous vous êtes assigné.

Reportez-vous aux solutions suivantes :
- **Imiter le calme, p. 240.**
- **Respirer calmement, p. 94.**
- **Le jeu de rôles, p. 239.**
- **Faire semblant d'être sûr de soi, p. 206.**
- **Prétendre être du Type B, p. 193.**

■ Ne contrôler que ce qu'on peut

Il y a des tas de choses que vous ne pouvez contrôler dans l'existence. Le temps, les gens (ou si peu), le monde qui vous entoure. Tout ce que vous pouvez contrôler, ce sont vos actions, vos états d'esprit, vos perceptions.

L'accepter sera pour vous une grande source de réconfort au travail – surtout si vous avez tendance à vouloir tout contrôler. Pour avoir, outre une vie satisfaisante et calme, le sentiment que vous exercez quelque contrôle, adoptez ce principe très sain : n'essayez qu'avec ce qui vous est possible. Utilisez la méthode du plus et du moins de la page 187 pour définir vos objectifs et vos résultats, séparer les choses sur le résultat desquelles vous pouvez agir des autres. Ensuite, consacrez votre énergie aux premières.

Reportez-vous aux solutions suivantes
- **La méthode du plus et du moins, p. 187.**
- **Le planning créatif, p. 164.**

■ C'en est fini de l'ennui

Pensez-vous que votre travail est ennuyeux et répétitif?

L'ennui est le facteur le plus courant de stress au travail, au moins autant que le surmenage. La frustration augmente le niveau de tension. Le secret pour éradiquer l'ennui des tâches fastidieuses est d'en tirer plaisir et satisfaction. Utilisez la technique de l'effort à 100 % de la page 153 pour exploiter au maximum le moment présent. Être uniquement préoccupé de ce que vous êtes en train de faire mettra fin à votre ennui, en même temps vous trouverez avec certitude le calme et la relaxation. Ci-dessous, quelques méthodes supplémentaires.

Trouvez la valeur intrinsèque de votre travail

Même la plus quelconque des tâches a sa propre valeur – à condition que vous preniez la peine de la chercher. Une fois que vous l'aurez trouvée, vous saurez tirer de la satisfaction de votre travail. Alors, le calme ne sera pas loin. Cherchez donc cette valeur.

Travaillez plus dur

Entre une corvée et une noble tâche, il n'y a souvent qu'une différence d'application. Quoi que vous fassiez, si vous vous jetez à corps perdu dans votre travail, vous oublierez vos tensions et vos soucis sans même vous en rendre compte. Concentrez votre attention. Si vous tapez un texte, que chaque mot soit un chef-d'œuvre. Si vous faites le ménage, que chaque surface brille comme un sou neuf. Si vous conduisez un taxi, que chaque trajet soit le meilleur.

Faites-en un défi

Beaucoup de stress quotidiens sont dus à la routine. Donc, transformez votre travail en un défi. Changez de temps en temps votre façon de l'exécuter, quitte à le rendre plus long et plus difficile. De telles variations, bien que minimes, peuvent apporter énormément.

Reportez-vous aux solutions suivantes :
- **L'effort à 100 %, p. 153.**
- **Voir le bon côté des choses, p. 180.**
- **S'amuser au travail, p. 195.**

■ La double responsabilité

Pour beaucoup, ce sera le sujet le plus important abordé dans cet ouvrage : comment équilibrer son travail et sa vie familiale.

L'un des défis les plus difficiles que doivent relever les travailleurs de l'ère contemporaine est d'élever leurs enfants, seuls ou avec un conjoint, tout en exerçant une profession. Cela crée des conflits, donc du stress, dans les familles les mieux organisées. Comment gérer les deux sans sacrifier l'un ou l'autre ? C'est un problème fort complexe et, pour certains, les solutions ne seront pas simples. Il existe des procédures permettant d'alléger votre stress. Ce sont les suivantes :

a) Classez vos responsabilités par ordre de priorité.
b) Parlez-en à toutes les parties concernées.
c) Recrutez des aides fiables.
d) Réservez-vous du temps.

Classez vos responsabilités par ordre de priorité

Au cours de l'enquête que j'ai menée avant de rédiger cette partie du livre, j'ai été surpris de découvrir qu'il existait trois forces différentes en jeu dans les rapports travail/éducation des enfants.

Le(s) parent(s) est (sont) persuadé(s) qu'il n'y en a que deux, à savoir d'une part l'éducation des enfants, d'autre part le travail. Derrière elles se profilait une troisième. Celle-ci, la plus déstabilisatrice des trois selon moi, est d'ordre social. À ma question : « Que faites-vous le reste du temps ? » la réponse la plus courante était : « Quelle vie sociale ? », « Quel temps libre ? » Or les pressions sociales peuvent être aussi stressantes, aussi déchirantes que les deux autres, surtout pour les chefs de familles monoparentales.

Nous avons évoqué plus tôt un procédé servant à déterminer les éléments les plus importants de votre existence, Le calcul des priorités. C'est le moment ou jamais de le mettre en pratique. Quelle est votre priorité *absolue* ? Est-ce le travail ? Ou votre progéniture ? Ou serait-ce de trouver une personne avec qui partager votre vie ou vos responsabilités ? À moins que ce soit sauver votre mariage ? Une fois que vous aurez décidé cela, vos autres centres d'intérêt pourront passer au second plan. Équilibrer votre vie voudra dire réarranger vos intérêts secondaires en fonction de votre priorité majeure. Ainsi, si celle-ci est le bien de vos enfants, garder votre emploi sera crucial, mais l'avancement de votre carrière ne le sera pas. En conséquence, vous pourriez décider de faire quelques sacrifices sur le plan de la carrière ainsi qu'en ce qui concerne la vie sociale. Vous auriez l'esprit en paix mais sauriez pertinemment que les priorités de chacun changent avec le temps. Ce calcul des priorités peut vous sembler un luxe dans les circonstances où vous vivez. Si vous croyez cela, je vous en supplie, faites-le quand même. Vous serez surpris.

Parlez-en à toutes les parties concernées

C'est un détail, mais qui est souvent négligé. Si vous avez un ou des jeunes enfants, il est dans votre intérêt d'en informer votre employeur. Vous pouvez craindre que ce soit une entrave à votre avancement et ce sera parfois le cas, si incroyable et anachronique que cela puisse paraître. Si vous voulez éviter cependant certains des stress liés à vos doubles responsabilités, vous devrez être franc avec tout le monde, dès le début. Informez par ailleurs vos enfants. Les décisions et les responsabilités partagées ne peuvent entraîner que des effets positifs.

Recrutez des aides fiables

Même si cela s'avère pour vous l'obstacle le plus insurmontable, la condition suivante est essentielle – disposer d'une aide familiale sur laquelle vous pouvez vous reposer, quelqu'un sur qui vous pouvez compter pour s'occuper de l'enfant pendant que vous travaillez (ce qui est difficile à trouver) et que vous pouvez appeler en cas d'urgence (ce qui est plus facile).

En cas d'urgence, vous pouvez avoir recours à un parent, un ami auquel vous rendrez la pareille. Les grands-parents occasionnels sont une solution intéressante (j'ai mis une annonce pour en recruter une fois et reçu, à ma grande surprise, beaucoup de réponses de grand-mères sans petits-enfants, ravies d'avoir à nouveau à exercer cette responsabilité).

Réservez-vous du temps

C'est vital. Au moins vingt minutes par jour consacrées à vos besoins, pour vous faire plaisir à vous-même. C'est le temps à soi – en ne faisant absolument rien, vous vous retirez de la pression du quotidien et redécouvrez le sens du calme. Faites cela régulièrement, et les couleurs de votre vie n'en seront que plus éclatantes.

Reportez-vous aux solutions suivantes :

- **Le calcul des priorités, p. 89.**
- **Comment arriver à ses fins, p. 214.**
- **Rejeter le succès est permis, p. 199.**
- **Se dorloter, p. 286.**
- **Du temps à soi, p. 148.**

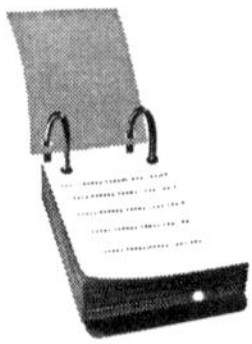

7

TOUT DÉPEND DE VOUS

> La plus grande cause de stress au travail, c'est vous. Ce qui se passe dans votre tête.

Vous l'avez compris à l'heure qu'il est. La plus grande cause de stress au travail n'est ni le temps, ni l'absence de contrôle ou les autres, mais vous-même. Rassurez-vous, la solution au problème vous attend dans un endroit très accessible, le même, dans votre tête.

En ajustant vos perceptions, votre état d'esprit et votre manière de réagir aux situations auxquelles vous êtes confronté au travail, vous pouvez éliminer la majorité des problèmes qui se posent à vous. Et cela, fréquemment, sans quitter le confort et la sécurité de votre fauteuil. Les propositions qui suivent s'adressent aux stress les plus courants : d'une part, ceux qui sont générés de *l'intérieur* comme la peur, l'anxiété, l'ambition, la culpabilité, l'ego, l'insécurité, l'absence de concentration ; d'autre part, ceux qui émanent de *l'extérieur* comme la compétitivité, l'envie, l'avidité et la colère. La capacité de planifier alliée à une disposition à voir le bon côté des choses sera déterminante pour vous.

Planifier le calme

La possibilité d'exercer une certaine influence sur ce que vous faites aide à surmonter l'un des facteurs majeurs du stress au travail : l'absence de contrôle.

Le temps est hors de votre atteinte, mais pas les événements ni leur durée. À cette fin, la planification est un instrument hors de pair. Planifiez votre travail, planifiez votre journée, planifiez ce que vous escomptez de votre labeur. Si vous voulez échapper à la frustration, la procrastination, l'agitation, et j'en passe, une bonne planification vous assurera le calme.

■ Le planning créatif

En tant que directeur de la stratégie dans de grandes sociétés, je me suis occupé de marketing, certes, mais aussi des problèmes internes. La leçon la plus fascinante que j'ai tirée de cette période a été la suivante : la plupart des individus et des entreprises ne savent pas planifier. Non qu'ils n'essaient pas. Ils croient planifier, mais adoptent des méthodes plus propres à la comptabilité qu'à l'organisation de l'avenir. 99 % des grandes sociétés dans le monde tombent dans ce travers.

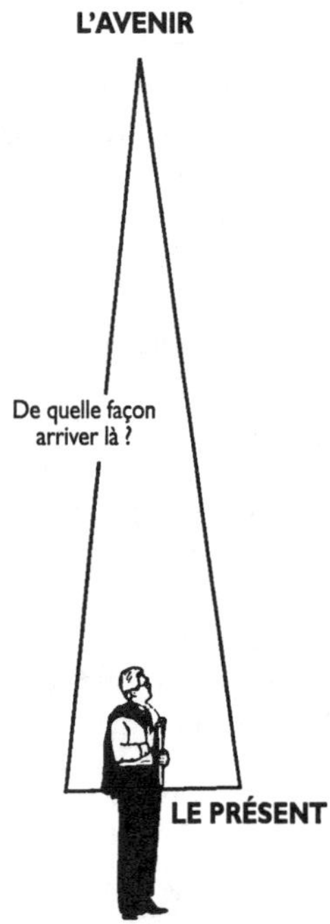

En effet, selon leurs méthodes, tout est clair, net, prédictible. Ils prennent aujourd'hui, c'est-à-dire la réalité, comme point de départ et raisonnent ainsi : « Nous avons 2 millions de dollars de dettes, le moral du personnel est au plus bas, les taxes à l'importation vont être abaissées dans plusieurs pays, technologiquement nous sommes au point – où voudrons-nous nous positionner dans trois, cinq, dix ans ?» Et ils se mettent à planifier, logiquement, mais loin de toute réalité, sûrs qu'ils se dirigent vers la gloire et le succès, quelque part dans le brouillard devant eux. Il y a juste un problème : dans une écrasante majorité des cas, cela ne marche pas. (Je signale qu'il s'agit-là d'une façon très masculine de planifier, mais ceci est une autre histoire.) Si cette approche logique, analytique et structurée (typique du cerveau gauche) est vouée à l'échec, c'est parce qu'elle s'attaque à un domaine défiant la pensée linéaire : prédire l'avenir. « Aucun problème, répliquent les mêmes quand on le leur fait remarquer. Une fois les projections formulées par des professionnels, nous les traduirons dans la réalité grâce à notre approche rationnelle. » Cela ne marche toujours pas, car il est impossible d'avoir une vision de l'avenir en utilisant uniquement les capacités du cerveau gauche. L'esprit travaille autrement.

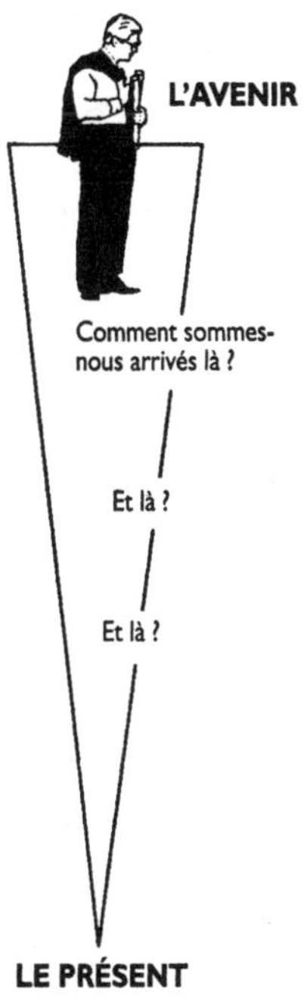

Bien plus opérante est l'approche inverse que certains nomment « déconstruction » ou « ingénierie à rebours ». Elle implique le côté *droit*, créatif, du cerveau, celui qui forme les images. Il s'agit alors d'une planification véritablement compréhensive. Dans ce cas-ci, vous commencez en élaborant une situation tout à fait fantaisiste : « Nous sommes en 2009, notre société domine le marché du scoubidou, etc. » Puis, en mettant à contribution votre créativité, votre imagination et toute autre ressource que votre subconscient possède, vous revenez en arrière. « Maintenant, nous sommes en 2005. Qu'avons-nous fait pour en arriver là ?» Et ainsi de suite, vous remontez le temps jusqu'à aujourd'hui. Cela marche parce que vous faites appel à la seule partie de votre cerveau capable de se colleter avec un concept aussi abstrait que «l'avenir» – votre cerveau droit.

Se projeter dans l'avenir, puis revenir en arrière. Il n'existe pas de technique de planification plus performante, nombre de dirigeants sont en train de le découvrir. Certains la réfutent comme étant trop technique ou théorique. (Pas les spécialistes de stratégie ; à peine en ont-ils lu les principes qu'ils s'empressent de réviser leur approche.) Seule l'*explication* est théorique. La pratique – surtout en groupe – est simple, riche d'enseignements et plaisante. Si votre profession suppose une planification d'une certaine amplitude, cette méthode vous donnera de meilleurs résultats que toute autre. Si vous n'avez que des besoins personnels autour des moments de votre existence où vous devez réfléchir à votre travail, votre carrière ou à votre vie privée, le planning créatif deviendra un instrument d'une valeur inestimable.

Comment procéder

Cela nécessite de 10 à 30 minutes. Avouez que c'est fort peu de temps que vous consacrerez à prendre les décisions majeures de votre existence. Vous pourrez décider de répéter l'opération afin de mieux vous formuler les détails et les différentes phases.

Commencez par vous installer confortablement dans un endroit tranquille. Quelques minutes durant, ne faites rien ; écoutez-vous juste respirer. Imaginez-vous, ou votre entreprise, à un moment précis de l'avenir. Imaginez à quoi vous ressembleriez, avec qui vous travailleriez, ce que vous feriez.

Quand vous aurez une image complète dans votre esprit, c'est-à-dire que vous la verrez, l'entendrez, la sentirez, le moment sera venu de retourner en arrière. D'abord,

Le planning créatif

1 Laissez-vous aller 5 minutes à respirer calmement. Écoutez-vous inspirer et expirer.

2 Quand vous êtes détendu, fermez les yeux et imaginez devant vous un immense écran argenté.

3 Quand vous voyez cet écran, imaginez-vous – ou votre entreprise – à un moment précis de l'avenir. Examinez en détail l'environnement et les caractéristiques physiques.

4 Maintenant, voyez-vous grimper dans cette image.

5 Observez ce que vous pouvez voir autour de vous. Écoutez tous les sons. Sentez les textures, la température, la richesse, les éloges, etc.

6 Puis, pensez à un an avant ce moment-là (ou à un autre intervalle de votre choix). Formez-vous-en une image. Voyez, entendez, sentez ce que c'est que d'être là.

7 Écrivez les détails sur une feuille de papier.

8 Pensez à une autre période de votre choix, plus près du moment présent.

9 Écrivez rapidement les détails sur un autre papier.

10 Continuez jusqu'à ce que vous arriviez à aujourd'hui.

11 Relisez vos notes, et utilisez-les comme une feuille de route pour votre planification détaillée.

pensez à un an avant ce moment-là (ou deux, ou un mois – à vous de choisir l'intervalle). Formez-vous-en une image dont vous noterez sur une feuille de papier les détails appréhendés spontanément. Essayez de ne pas être trop critique sur ce que vous avez écrit. Ensuite, revenez plus loin encore en arrière, rapprochez-vous du présent. Rédigez rapidement les détails sur un autre papier. Continuez de la sorte, pas à pas, jusqu'à ce que vous reveniez à aujourd'hui. Vous avez maintenant plusieurs feuilles de papier devant vous. Elles contiennent l'image magnifiée de votre vision de l'avenir. L'esprit vif et alerte, relisez vos notes. Il ne s'agit pas de pensées profondes, mais d'une simple feuille de route pour votre planification. Chaque page sera toujours un stimulus ou un résumé que vous utiliserez pour la planification détaillée de la phase particulière à laquelle elle se réfère.

Reportez-vous aux solutions suivantes :

- **Le calcul des priorités, p. 84.**
- **Modèle de visualisation, p. 114.**
- **Modèle de jeu de rôles, p. 124.**

■ Le temps de la décision

Un conseil très simple qui métamorphosera les gens les plus chaotiques en modèles de calme et d'organisation (toutes proportions gardées, naturellement).

Réservez vingt minutes chaque jour pour les décisions et l'organisation. Utilisez ce temps pour planifier votre journée, ranger votre bureau, préparer vos instruments, fixer vos objectifs. Ne vous laissez distraire ni interrompre par aucune autre pensée. Ces vingt minutes vous apprendront à vous organiser. S'il est exclu que vous puissiez les prendre à votre travail, arrivez vingt minutes en avance – investissement minime, si c'est pour se sentir mieux et travailler dans le calme.

■ L'exécution en 3 points

Au travail, il est utile d'avoir à sa disposition un protocole valable pour les nombreuses occasions où vous avez besoin d'une stratégie vous aidant à faire quelque chose en particulier ou simplement à aller jusqu'au bout de votre journée. (Nous supposons que vous avez déjà appliqué le calcul des priorités pour déterminer ce qui dans votre travail a de l'importance pour vous.)

L'exécution en 3 points

1 Déterminez ce que vous voulez accomplir. Prenez une heure pour décider cela. Vous aurez alors un résultat positif à l'esprit.

2 Déterminez comment vous allez l'accomplir. Quel est votre programme pour arriver à ce résultat? Cette question est de celles qu'il est plus facile de poser que de résoudre. Les entreprises, les gouvernements et les individus passent un temps phénoménal et dépensent une énergie folle à se battre avec elle. Cette phase doit être écrite sur une feuille de papier.

3 Immergez-vous dans son accomplissement. Pratiquez l'effort à 100 %. Votre efficacité ainsi que la satisfaction que vous retirerez de votre travail en seront augmentées.

L'exécution en 3 points est presque une évidence. Trois phases sont impliquées. La première consiste à déterminer ce que vous voulez accomplir. Passez pour cela une heure seul, loin de toute distraction ou interruption pour décider quel résultat positif vous voulez exactement. Une technique telle que le planning créatif peut être une alternative, à condition de s'assurer que le résultat soit positif. Les actions menant au résultat escompté comportant peut-être elles-mêmes différentes étapes, vous allez noter le résultat et chacune de ces étapes. Passez autant de temps qu'il sera nécessaire à cette deuxième phase. La troisième est la réalisation de la procédure. L'effort à 100 % y est fortement conseillé. En vous immergeant complètement dans le déroulement de votre travail, vous surmonterez toutes les frustrations, toutes les tensions.

Reportez-vous aux solutions suivantes :

- **Le calcul des priorités, p. 89.**
- **Le planning créatif, p. 164.**
- **L'effort à 100 %, p. 153.**

Le planning inconscient

Répétons-le, les gens qui planifient leur journée de travail souffrent moins de problèmes liés au stress que ceux qui ne planifient pas. C'est une bonne raison pour s'y mettre.

Vous n'avez pas assez de temps pour les méthodes traditionnelles, vous êtes trop pris par votre travail, de toute façon la planification telle qu'on l'entend en général est ennuyeuse, elle est tellement « cerveau gauche » ? Et si je vous disais qu'il y a une façon de l'aborder qui n'est pas ennuyeuse, qui ne prend pas une minute de votre précieux temps de travail ?

Choisissez les moments quotidiens, de préférence le matin, où vous vous adonnez à une activité répétitive mobilisant peu vos facultés cérébrales. Par exemple la gymnastique ou votre demi-heure de promenade, à moins que ce ne soit le ménage ou la méditation. Le trajet monotone de chez vous à votre bureau est également propice. C'est alors que vous planifierez votre journée. Il importe de le faire sans trop réfléchir, afin de laisser agir votre subconscient. Vous vous donnez un petit résumé, vous vous dites que vous aurez plus tard un plan détaillé, puis vous oubliez. C'est très important : vous oubliez. Sortez toute planification de votre esprit conscient. N'y pensez plus. Vous vous apercevrez qu'après votre promenade, votre séance de méditation ou votre trajet d'autobus, la réponse – la planification de votre journée – vous attendra toute prête, pour que vous la rédigiez par écrit. Cela marche à tous les coups. Je vous le garantis.

Reportez-vous aux solutions suivantes :
- **Le calcul des priorités, p. 89.**
- **L'espace du calme, p. 263.**
- **La technique du calme, p. 298.**

Le planning inconscient

1 Choisissez une activité routinière que vous pratiquez chaque matin ne mobilisant pas votre énergie mentale.

2 Donnez-vous un résumé au début de cette activité en vous disant que vous aurez une solution détaillée à la fin de la séance, *puis oubliez tout.*

3 À la fin, votre plan détaillé vous apparaîtra avec évidence.

4 Notez-le par écrit.

■ Comment décider calmement

Parfois, presque toujours peut-être, il n'est rien de plus difficile que de prendre une décision. Il est facile de ne pas en prendre. L'indécision mène à la frustration, et la frustration à la tension et l'anxiété.

Donc, quand vous savez qu'il y a une décision à prendre, prenez-la. Même si c'en est une toute petite – la décision de prendre une décision. (Beaucoup de gens qui ont réussi croient qu'il vaut mieux prendre une mauvaise décision que pas du tout. Je ne le conseillerais pas à tout le monde mais, à l'occasion, cela peut être salutaire.) Voici comment prendre la meilleure décision dont vous êtes capable n'importe quand. Mieux, vous le ferez calmement et rapidement. Informez-vous au maximum avant de faire les calculs ou analyses nécessaires, puis donnez-vous un résumé (par exemple, « en utilisant toutes les informations que j'ai, mon subconscient me dira la meilleure façon de maximiser les profits

Reportez-vous aux solutions suivantes :

- **Le calcul des priorités, p. 89.**
- **Le planning créatif, p. 164.**
- **Le planning inconscient, p. 170.**

Décider calmement

1 Procédez aux recherches et analyses requises.
2 Faites-vous un briefing personnel.
3 Occupez-vous d'autre chose pendant 5 minutes (plus si vous préférez).
4 Changez de place.
5 Laissez-vous aller 60 secondes à respirer calmement.
6 Dites-vous qu'au bout de 4 minutes (ou du laps de temps de votre choix) vous prendrez une décision.
7 Laissez votre intuition ou votre subconscient vous guider vers la meilleure décision dont vous êtes capable.
8 Au bout de 4 minutes, prenez votre décision.

sur cet investissement particulier»). Ensuite, ne faites absolument rien pendant quelques minutes. Votre subconscient tamisera les informations et vous présentera la meilleure solution.

C'est une excellente technique dans les cas de manifestation d'«arrogance du cerveau gauche»; certaines personnes ne peuvent accepter le fait qu'il existe une force physiologique dépassant leurs capacités analytiques. Qu'elles continuent à se laisser réduire en esclavage. Quant à nous, ayant pris une décision calmement, nous nous en tirerons avec les honneurs.

■ L'agenda du calme

Il n'y a rien de plus frustrant ou stressant qu'une longue réunion sans sujet précis. Plus courtes, elles sont tout de mêmes pénibles parce qu'elles interrompent le schéma que vous avez établi pour votre travail. Je ne tournerai pas autour du pot: les réunions sont le plus grand gaspillage de temps qu'on ait inventé. Dans le meilleur des cas ce sont des bouffonneries servant à masquer indécision et faiblesse de la direction.

Si vous êtes obligé d'assister à de nombreuses réunions, l'agenda du calme vous sera grandement profitable en vous aidant à mieux les gérer. Non seulement les résultats seront notables mais vous serez plus calme.

Cinq principes le constituent, que nous résumerons de la façon suivante :

a) sachez pourquoi vous êtes là ;
b) et sachez que vous tirerez quelque chose de la réunion.

Si toutes les règles énoncées ci-dessous ne sont pas satisfaites, je vous recommande de ne pas y assister. Ce sera, je vous le garantis, une perte de temps pour la plupart, sauf pour ceux qui utilisent les réunions pour masquer leur indécision et une direction faible.

Reportez-vous aux solutions suivantes :

- **L'art de se faire entendre, p. 235.**
- **Comment arriver à ses fins, p. 214.**
- **Sous l'influence du calme, p. 241.**

L'agenda du calme

Voici les cinq principes nécessaires à une réunion fructueuse :

- Le ou les résultats sont clairement décrits dans l'ordre du jour (du moins dans le vôtre – vous n'êtes pas obligé de le rendre public).
- Seuls ceux qui peuvent réellement y contribuer ont le droit d'assister.
- Le temps nécessaire est clairement défini.
- Toute résolution est consignée par écrit.
- L'un des participants a autorité pour appliquer les résolutions arrêtées.

Si toutes ces règles ne sont pas satisfaites, je vous recommande encore une fois de ne pas assister à la réunion.

Des gens particulièrement éclairés ont agrémenté ces principes de quelques autres :

a) Les rafraîchissements ne devraient être servis qu'après qu'une résolution a été arrêtée (sauf si des personnes extérieures à la société sont présentes).
b) Les chaises devraient toutes avoir des dossiers droits.
c) Les participants devraient tous être debout et non assis (bizarre mais efficace pour conclure rapidement).
d) Les bavardages ne devraient pas être permis tant qu'une résolution n'a pas été arrêtée.

Ce sont de tout petits détails mais vous serez surpris de voir combien ils vous feront gagner de temps et de calme dans votre travail. Si vous êtes capable de mettre l'agenda du calme en pratique, vous recueillerez en termes de productivité les fruits d'une réunion bien menée.

Un changement positif

C'est la section la plus importante de cet ouvrage après celle sur la respiration. Le sujet aurait mérité un chapitre entier mais il est tellement lié à la façon dont vous sentez les choses, dont vous travaillez et réussissez ou non qu'en vérité il ne peut figurer ailleurs qu'ici, dans le chapitre qui vous est consacré.

La clef de l'accomplissement se trouve dans une attitude positive. Si vous y croyez vous y arriverez. Ah oui ? Comment être positif, me direz-vous, quand de nos dirigeants ne nous parviennent que des messages négatifs ? Quand tout ce qu'on lit dans les journaux est tellement négatif ? Quand le négatif est plus populaire que le positif – il suffit de voir le cinéma, la télévision, la littérature, même la musique pop ? Comment ? Mais en vous écoutant, vous, plutôt qu'eux.

Votre subconscient, vous le savez, réagit d'autant mieux que vous lui présentez des suggestions positives. L'hypnose, l'affirmation et la visualisation sont plus efficaces de cette façon. Faites de même quand vous donnez des instructions à vos subordonnés, quand vous introduisez une requête auprès de vos supérieurs ou que vous conseillez vos pairs. Donc, ironiseront les papes du management du stress, il suffirait de dire « Je vais garder mon calme au travail aujourd'hui » pour l'être ! Si vous énoncez cette phrase mot pour mot, elle n'aura aucun effet. « Je vais garder mon calme. » C'est tout au plus un vœu pieux. Être positif, c'est se dire : « Je me sens calme et j'ai confiance en moi. » Vous voyez la différence ? Tout ce qu'on a inventé en matière de progrès personnel est en réalité de cette eau-là. Au ras des pâquerettes. Plus que *vouloir* que ça marche, vous devez *savoir* que ça marche. Accéder à la grandeur, vaincre l'adversité, inverser la faiblesse, vous le pourrez grâce à un état d'esprit positif. Vous terrasserez la maladie, gagnerez des marathons, vous libérerez des effets négatifs du stress. Vous vivrez dans le calme et le bonheur. (Il est prouvé qu'une attitude négative vous gâche l'existence et affecte votre système immunitaire.) Ayant trouvé le calme à l'intérieur de vous-même, vous le communiquerez à votre entourage.

■ Un mot positif

De façon consciente ou inconsciente, les mots que vous utilisez produisent un profond effet sur votre manière de penser et de sentir. Avec des mots positifs, optimistes, vous serez positif et optimiste. Avec des mots négatifs, vous serez négatif.

Reportez-vous aux solutions suivantes :

- **Modèle d'affirmation, p. 116.**
- **L'autopersuasion, p. 199.**
- **La joie de la répétition, p. 154.**

Il s'ensuit que, en truffant votre vocabulaire de mots positifs, vous nourrirez des sentiments positifs en vous. C'est aussi facile que cela en a l'air. La seule condition, c'est de faire attention à vos mots – les mots énoncés à haute voix aussi bien que les mots pensés –, les négatifs voire ceux qui ne sont que neutres seront progressivement remplacés par les positifs. Soyez attentif à votre conversation, à vos pensées. Forcez-vous à toujours trouver le côté positif. Au cas où vous succomberiez au négatif, apprenez à le bombarder d'interprétations positives. Au lieu de « J'ai tellement de travail à faire », essayez « J'ai de la chance d'être si occupé », ou « C'est gratifiant d'avoir un travail utile et de relever des défis ». La liste ci-dessous illustre mon propos. Elle n'est en aucune façon définitive, ne prétend même pas être partiellement complète, mais vous donnera une idée de ce qui est possible.

Chaque fois que vous avez ce mot sur le bout de la langue...	**... essayez quelque chose comme :**
non	oui
ne peux pas	peux
peut-être	certainement
tendu	détendu
problème	occasion
ça va	c'est formidable
échouer/échec	réussir/succès
peur	confiance
malade	bien
j'ai horreur	j'adore
ennuyé	excité
panique	calme
malheureux	heureux
vide	épanoui
perdre	gagner
déprimé	euphorique

■ Contributions positives

Si vous avez déjà été dans une agence de publicité, surtout dans celles où abondent jeunes et talentueux illustrateurs et créatifs, vous devez savoir qu'il est difficile de contenir tant de langues bien pendues – ce qui n'était pas fait pour arranger nos affaires, quand nous avions des clients très croyants, ne tolérant aucun écart de langage.

Pour faire pièce à ces débordements, notre agence a décidé d'adopter la méthode la plus positive, en l'occurrence le jeu, sous la forme d'une tirelire. Chaque fois que quelqu'un se laissait aller, ses collègues l'obligeaient à y déposer un dollar. Quand le pot était assez rempli, on allait acheter un jouet destiné à un enfant nécessiteux ou hospitalisé. Ce n'était pas une amende, en aucune façon une obligation négative de respecter la règle, comme c'est le cas quand on utilise des châtiments corporels pour décourager les comportements asociaux. Il s'agissait d'un petit jeu créatif plaisant pour le subconscient, qui rappelait à nos artistes et concepteurs qu'il fallait montrer un minimum de respect à nos clients. Grâce à ce jeu, ils *voulaient* un résultat positif, ils *voulaient* faire attention au langage qu'ils employaient. Bientôt, tout le monde y a joué. Je me suis rendu compte, alors, qu'une technique capable de faire céder le langage négatif pouvait avoir le même effet sur les attitudes mentales.

■ La tirelire

Jeu à jouer tout seul. Apportez à votre bureau un petit bocal que vous garderez près de vous. Chaque fois que vous prendrez conscience qu'une pensée, un commentaire ou un mot négatif a traversé votre esprit, mettez une pièce dans le bocal. Si vous avez vraiment envie de changer, glissez un billet. Avec un peu de vigilance, votre bocal se remplira très vite. Il s'agira alors de transformer tout ce négatif en positif.

Prenez le contenu du bocal, et allez acheter quelque chose qui profitera à quelqu'un de plus malheureux que vous. Vous le lui remettrez vous-même. (Cette partie de l'exercice étant entièrement destinée à votre propre satisfaction, vous êtes libre de choisir à qui vous allez le donner – association caritative, mendiant, musicien de rue, à votre guise.) Vous avez vu ce que vous avez fait ? Vous vous êtes récompensé vous-même (donc contenté) pour avoir transformé un mot, une pensée, un commentaire négatif en quelque chose de *positif.* Une fois que vous vous serez entraîné à reconnaître vos subtiles tendances au négatif, conscient de leur influence sur vous, vous pourrez leur substituer des assertions positives.

La tirelire

- Un petit bocal tiendra lieu de tirelire.
- Chaque fois que vous prendrez conscience d'avoir une pensée, un commentaire ou un mot négatif, mettez une pièce dans le bocal.
- Quand celui-ci est plein, achetez un petit cadeau pour quelqu'un de plus malheureux que vous.
- Apportez le cadeau vous-même (à condition que cela vous fasse plaisir).
- Une fois que vous vous serez entraîné à prendre conscience de vos pensées, commentaires, mots négatifs, substituez-leur des positifs.

■ L'image positive

Dès lors que vous aurez appréhendé le positif et le négatif dans votre langage, il sera temps de travailler sur les images qui se forment dans votre cerveau. (Les images mentales, souvenez-vous, sont d'un effet puissant quand il s'agit d'influencer votre subconscient.) En les choisissant positives, vous pouvez projeter sur votre subconscient les résultats positifs que vous désirez. Si vous vous montrez assez créatif, ces images peuvent transformer votre vie.

La technique qui suit est aussi agréable à pratiquer qu'efficace. Elle fait usage de l'écran argenté du modèle de visualisation pour créer une scène positive au sein de laquelle vous vous projetez ensuite. Ultérieurement, il suf-

L'image positive

1 Laissez-vous aller à 5 minutes de respiration calme. Écoutez-vous inspirer et expirer.

2 Une fois détendu, fermez les yeux et imaginez devant vous un immense écran argenté.

3 Sur l'écran, formez l'image de l'environnement le plus positif (et détendu) que vous pouvez imaginer. Examinez cet endroit en détail.

4 Imaginez-vous grimper et pénétrer dans cette image. Vous vous y voyez – exactement tel que vous aimeriez être –, agissant, parlant, pensant positivement. Vous vous voyez souriant, avec un enthousiasme sans bornes.

5 Observez ce que vous pouvez voir autour de vous.

6 Entendez tous les sons autour de vous.

7 Sentez la brise, les textures, la température, etc.

8 Quand l'image est fermement implantée dans votre esprit, prenez un cliché (ou faites un arrêt sur image) de vous-même avec toutes ces images, ces sons et ces sensations.

9 Détendez-vous et laissez votre conscience s'imprégner de ces sensations positives (sans effort). Repaissez-vous-en.

10 Pour ancrer en vous un état d'esprit positif, remémorez-vous sans cesse cette image mentale au cours de la journée.

fira de vous remémorer cette image pour acquérir une attitude mentale positive. Cela peut se faire en un clin d'œil.

État d'esprit positif

Bien plus qu'une thérapie, c'est un plaisir. Travailler à le construire vous apportera calme et maîtrise. Le moindre effort vous sera rendu au centuple.

Reportez-vous aux solutions suivantes :
- **Respirer calmement, p. 94.**
- **Modèle de visualisation, p. 114.**

Soyez conscient des pressions et des expressions négatives. Substituez-leur autant que possible des mots positifs ; regonflez votre vocabulaire grâce à eux. Sur l'écran argenté, créez une image idéale de vous-même – toujours souriant, avec un enthousiasme débordant. Faites revenir cette image mentale au cours de la journée sans désemparer. Ne perdez pas une occasion de rire. Enfin, jetez-vous à corps perdu dans toute activité que vous entreprenez. Allez jusqu'au bout aussi consciencieusement que possible, même si c'est une tâche désagréable. L'approche positive du travail est l'un des chemins les plus sûrs vers la paix et la satisfaction.

■ Voir le bon côté des choses

Cette section sur l'état d'esprit positif, dont je vous rappelle qu'elle est la plus importante après celle de la respiration, se clôturera sur un jeu que j'ai inventé pour vous. Si vous y jouez régulièrement, votre travail vous apportera un calme et une satisfaction incroyables.

On doit y jouer plusieurs fois par jour. Plus vous le pratiquerez, plus vous y excellerez et y trouverez du plaisir. Il a pour nom « voir le bon côté des choses ». C'est un jeu mental où il s'agit d'inverser les perspectives, que vous appliquerez à tous les événements qui normalement vous contrarient. Le jeu consiste à trouver des côtés positifs aux choses que d'habitude vous jugez négatives. Non seulement c'est facile comme bonjour, mais vous y gagnerez un bon sens de l'humour. Ainsi : vous reculez en grade ? Qu'à cela ne tienne, consolez-vous en vous disant que quelqu'un d'autre se chargera des tâches ingrates que vous remettiez de jour en jour. Certes, votre problème n'est pas résolu, mais vous avez pris avec humour quelque chose n'en comportant guère, et cela vous aidera à être bien dans votre peau. Condition *sine qua non* pour se sentir calme.

Les soucis

Ils se fondent sur l'imagination, comme l'anxiété, et ne reposent souvent sur rien de tangible. Pour simplifier, on peut dire que si cette dernière est de l'ordre du général, la cause des premiers est très spécifique, provient habituellement des choses et des événements. Les remèdes préconisés contre les soucis sont applicables à l'anxiété.

Les soucis et l'avenir

Par nature, les soucis se préoccupent de ce qui *pourrait* arriver, jamais de ce qui a réellement lieu à ce moment particulier. Les gens enclins à se faire du souci ont du mal à accepter l'idée que leur problème, concernant l'avenir, est par essence abstrait, comme l'anxiété. La solution consiste à oublier l'avenir et se concentrer sur le présent.

■ L'éliminateur de soucis

Les soucis, pour la plupart irrationnels, devraient pouvoir se dissiper aussi aisément qu'un mal de tête. Il est donc possible de réduire leur intensité sinon de les effacer complètement. Voici les mesures élémentaires à prendre :

a) Planifiez.
b) Reprogrammez vos soucis.
c) Occupez-vous du présent.

Planifier

Étant orientés vers l'avenir, c'est-à-dire ce qui peut ou peut ne pas se produire, les soucis sont liés à l'inconnu. Plus vous savez ce qui va se passer, moins vous vous en préoccupez, même s'il s'agit de quelque chose de désagréable.

Quand on vous dit que vous êtes licencié, vous ne vous en faites pas autant que si vous soupçonnez seulement que vous allez l'être. Quand la radiographie confirme que vous avez le poignet cassé, vous vous sentez rassuré, alors que dans l'ambulance qui vous transportait à l'hôpital, ce n'était pas le cas. Le fait de savoir allège les soucis. C'est la raison pour laquelle nous planifions. Toutes les entreprises bien gérées pratiquent un certain degré de planification. C'est un art nécessaire, permettant une allocation correcte des ressources mais aussi la gestion des attentes (les vôtres comme celles des autres). Celle-ci est cruciale car elle contribue au calme et à la satisfaction au travail. Savoir ce qu'on attend de vous, avoir une idée plus ou moins précise du développement de sa carrière supprime les anxiétés ayant un rapport avec le poste occupé. Vous devez toujours insister pour que l'on vous donne une description détaillée du travail que vous allez faire, définissant les tâches et les responsabilités mais également les critères d'évaluation. L'exemple que je vais vous donner à l'appui de ma démonstration provient, cette fois encore, de mon histoire familiale.

La leçon de ma grand-mère. Ma grand-mère (oui, celle dont je vous ai déjà parlé) était l'une de ces femmes de pionniers qui, pour des raisons économiques, à l'époque de la grande dépression, accompagna son époux jusque dans l'âpre et impitoyable arrière-pays australien. Le travail (l'argent) et la nourriture étaient ses deux préoccupations essentielles. On ne trouvait pas toujours un emploi, et le ravitaillement était, au mieux, irrégulier. Avec trois enfants de moins de 5 ans à sa charge, elle avait toutes les raisons de se faire du souci. Au lieu de cela, elle a planifié. Choisissant deux aliments à bas coût à partir desquels la famille pouvait survivre longtemps, elle décida de faire des réserves de farine (pour le pain) et de saindoux. Un problème supplémentaire se posa cependant à elle : comment pouvait-elle rendre heureux trois petits enfants avec un régime aussi spartiate ? La planification la sortit encore d'affaire. À partir du moment où ils posèrent le pied dans l'arrière-pays, ses enfants ne connurent qu'un plat de fête. De temps en temps, naturellement, ils avaient des gâteaux, du gigot, des oranges, mais ces mets n'étaient jamais présentés comme étant des plats que l'on mangeait aux occasions spéciales. Pour celles-ci, un seul était à l'honneur: du pain et du saindoux. Et quand survenait le temps des vaches maigres, ce qui ne manquait jamais d'arriver, les enfants pouvaient enfin se régaler du plat dont on les privait toute l'année... D'une élégance confondante, ne trouvez-vous pas? Rien à redire sur le plan de l'économie ménagère, avec, en plus, une gestion éminemment créative des attentes des enfants. Si ma grand-mère était encore parmi nous, je la nommerais sans hésitation à la tête de l'une de mes sociétés.

Reprogrammez vos soucis

Ils sont en majeure partie les produits de votre subconscient, donc irrationnels. Vous savez pertinemment qu'ils sont sans fondement et ont peu de chances de se réaliser, mais vous vous en faites tout de même.

La solution est évidente. Vous savez déjà comment induire votre subconscient à agir selon vos désirs. Pour surmonter ou écarter vos soucis, ayez recours aux instruments idoines que nous avons présentés: la visualisation – pour vous représenter sans souci; l'affirmation – pour vous convaincre qu'il n'y a aucune raison de vous tourmenter; le jeu de rôles – pour faire comme si vous n'aviez pas le moindre souci (vous finirez par vraiment ne pas en avoir).

Occupez-vous du présent

L'avenir, nous l'avons dit, n'existe pas. La plupart de vos soucis ne se réalisent *jamais*. Jamais. Vu sous cet angle, les esprits bileux n'ont guère de grain à moudre, non?

Hélas, il n'ont pas le choix; ils sont soucieux malgré eux. Comment allons-nous leur donner le choix? Tout simplement grâce à la technique de l'effort à 100 %. C'est la meilleure façon d'exister dans le présent et de profiter du calme et du sentiment de satisfaction inhérents à une telle attitude.

Reportez-vous aux solutions suivantes :

- **L'effort à 100 %, p. 153.**
- **La joie de la répétition, p. 154.**
- **Quatre instruments du subconscient, p. 111.**

L'éliminateur de soucis

- Planifiez vos tâches, qu'elles soient proches ou lointaines. Savoir à quoi vous attendre (parce que vous l'avez planifié) sert à alléger les soucis.
- Consignez votre plan.
- Pendant quelques minutes, respirez calmement.
- Une fois détendu, utilisez l'un des quatre instruments du subconscient pour reprogrammer vos soucis afin qu'ils n'aient plus l'air si menaçants.
- Concentrez tous vos efforts sur le présent grâce à la technique de l'effort à 100 %.

■ La pause souci

Un véritable trésor en matière de gestion du temps. Certains experts de la question poussent des cris d'orfraie à cette seule idée, persuadés qu'elle favorise la procrastination. Et aussi parce qu'elle implique le subconscient, alors que la plupart d'entre eux sont plutôt des tenants du cerveau gauche.

Les gagneurs, les bourreaux du travail et les experts vous soutiendront mordicus que l'on ne doit pas remettre à plus tard les choses difficiles ou désagréables. En général, je suis d'accord avec eux, mais les soucis et l'anxiété sont des problèmes à part. Il est tout à fait concevable de les remettre si c'est possible, peut-être même indéfiniment. Ma technique s'appelle la pause souci. Pour qu'elle soit efficace, vos soucis doivent être associés à un élément référence – ou au moins comporter un certain degré d'habitude. Chaque jour, vous devez réserver la même période de temps à la même heure pour cette activité. Dix minutes ou soixante. Cela n'a pas d'importance, pourvu que cela se passe à la même heure tous les jours. Durant ce laps de temps, votre amertume et votre négativité peuvent être portées à leur comble, parce que après, vous en aurez fini avec vos soucis pour la journée. Ou jusqu'à la même heure, le lendemain. Dès qu'un motif de souci se présente à votre travail, renvoyez-le officiellement à la pause souci. Vous le notez, ainsi que, si nécessaire, les détails qui vous permettront de prendre une décision, et

La pause souci

- Assignez une heure précise et choisissez un endroit où cette séance régulière se tiendra. Tous les jours à la même heure et au même endroit.
- Dès qu'apparaissent souci, frustration, irritation ou anxiété quelconques, renvoyez-les à ce moment. Mettez-les par écrit, ainsi que, le cas échéant, les détails nécessaires à une décision, puis oubliez tout en attendant l'heure.
- Durant la pause souci, vous ne vous occuperez de rien d'autre.
- Après, changez de place et cessez complètement de penser à vos problèmes.
- Faites confiance à votre subconscient pour les solutions.

faites de votre mieux pour tout oublier jusqu'à ce que le moment arrive. À l'heure dite, vous vous laissez aller ; tracassez-vous, empoisonnez-vous la vie un bon coup. Neuf fois sur dix, vos soucis se seront évanouis à la fin de la séance. Cette technique est formidable parce que à part la décision initiale, vous avez très peu à faire ; tout l'effort est délégué à votre subconscient.

■ Rendez-vous avec le calme

Une manière très intelligente de traiter les soucis, à employer moins pour un problème important au travail que pour liquider des inquiétudes irrationnelles vous gênant au cours de la journée ou dans la solitude de la nuit.

Elle agit sur trois niveaux : séduisante pour le subconscient, elle permet de remettre à plus tard tout ce qui est désagréable et représente réellement une manière efficace de résoudre des problèmes mineurs (pour la bonne raison qu'ils semblent souvent s'évanouir avant même que vous leur appliquiez cette technique). Tout ce que vous avez à

Rendez-vous avec le calme

- Dès qu'apparaissent soucis ou anxiétés, de nuit comme de jour, mettez-les par écrit et donnez-vous rendez-vous à vous-même – en formulant une heure précise – pour vous pencher dessus plus tard.
- Oubliez tout jusqu'à l'heure dite.
- L'heure arrivée, faites ce qui est en votre pouvoir pour résoudre le problème – dans le laps de temps que vous vous êtes imparti.
- À la fin de la séance, changez de place et cessez complètement de penser à ce qui vous préoccupe.
- Reposez-vous sur votre subconscient pour les solutions dont vous avez besoin.

faire, c'est vous donner rendez-vous à vous-même plus tard afin de réfléchir. Au moment de l'apparition du problème, ne lui prêtez pas une attention démesurée : notez-le par écrit puis dites-vous que vous vous pencherez dessus à un moment précis dans l'avenir, disons, le lendemain à midi. Ce rendez-vous avec soi-même doit devenir un rituel. C'est vous qui *dictez* l'heure, vous qui refusez de vous battre avec le souci en question et le remettez à plus tard, et, ce faisant, vous avez progressé sur la voie d'une solution. Votre subconscient fera le reste du travail, et le fera *avant* que l'heure du rendez-vous ait sonné. Tandis qu'il cherchera la solution, vous vaquerez à vos occupations comme à l'habitude.

Reportez-vous aux solutions suivantes :
- **Quatre instruments du subconscient, p. 111.**
- **L'espace du calme, p. 266.**

La méthode du plus et du moins

Pourquoi « noter par écrit » ? Parce que en ayant recours à deux sens (la vue et le toucher), en choisissant vous-même la formulation, vous vous astreignez à porter une stricte attention à ce que vous écrivez, et que l'information ainsi rédigée s'implante plus solidement dans votre subconscient. (Vous en gardez par la même occasion une trace permanente, ce qui est un avantage non négligeable.)

J'ajouterai qu'en tournant et retournant un problème dans votre esprit vous vous exposez à des interférences de toutes sortes, le casse-tête apparaissant démesuré, moins contrôlable qu'il n'est en réalité. Écrire vous force à y regarder à deux fois. Les événements reprennent leur juste dimension. La

La méthode du plus et du moins

1 Utilisez un carnet. Au bas d'une page, vous écrirez votre souci.

2 Au haut de la page, écrivez le résultat recherché une fois votre souci envolé. Assurez-vous qu'il est formulé positivement. Soulignez.

3 Sur la page suivante, écrivez votre résultat escompté en haut. Faites deux colonnes.

4 Dans celle de gauche, faites la liste de tout ce qui peut vous empêcher de parvenir à votre résultat.

5 Dans celle de droite, faites celle des opportunités ou des possibilités (ou de vos ressources) pouvant vous aider à y parvenir.

6 Puis, en utilisant l'effort à 100 %, faites de votre mieux pour parvenir au résultat que vous recherchez.

méthode du plus et du moins disperse les soucis. Basée sur le principe que la plupart des soucis viennent du fait que l'on *s'attend à ce que* quelque chose arrive – quelque chose de pas forcément réel –, elle permet d'évaluer si votre souci a des chances de se réaliser. Supposons que vous ayez peur de vous retrouver sans emploi, alors que vous êtes en train de rembourser votre plan d'épargne-logement. Écrivez cela au bas de la page. Au haut, vous notez le résultat recherché. Assurez-vous que vous employez des mots positifs et (en tenant compte de votre situation) réalistes. Soulignez la phrase suivante : « Je continuerai d'exercer ce travail qui me comble et me permet de rembourser ma banque jusqu'à ce que je prenne ma retraite. » La même phrase sera inscrite en haut de la page suivante, tracez deux colonnes en dessous : à gauche « – », à droite « + ». Dans la première, faites la liste de tout

Reportez-vous à la solution suivante :
• **L'effort à 100 %, p. 153**.

ce qui peut vous empêcher d'atteindre votre résultat, et dans la colonne de droite, celle des opportunités ou des possibilités existantes (ou vos qualités, vos ressources). Vous vous rendrez compte que, subrepticement, le souci noté au bas de la première page aura l'air moins grave, voire dérisoire. Essayez, vous serez surpris.

■ Les gros soucis

J'ai connu un homme dont la philosophie, pour se ménager une existence calme et prendre du recul, se résumait à deux assertions :

a) Les problèmes mineurs ne valent pas qu'on en perde le sommeil.
b) Considérez que *tous* les problèmes sont mineurs.

Reportez-vous aux solutions suivantes :

- **Quatre instruments du subconscient, p. 111.**
- **L'effort à 100 %, p. 153.**

Les gros soucis

1 Laissez-vous aller 60 secondes à respirer calmement.

2 Sur votre grand écran argenté, essayez d'imaginer à quoi vous ressemblerez à 65 ans (plus, si vous les avez déjà). Observez votre apparence, vos vêtements, l'endroit où vous vivrez. Quel état d'esprit sera le vôtre ?

3 Voyez-vous grimper et pénétrer dans cette image.

4 Quand vous vous sentirez faire partie de cette image, repensez à votre sujet de préoccupation. Imaginez l'importance qu'il prendrait, vu de cette perspective. (Il y a de grandes chances pour qu'il soit sorti de votre mémoire, à 65 ans.)

5 Restez un moment avec ces impressions dans l'esprit et attendez que votre souci s'estompe.

Qui dit GROS soucis dit GROS dégâts, c'est logique, non? Nous n'y pouvons rien. Les petits, eux, sont tellement dérisoires qu'ils ne méritent vraiment pas l'effort mental que nous leur consacrons. Tous les gens sains d'esprit le concéderont. Mais si je vous annonçais que de GROS qu'ils sont, ils peuvent être redéfinis et devenir «petits», vous seriez surpris, j'en suis sûr? Mais vous en conviendrez, si c'était possible, cela vous arrangerait. Je vais vous expliquer comment faire.

Asseyez-vous dans un endroit calme, et projetez-vous quelque part dans l'avenir. Imaginez-vous à 65 ans (ou plus tard, si cela vous fait plaisir). À quoi vous ressembleriez, quel état d'esprit serait le vôtre, vos activités. Quand vous sentez réellement que vous êtes dans la perspective future de vos 65 ans, penchez-vous sur vos ennuis actuels. Il y a de fortes chances que leur gravité vous apparaisse toute relative.

■ Le nez

La façon la plus délicieuse de vous débarrasser de l'anxiété – particulièrement cette variété indéfinissable, en général sans aucun fondement, qui vous laisse avec le sentiment que quelque chose va aller de travers –, c'est d'user et d'abuser des huiles essentielles.

L'aromathérapie, d'origine chinoise, est de plus en plus considérée comme une science – l'aromacologie, en effet, étudie les effets des parfums sur l'humeur et le comportement. Actuellement, des gens de toutes sortes en apprécient les bénéfices, tout particulièrement en ce qui concerne le stress et la relaxation. Il est à présent reconnu que certaines odeurs produisent des effets physiologiques spécifiques. Ainsi, certaines huiles essentielles stimulent la production de sérotonine du cerveau. (La sérotonine est une substance neurochimique qui vous aide à vous sentir bien; elle est la cible des antidépresseurs de type Prozac.) On sait de même que les huiles de citrus et de menthe stimulent le système nerveux, et peuvent servir à augmenter la productivité sur les lieux de travail. Le citrus allié au romarin, tous deux considérés comme stimulants, favoriserait la concentration. Les essences de fleurs telles que la rose, la lavande, la fleur d'oranger et la camomille ont des effets calmants. Le patchouli élimine l'anxiété et rend euphorique, tandis que le santal et la noix muscade peuvent aider à s'affranchir des symptômes dus au stress.

Les huiles à propriétés calmantes

HUILES	CALMANTES	CONTRE L'ANXIÉTÉ	PROPICES À L'INSPIRATION	EUPHORISANTES	CLARIFIANT L'ESPRIT
Basilic	√	√	√		√
Bergamote	√	√	√		
Cèdre	√				
Camomille	√	√			
Cyprès	√	√			
Sauge sclarée	√	√		√	√
Géranium	√	√	√		
Jasmin	√	√			
Genièvre	√	√	√		√
Lavande	√	√	√		
Citrus					√
Marjolaine	√	√			
Néroli	√	√		√	
Orange			√	√	
Patchouli	√	√	√		
Pin					√
Rose		√			
Romarin					√
Sauge		√			
Santal	√	√			
Thym		√			
Ylang-ylang	√	√	√		

Sur la liste ci-dessous des huiles essentielles dont les aromathérapeutes usent pour traiter l'anxiété, vous remarquerez que certaines sont polyvalentes ; elles stimulent et détendent à la fois. On les désigne sous le nom d'*adaptogènes*, ce sont des « rééquilibrateurs » du corps. D'autres, comme le patchouli, produisent des effets différents – tour à tour euphorisants ou sédatifs – selon la quantité utilisée. (D'aucuns disent que les femmes enceintes devraient éviter le basilic, le genièvre, la marjolaine, la mélisse et la sauge sclarée.) Nul besoin d'être aromathérapeute pour utiliser les huiles essentielles. Essayez les combinaisons. Pour commencer, expérimentez la bergamote, avec géranium, lavande, néroli et basilic. Pour l'anxiété chronique, pensez à la lavande associée au cèdre et à la citronnelle. En cas d'anxiété intense et non durable, lavande plus santal et géranium s'imposent. Choisissez en vous fiant à votre odorat – votre nez sera votre guide pour vous orienter vers celles qui vous seront les plus favorables. Il est conseillé de ne pas mélanger plus de trois huiles entre elles.

À utiliser comme il vous plaira. Quelques gouttes dans un brûle-parfum, très propice dans votre espace de travail, votre entourage l'appréciera également. Ou sur un mouchoir que vous porterez sur vous. En rentrant chez vous, le soir, 10 gouttes dans un bain chaud ou ajoutées à une huile neutre (huile d'amandes ou de jojoba), en massage.

Encore ma grand-mère. La lavande est probablement l'huile essentielle la plus largement utilisée et la plus acceptable pour un grand nombre. Elle détend, apaise douleurs et migraines. Ma grand-mère a su instinctivement faire usage de ses propriétés calmantes. Elle avait toujours sur elle un mouchoir parfumé à l'eau de

Reportez-vous aux solutions suivantes :

- **Le parfum du calme, p. 261.**
- **L'espace du calme, p. 266.**
- **Le son du calme, p. 260.**

lavande – cela ne coûtait pas cher, elle l'achetait par litres à la pharmacie. Vous pouvez l'imiter. Quelques gouttes sur votre mouchoir s'avéreront précieuses dans les moments de stress.

Le Type B

Bien que cela soit considéré comme politiquement incorrect, nous allons à présent nous occuper des stéréotypes que sont sur le plan psychologique les Types A et B.

En gros, les gens de Type A (sérieux, très conscients du temps qui passe, obsessionnels) sont plus susceptibles de souffrir de problèmes de stress générés par eux-mêmes que ceux de Type B, plus relax et ouverts sur l'extérieur. Des deux, de toute évidence, ce sont les seconds qui se sentent le mieux. Qu'en est-il de leur respective efficacité au travail ? Les B, pourtant moins ambitieux et énergiques que les A, s'avèrent néanmoins être de meilleurs chefs, de meilleurs gestionnaires, communiquant mieux et ayant des résultats plus probants. Vous pouvez donner à votre subconscient l'illusion que vous êtes du type relax – du moins pendant un certain temps.

■ Prétendre être du Type B

Rien de plus facile. Reportez-vous aux pages 28 à 32 pour étudier les caractéristiques d'une personnalité relax. Puis, à l'aide du modèle pour le jeu de rôles, imaginez que vous en êtes une. Cela une fois bien implanté dans votre esprit, faites tout bonnement comme si vous étiez du Type B et comme si vos connaissances étaient convaincues que vous en êtes un.

Reportez-vous aux solutions suivantes :
- **Respirer calmement, p. 94.**
- **Modèle de visualisation, p. 114.**
- **Modèle de jeu de rôles, p. 124.**
- **Sans montre, p. 128.**

■ Pause relax

C'est dur d'être quelqu'un d'actif. Ambitieux, prenant votre travail au sérieux, vous vous attardez au bureau, rapportez des dossiers chez vous, et serez toute la nuit taraudé par l'inquiétude. Les autres, les relax, eux, ne s'en font pas. On se demande si en fait ils prennent les choses pardessus la jambe, ou s'ils représentent un modèle d'équi-

La pause relax

- Étudiez la différence entre un comportement énergique et un comportement relax.
- Réservez une heure chaque jour au travail pour essayer d'être aussi relax que ceux qui le sont naturellement. Notez l'heure dans votre journal.
- Choisissez au moins un signe extérieur caractérisant une personnalité relax (comme se mouvoir avec lenteur, ne pas porter de montre, s'intéresser à autre chose qu'au travail, s'arrêter à des heures raisonnables, ne pas courir à ses rendez-vous).
- Faites comme si ces caractéristiques étaient les vôtres pendant une heure (votre pause relax). Observez que les échéances ne semblent plus si menaçantes. Que vous disposez, dirait-on, de plein de temps pour finir votre travail. Vous pouvez faire une chose à la fois et en éprouver du plaisir. Comme vous vous sentez détendu !
- À la fin de cette heure, restez quelques minutes à penser au bien-être que vous ressentiez à être une personnalité relax.
- Chaque jour, passez au moins une heure à être relax. Après quelque temps, il vous suffira d'en adopter un signe extérieur (par exemple enlever votre cravate) pour que votre subconscient se souvienne des caractéristiques positives de ce type de personnalité. Le calme et la relaxation surviendront d'eux-mêmes.

libre. Le soir et les week-ends, ils se distraient, ne semblent jamais être la proie de soucis superflus. Ils prennent leur temps, et font bien leur travail. Ce n'est pas juste.

Reportez-vous aux solutions suivantes :
• **Choisir ses contraintes, p. 196.**
• **En quoi êtes-vous vulnérable ?, p. 21.**

La technique que j'ai mise au point remettra les pendules à l'heure. Avec elle, une fois par jour, pendant une heure, vous pourrez éprouver la joie de faire partie des gens relax. Commencez par imaginer ce que c'est que de l'être – sur le plan visuel, auditif, dans les sensations et l'action. Vous faites cela sur votre écran argenté imaginaire. Regardez bien. Il doit y avoir une caractéristique que vous pouvez adopter pour, plus tard, l'utiliser intuitivement. Un nœud de cravate desserré, ou des chaussures sport ; ou la façon de se tenir, de se mouvoir. L'absence de montre, peut-être ? C'est ce trait particulier qui va vous servir pour provoquer chez vous, à volonté, cette sensation de relaxation qui vous libère de la pression du temps, typique des B.

■ S'amuser au travail

Les personnalités énergiques sont souvent sérieuses. (Compréhensible, étant donné les responsabilités qu'elles sont persuadées d'avoir.) Tout ce qui est frivole leur paraît répréhensible, contrairement aux gens relax, qui savent se déboutonner après une journée de travail et s'amuser. Adopter une telle attitude pourrait apporter le calme aux précédents. On est rarement stressé, quand on se distrait. Et si vous pouviez vous amuser dans l'activité qui prend une grande partie de votre existence, ne serait-ce pas agréable ? Cela vous calmerait un peu les nerfs, en tout cas.

S'amuser en travaillant

Le jeu consiste à relever les côtés humoristiques, distrayants ou ridicules de tout ce qui se passe sur votre lieu de travail.

N'hésitez pas à sourire quand le chef du personnel si pompeux et quelque peu enveloppé fait son apparition, vous l'imaginerez comme un babouin enflé. La prochaine fois qu'on vous enverra acheter de la papeterie, souriez, parce que le nouvel itinéraire que vous prendrez sera pour vous une aventure. Souriez à la perspective d'un pensum à terminer, vous allez le transformer en une mini-compétition ou un jeu. Si un client de la société menace de s'adresser à l'un de vos concurrents, souriez...

Contrôler son énergie

L'excès d'ambition mène droit au stress. Inverser la vapeur vous sera salutaire.

L'ambition d'être calme

L'ambition est un bon serviteur mais un maître tyrannique. La pression exercée par une ambition démesurée n'est guère différente de celle que subissent les gens obsédés par le temps. En effet, les objectifs comme les échéances étant irréalistes, vous êtes condamné à vivre dans une tension insupportable pour les respecter ou à baisser les bras, complètement frustré. Dans un cas comme dans l'autre, adieu au calme.

L'ambition en soi n'est pas un facteur de stress; elle enrichit l'existence de plus d'un, conférant une direction et un but à leurs actions. C'est l'imprécision des objectifs qui la rend dangereuse. Vous subissez la pression de l'énergie dépensée pour les atteindre, sans jouir des satisfactions qu'engendre la réussite. L'ambition est synonyme de paix et de calme quand elle s'accompagne d'objectifs clairement définis.

Reportez-vous aux solutions suivantes :

- **Le calcul des priorités, p. 89.**
- **Le planning créatif, p. 164.**
- **L'exécution en 3 points, p. 168.**
- **Ne contrôler que ce qu'on peut, p. 156.**

■ Choisir ses contraintes

Le dialogue intérieur dont nous avons tous l'expérience peut être plus qu'un dialogue, quand quelque chose en vous vous chuchote que vous devriez répondre à la lettre reçue il y a quelques jours, cesser de fumer ou commencer à faire de l'exercice. D'autres fois, ce sera un conseiller en investissements à voir, un oculiste pour vos yeux mis à mal par l'écran de l'ordinateur. Vous vous entendez même murmurer des choses comme «Il faut que je finisse ce fichu classement».

Les hyperactifs ne s'octroient jamais un moment de paix. Leur dialogue intérieur est rempli de mots tels que «il faut», «devoir», «devrais». Quand ils parlent aux autres, ce n'est pas mieux. «Je dois finir ce document à 9 heures.» «Je devrais avoir un entretien avec mon patron au sujet de mon salaire.» «Il faut que j'apprenne à m'entendre avec la nouvelle réceptionniste.» Ils n'en finissent pas de se donner des instructions à eux-mêmes, de se rappeler à l'ordre, car ils *doivent, devraient* se montrer plus performants. Leur verbalisation, choisie pour installer une pression permanente, est productrice de stress. Non seulement sont-ils débordés, mais ils semblent perpétuellement avoir toujours plus à faire. Avec eux, pas question de prendre le temps de réfléchir sur ce que vous avez accompli et d'en éprouver de la satisfaction, il y a toujours quelque chose d'autre qui n'a pas été fait. C'est peut-être méchant de ma part, mais ces gens-là se repaissent de ce genre de vocabulaire; il nourrit leur impatience, forme l'excuse de leur tension et leur anxiété.

Pourtant, il vous est loisible, en choisissant des mots différents, d'éliminer toute pression de votre dialogue, qu'il soit silencieux ou non. Vous pouvez même leur substituer des termes qui vous incitent à ressentir ce que vous voulez ressentir, c'est-à-dire ceux qui vous donnent le choix, expriment le bonheur, le calme. Bientôt vous le serez vraiment. Ainsi, chaque fois que vous avez envie de dire «je dois», changez pour «je choisis»: «Je *choisis* de terminer ce document à 9 heures», «Je *choisis* de corriger ces rédactions avant le déjeuner», «Je *choisis* d'être plus tolérant envers l'infirmière-chef». Vous sentirez presque immédiatement le changement. Vous pouvez aussi décider de vous soustraire totalement à l'emprise du «Je dois», et choisir des formulations plus douces. Vous lui substituerez alors «Je peux». «Je *peux* terminer à 9 heures (si je le choisis)», «Je *peux* rédiger mon courrier avant le déjeuner (si je le choisis)», «Je *peux* être plus tolérant». D'une façon ou de l'autre, vous vous sentirez plus détendu et à l'aise.

Reportez-vous aux solutions suivantes :
- **Modèle d'affirmation, p. 116.**
- **Prétendre être du Type B, p. 193.**

Choisir ses contraintes

- Écoutez le langage que vous utilisez dans votre dialogue intérieur ou avec les autres.
- Remplacez les expressions exerçant une pression, comme «je dois», par des termes plus mesurés, comme «je choisis de».
- Si vous voulez relâcher encore plus la pression, substituer «je peux» à «je dois».
- Utiliser ce langage non seulement dans votre dialogue intérieur mais aussi avec les autres.

■ Se fixer ses propres repères

L'évaluation devint très à la mode dans les années 1990, à cause des mythes prévalants de la «performance» et de la «productivité». Or elle génère une compétition sans fin, donc une pression continue. Soit vous êtes à la hauteur, soit vous êtes un échec vivant. Ambiance peu propice au calme et à l'estime de soi.

Je recommanderai d'ignorer ce ramassis d'absurdités bourré de prétention. Au lieu de cela, fixez-vous vos propres critères. Avancez à l'allure qui est la vôtre. Ce n'est en aucune façon une excuse à la paresse. Au contraire, je suggère que vous employiez la technique de l'effort à 100 % afin d'être, quand vous travaillez, plongé jusqu'au cou dans la tâche qui consiste à atteindre ou à dépasser les objectifs que vous vous êtes vous-même fixés. Un tel état d'esprit vous mènera à accomplir de grandes choses, en passant par le calme.

Reportez-vous aux solutions suivantes :
- **L'effort à 100 %, p. 153.**
- **Le calcul des priorités, p. 89.**
- **Le pouvoir du non, p. 138.**

■ L'autopersuasion

Si vous avez l'impression d'être l'esclave de votre travail, ou ressentez l'obligation de toujours faire mieux, une petite conversation avec vous-même de temps à autre vous ferait le plus grand bien.

Il convient, naturellement, d'utiliser des affirmations positives, qui détendent, des suites de mots susceptibles d'influencer votre subconscient par la répétition. Les termes choisis et les sentiments décrits sont déterminants pour le résultat. Choisissez les plus positifs, vous le deviendrez bientôt vous aussi. Absolument pas simpliste comme cela en a l'air, c'est un instrument puissant de changement. Et tellement facile. Vous n'avez vraiment aucune excuse pour ne pas essayer.

Reportez-vous aux solutions suivantes :
- **Respirer calmement, p. 94.**
- **Modèle d'affirmation, p. 116.**
- **L'espace du calme, p. 263.**
- **La joie de la répétition, p. 154.**

■ Rejeter le succès est permis

Je vous confie ce secret qui vous gardera sain d'esprit à condition que vous n'en disiez rien à mes associés.

Depuis l'école primaire, on a dû vous marteler combien c'est important de réussir dans ce que vous faites. La pression s'accroît d'autant sur tous les actes de votre vie. Beaucoup, pour ne pas dire la majorité des gens, mesurent leur valeur selon le succès qu'ils ont ou n'ont pas eu dans leur travail. Si la réponse est négative, ils perdent leur estime pour eux-mêmes et se sentent malheureux, stressés. Ce n'est pas une fatalité. Vous n'êtes absolument pas obligé de « réussir ». Je dirais même plus, vous serez quelqu'un de beaucoup plus détendu si vous rejetez ce cliché concernant le succès. D'un autre côté, vous ne tenez pas, certes, à être dans la peau d'un « looser » – cela peut être démoralisant et stressant. Comment concilier les deux ?

C'est une affaire de définition. Qu'est-ce que le succès pour vous ? Ce que les autres aussi perçoivent comme l'étant, je parie, selon les critères conventionnels de la réussite. Je suis également sûr que vous n'avez pas vraiment réfléchi sur la signification, pour vous, personnellement, de ce mot. En quelques minutes, pourtant, le calcul des priorités vous donnera la réponse – pas seulement en ce qui concerne votre travail, mais votre vie entière. Au fond, cela n'a peut-être rien à voir avec votre travail, mais avec votre famille, votre conjoint, la collectivité. Cela pourrait avoir un rapport avec votre soif de culture, vos tentatives d'apprentissage de la danse africaine. Vous êtes le seul à pouvoir décider. Une fois que vous l'aurez fait, autorisez-vous à rejeter toutes les autres notions concernant le succès, avant d'appliquer l'effort à 100 % à chacun de vos actes. Vous serez assuré d'être calme.

Reportez-vous aux solutions suivantes :

- **Le calcul des priorités, p. 89.**
- **Le planning créatif, p. 164.**
- **La double responsabilité, p. 158.**
- **Le pouvoir du non, p. 138.**
- **L'effort à 100 %, p. 153.**

Prendre le temps d'être calme

Observez vos collègues, sur votre lieu de travail. Certains semblent toujours pressés, se précipitent pour être à l'heure à un rendez-vous, entrent et sortent en trombe, luttant pour être à l'heure. Leur physique reflète leur état d'esprit : parlant et respirant vite, avec des mouvements saccadés, ils tournent et retournent un objet, tapotent des doigts, s'appuient sur un pied puis sur l'autre, tâtent leurs poches à la recherche de cigarettes ou de chewing-gum. Ce sont des gens tendus.

Quelqu'un de détendu, par contre, parlera et respirera lentement, aura des gestes larges, traînants. Il regarde le paysage par la fenêtre, a l'air d'avoir tout son temps. (Et abat néanmoins autant de travail que les premiers.) Vous pouvez ressembler à cela.

■ Au ralenti

Au ralenti, une voiture tourne à son meilleur régime, en douceur, sans gaspillage superflu d'essence. C'est une allure fortement conseillée aux humains également.

Au bout d'un certain temps de travail continu, le corps d'un être humain a besoin de repos, sinon sa performance se détériore. Les chercheurs ont dégagé la notion de « cycle activité-repos », 90 à 120 minutes d'activité doivent être suivies de 20 minutes de repos. Ce rapport peut varier selon les personnes, et peut être adapté si besoin est pour une courte durée, mais doit être respecté. (Le négliger serait préjudiciable à la santé autant qu'à la performance.) Ces 20 minutes de repos, vous allez les passer « au ralenti ». Vous ne vous ruerez pas sur le distributeur de café ni sur la boîte à biscuits, mais vous attacherez à devenir calme et détendu. Abandonnez tous vos attributs de travailleur tendu des 90 ou 120 dernières minutes, et adoptez *en surface* les caractéristiques des personnes détendues. C'est tout. La façon de marcher, de respirer, de bouger, de parler.

Reportez-vous aux solutions suivantes :

- **Prétendre être du Type B, p. 193.**
- **La pause relax, p. 193.**
- **Le son du calme, p. 257.**

Ces 20 minutes de baisse de régime vous garderont calme et détendu pour le restant de votre journée.

Au ralenti

- Après 90 ou 120 minutes de travail, faites une pause.
- Consciemment, faites l'effort de réduire au minimum toutes vos actions physiques. Parlez plus lentement qu'il n'est naturel. Forcez vos pieds et vos mains à se mouvoir plus lentement et ne les bougez que si nécessaire. Pensez chacun de vos gestes. Ils sont lents et précis. Plus lents qu'il n'est naturel.
- Puis ralentissez *tout*.
- Marchez plus lentement.
- Pensez plus lentement.
- Parlez plus lentement.
- Après 20 minutes, vous serez prêt à affronter le restant de votre journée de travail.

Un peu de stress, c'est bien

C'est une erreur de croire que tous les stress vous font du mal. Il en existe de bons. Ils s'accompagnent des sentiments intenses propres aux choses qui donnent du sel à la vie : un premier amour, une promotion, une victoire d'équipe.

En fait, le bon stress est extrêmement bénéfique car il enrichit votre vie et vous aide, ensuite, à vous détendre. Si la pression de votre travail vous nuit, ou si vous avez une propension naturelle à vous préoccuper outre mesure, une dose régulière de bon stress sera une solution idéale. C'est vrai que les plus merveilleux sont ceux fomentés par le hasard, mais vous pouvez volontairement en générer certains éléments. Le tableau ci-après vous servira de guide pour ajouter du piment à votre existence.

Bon stress	Mauvais stress
• Vous obtenez une promotion importante	• Vous êtes menacé de réduction de budget
• Vous arrachez une affaire importante	• Vous perdez une affaire importante
• Vous rencontrez par hasard l'amour de votre vie	• Vous vous disputez avec votre collègue
• Votre équipe de football est sur le point de marquer le but final	• Vous payez les agios de la banque
• Vous faites la course avec votre fils de 8 ans dans le parc	• Votre fils a des problèmes scolaires
• Votre chanteur favori fait son apparition sur la scène	• Vous vous sentez soucieux

■ 5 minutes de vacances

Quoi faire quand vous avez suivi tous les conseils de ce livre (jusqu'à présent), avez mis 100 % d'effort dans votre travail, êtes convaincu que vous avez un certain degré de contrôle sur ce que vous faites, et cependant ne vous sentez pas encore sorti du piège ? Les gens les plus détendus eux-mêmes n'échappent pas à la pression.

La réponse est qu'il est temps de prendre des vacances. Un week-end à la montagne, une journée à la plage, une promenade dans le parc. Casser le rythme. C'est crucial, parfois. Vous ne pouvez pas vous le permettre tout de suite ? Nous sommes vendredi, et vous n'avez rien prévu ? Qu'à cela ne tienne. Vous savez ce que l'on ressent quand on est ailleurs et, en fermant les yeux, vous vous rappellerez probablement aussi les paysages, les bruits. Avec un minimum d'effort, ces sensations, ces spectacles, ces sons referont surface en 5 minutes quand vous en aurez besoin.

Reportez-vous aux solutions suivantes :
- **Respirer calmement, p. 94.**
- **La méthode du plus et du moins, p. 187.**

5 minutes de vacances

1 Laissez-vous aller à quelques minutes de calme.

2 Une fois détendu, fermez les yeux et imaginez un immense écran argenté devant vous.

3 Représentez-vous le paysage le plus détendu que vous pouvez imaginez. Vous y êtes probablement allé par le passé. Un paysage de rêve et d'évasion. Examinez-le en détail.

4 Voyez-vous grimper dans cette image. Vous êtes là-haut, en train de jouir de ce moment, de cette paix.

5 Observez ce que vous pouvez voir. Entendez tous les sons. Sentez la brise, les textures, la température.

6 Une fois l'image fermement implantée dans votre esprit, prenez une photo (ou faites un arrêt sur image) de vous au milieu de ces images, ces sons, ces sensations.

7 Détendez-vous, laissez ces sensations positives pénétrer votre conscience.

■ Le parc

Combien de gens mettent en pratique cette évidence que sont les bienfaits d'une promenade de 30 minutes dans un parc ou un jardin plein d'arbres ?

Êtes-vous sûr qu'il n'en existe pas près de votre bureau ? Êtes-vous sûr de bien avoir prospecté votre voisinage ? À force de travailler comme des brutes, nous avons tendance à devenir insulaires, enfermés dans notre petite vie, et négligeons la beauté qui se trouve juste sous notre nez. Lancez-vous dans une petite recherche, pour trouver un parc ou quelque chose qui y ressemble, pas loin de votre lieu de travail. Vous serez surpris du résultat, oui, même dans la capitale.

Ensuite, vient la partie intéressante. Vous allez vous promener. Non, non, il ne s'agit pas de la mise en place d'un projet ou d'une mission spécifique. Une promenade, sans plus. Imprégnez-vous de l'atmosphère, débarrassez-vous de vos tensions, réapprenez à être juste un être humain. Marcher dans un environnement agréable à l'œil, riche en oxygène produit un effet immédiat et mesurable sur votre niveau de stress. Vous serez tellement plus calme en faisant cela une fois par jour.

■ Varier un peu

Les problèmes de stress ont tendance à s'installer et devenir une habitude. Rompez-la en sortant volontairement de votre routine au profit d'une activité nouvelle – faites cela plusieurs fois par jour. Allez prendre l'air au lieu de votre sacro-saint café. Dans le train ou dans la salle de bains, méditez 5 minutes. Ou écoutez 5 minutes de musique détendante avec des écouteurs. Le choix est libre et vaste, il importe seulement que cela sorte de l'ordinaire qui est le vôtre. Un moyen ultra-rapide pour parvenir au calme.

Reportez-vous aux solutions suivantes :
- **Le son du calme, p. 257.**
- **Dissiper la colère, p. 213.**
- **L'espace du calme, p. 263.**

Se sentir sûr de soi

Le monde du travail, de plus en plus complexe, est difficilement prévisible. Vous-même, si vous ne les remettez pas à jour, voyez vos connaissances s'effriter avec le temps, au lieu de s'accumuler. Le sentiment d'insécurité prévalant actuellement ne favorise guère le calme et la relaxation.

Cet ouvrage ne peut pas grand-chose pour vous assurer la pérennité de votre emploi. Tout change à une trop grande vitesse de nos jours. En revanche, le sentiment de sécurité est un état d'esprit que vous pouvez cultiver.

■ Faire semblant d'être sûr de soi

D'abord, servez-vous du modèle pour le jeu de rôles de la page 239. Visualisez-vous en train de faire quelque chose de sécurisant et paisible.

Faites semblant de sentir ce que vous aimeriez sentir. (Vous *séduisez* ainsi votre subconscient pour qu'il réagisse comme vous le souhaitez.) En dépit de ce que vous pouvez ressentir en réalité, comportez-vous comme si vous étiez calme et en sécurité. Comme si vous n'aviez aucun doute quant à vos capacités à réussir dans votre profession, et que vous contrôliez parfaitement la situation. N'hésitez pas à prétendre que de tels sentiments vous sont extrêmement familiers. Ensuite, prétendez que les autres vous voient comme ce que vous prétendez être. Bientôt, vous le serez vraiment.

Reportez-vous aux solutions suivantes :
- **Le jeu de rôles, p. 239.**
- **Prétendre être du Type B, p. 193.**
- **Pause relax, p. 193.**

■ Être sûr de soi et le dire

L'affirmation positive fait appel au subconscient. En répétant continûment une série de mots, vous l'amenez progressivement à se conformer aux instructions contenues dans ces mots. Je mets encore une fois l'accent sur l'importance de choisir des termes correspondant à l'état d'esprit positif, sans souci, que vous visez. Voici quelques exemples – je suis sûr que vous en trouverez d'autres :

J'ai une confiance totale en mes talents et mes capacités.

Je sais que je peux réussir tout ce que j'entreprends.

J'irradie la confiance en soi.

Ou bien :

De plus en plus, je me détends et j'entre dans un état de paix et de calme parfaits.

Je suis satisfait, sûr de moi et en paix avec le monde.

Cette paix et ce calme que je porte en moi rayonnent et se communiquent aux autres.

Reportez-vous aux solutions suivantes :
- **Modèle d'affirmation, p. 116.**
- **Un mot positif, p. 175.**

Puis utilisez le modèle d'affirmation pour mettre ces mots à effet.

■ La rêverie

Combien de fois ne nous a-t-on pas rabâché que la rêverie était une perte de temps, un signe d'indolence, de l'autocomplaisance ? Indésirable, parce que pure tricherie et fainéantise ?

Ces adeptes d'une vie disciplinée ont complètement tort. Bien menée, la rêverie est un exercice positif, enrichissant, qui devrait être activement encouragé sur le lieu de travail. Chacun devrait s'y adonner de temps en temps. Le cycle de travail de quelqu'un d'efficace comprend une période de repos. Dans l'idéal, celle-ci devrait durer 20 minutes et comporter une activité accrue du cerveau droit (créativité, intuition, émotion) par rapport au gauche (analyse, logique, langage). Et quelle est la plus accessible ? Vous l'avez deviné : la rêverie. Faites suivre 90 à 120 minutes de travail par 20 minutes de rêverie, vous serez sur la voie du calme et de l'efficacité. Mieux, essayez de préméditer votre rêverie, elle vous aidera à réussir ce que vous voulez réussir, par exemple à vous sentir sûr de vous.

■ Le fonds de secours

Une employée de mon entreprise m'a déclaré un jour : « C'est plus facile pour vous d'être calme, vous êtes le propriétaire de l'affaire. Vous pouvez vous passer de moi, pas moi de vous. »

Bien des patrons contesteraient son opinion, mais je dois avouer que je comprends son point de vue : dépendant de son travail pour vivre, elle avait le sentiment de ne pas avoir de choix. L'absence de choix met les gens sous pression. Or, vous pouvez créer vos propres choix. Ce truc très ingénieux m'a été appris par celui qui allait devenir mon associé dans notre première affaire. J'admets qu'il n'est pas à la portée de tous, mais il est formidable pour ceux qui peuvent se le permettre. Il appelait cela le fonds de secours. En gérant avec parcimonie nos finances les quelques premiers mois, nous avons mis de côté une petite réserve d'argent dans l'unique but de pouvoir choisir ce que nous faisions et avec qui nous travaillions. Ce fonds nous permettait de croire que nous aurions toujours le choix. En suivant cet exemple, vous vous assurerez de ne pas vous sentir piégé par votre employeur en cas de problème – autrement dit, la décision vous appartient. Vous calculerez l'ampleur du fonds selon le volume du tampon qui vous est nécessaire entre deux emplois, et selon vos moyens. Planifiez-le sérieusement. Alors, vous serez de ceux qui ont le choix.

8

LES AUTRES

> Les relations avec les autres – ses pairs, ses supérieurs, ses subordonnés – sont une part essentielle du travail.

Des relations difficiles avec les gens qui travaillent avec vous – les collègues, les chefs de service, sa propre équipe, les représentants des autres départements – peuvent être source de grande détresse.

Même avec toute la diplomatie du monde, traiter avec un chef autoritaire, un patron peu communicatif, un employé pas décidé à coopérer ou un collègue jaloux n'est pas chose facile. Arriver à vos fins avec eux l'est encore moins. Il faut savoir que le commerce des autres requiert un certain degré d'assurance.

L'assurance

On était autrefois convaincu qu'il existait trois types très distincts de personnalité : ceux qui s'imposent, les agressifs et les soumis. (Ces derniers sont en général outrancièrement décrits comme étant « passifs ».) Ces stéréotypes résument bien certains schémas de comportement, mais vous n'avez pas nécessairement à vous y laisser enfermer. Des techniques destinées à vous donner de l'assurance vous apprendront à dépasser vos tendances à l'agressivité ou à la soumission. Vous pouvez vous entraîner pour prendre de l'assurance.

Les gens croient que parler très fort, adopter une personnalité dominatrice ou dire tout haut ce que les autres pensent tout bas en impose aux autres. Loin de là. S'imposer, en théorie, c'est être déterminé à atteindre les buts que vous considérez comme importants et vous y tenir. En pratique, cela a plutôt quelque chose à voir avec la communication – être clair et direct au sujet de vos désirs, vos besoins, vos sentiments. Le tableau de la page 30 illustre le fait qu'un comportement plein d'assurance génère le calme, au contraire de l'agressivité ou de la soumission. Les anecdotes abondent à ce sujet. Ironiquement, j'ai découvert que les gens qui pâtissent le plus de leur manque d'assurance au travail ne sont pas du tout les soumis (ils sont en général très conscients de leur tendance, et en souffrent), mais les agressifs. Ceux-ci croient souvent qu'ils s'imposent alors qu'ils se conduisent simplement d'une façon agressive. Être persuadé d'avoir de l'assurance sans parvenir à aucun des résultats que cette dernière apporte habituellement devient doublement frustrant. À cet égard, les impulsifs (Type A) les talonnent de près. Leur fait-on remarquer leur défaut, qu'ils se mettent à adopter avec passion les comportements caractéristiques de ceux qui ont de l'assurance, et quelle n'est pas leur frustration quand ils se rendent compte que cela ne marche pas comme ils l'espéraient. Les pages qui suivent sont consacrées à la façon de renforcer votre assurance. Elles ne transformeront pas, du jour au lendemain, la souris que vous étiez en lion, mais seront pour vous une arme en cas de conflit ou de confrontation et vous aideront à accomplir ce que vous croyez important. L'univers entier ne se pliera pas à votre volonté, vous ne trouverez pas toujours le mot juste et ne serez pas convaincant à tous les coups, mais vous saurez comment être entendu et remarqué – pour beaucoup, c'est déjà un pas énorme vers le calme.

Les gens difficiles

Tenter de contrôler les gens qui travaillent avec vous est une perte de temps. Pour parler franchement, c'est même un tantinet hors de propos.

Maîtriser les *relations* avec les autres, cependant, fait intrinsèquement partie de tout travail. Quelle que soit leur fonction, ou leur position par rapport à vous, la méthode est la même. Attention : je ne vous garantis pas qu'en la suivant à la lettre vous exercerez plus d'influence sur les autres après avoir lu mon livre. Ce dont je suis sûr, c'est que vos relations au travail seront plus supportables. Si vous recherchez le calme et la satisfaction, c'est une bonne manière de les trouver. Elle est sans détour, seuls trois principes sont à retenir :

a) Décider ce que vous voulez exactement de votre travail.
b) Bâtir un plan pour élaborer la manière dont vous allez vous y prendre.
c) Vous immerger dans l'effort.

Pour commencer, il vous faut décider pourquoi, exactement, vous travaillez et ce que vous espérez en tirer. Il est à prévoir que, selon la conclusion à laquelle vous arriverez, quelques-unes des personnes difficiles de votre entourage perdront de leur importance. Deuxièmement, formulez un plan afin d'atteindre votre objectif ; le planning créatif vous sera d'un précieux secours. Les gens difficiles qui sont des obstacles à votre progression seront mis en relief. Finalement, attaquez-vous à la tâche qui vous attend. Au cours du processus, vous vous apercevrez que votre perspective des relations avec les autres a changé : elle vous semblera neuve, moins personnelle. Si, par exemple, vous avez décidé que vous mettez en premier les relations humaines, le collègue paresseux vous apparaîtra moins critiquable que si votre but principal était de gagner de l'argent. Si vous visez le sommet de la hiérarchie, vous n'aurez plus la même vision de votre patron que si vous avez décidé que votre idéal était d'être l'employé modèle. Les gens avec lesquels les relations sont difficiles au travail se répartissent en trois catégories :

a) ceux qui vous aideront à atteindre votre but ;
b) ceux qui vous en empêcheront ;
c) ou ceux que vous pouvez considérer comme neutres.

Vous devez cultiver vos relations avec les premiers, circonvenir les seconds et rester neutre avec les troisièmes.

Reportez-vous aux solutions suivantes :

- **Le calcul des priorités, p. 89.**
- **Le planning créatif, p. 164.**
- **L'exécution en 3 points, p. 168.**
- **Comment arriver à ses fins, p. 214.**
- **L'effort à 100 %, p. 153.**

Les gens difficiles

- Utilisez le calcul des priorités pour déterminer ce que vous voulez exactement de votre travail.
- Utilisez le planning créatif pour formuler un plan vous permettant d'atteindre ce but. Ce plan mettra en relief les gens difficiles qui risquent d'être un obstacle.
- Écrivez ce plan.
- Immergez-vous à 100 % dans tout ce que vous faites.
- Réévaluez les gens difficiles auxquels vous avez affaire en tenant compte des trois catégories suivantes : ceux qui vous aideront (à cultiver), ceux qui représentent un obstacle (à circonvenir) et ceux qui n'ont pas d'importance.
- Détendez-vous et profitez des relations agréables que vous avez avec les gens moins difficiles.

■ Dissiper la colère

La colère est une réaction courante aux situations de stress, surtout quand elle s'accompagne de frustration. Les petits enfants et les animaux l'expriment en pleurant ou en attaquant physiquement la source de leur frustration, ce qui est très efficace. Les adultes, eux, réagissent plutôt verbalement ; or, les mots exprimés sous le coup de la colère peuvent mener à des stress encore plus compliqués que précédemment. Y a-t-il une façon expéditive de faire un sort à la colère ?

Il est difficile d'éviter de se mettre en colère, mais vous pouvez diminuer ses conséquences dommageables. Prenez la porte. Marchez. Marchez vite pendant au moins 15 minutes. En marchant, observez chaque détail de la rue. Durant les 10 premières minutes, votre esprit sera plein des phrases coupantes et des insultes que vous auriez dû prononcer. Ce sont les 5 minutes restantes qui sont les plus opérantes pour vous épargner les stress supplémentaires que pourrait vous réserver votre retour ; en effet, vos réactions ont toutes les chances d'être plus mesurées alors. En revenant de votre promenade, vous ne direz rien que vous pourrez regretter – du moins sans avoir soigneusement pesé vos mots auparavant.

Arriver à ses fins

La compétition. Tout le monde a ce mot aux lèvres, qu'il s'agisse des marchés, des demandeurs d'emploi, des sociétés, des ministères ou des individus. Au nom de la compétitivité universelle, chacun de nous est acculé à s'imposer dans son travail.

Outre le fait que cela vous garde plus calme et détendu que si vous étiez agressif ou soumis, avoir de l'assurance permet de surmonter l'une des causes principales de frustration au travail – le sentiment de n'avoir aucun contrôle sur ce que vous faites. C'est pourquoi j'ai jugé important de consacrer plusieurs pages à ce sujet.

■ Comment arriver à ses fins

En prenant de l'assurance, vous n'arriverez pas forcément à vos fins. Si c'était le cas, il n'y aurait plus de place pour l'imprévu dans l'existence. Ce qu'un peu plus d'assurance peut vous garantir, en revanche, c'est que les autres sauront ce que vous voulez – et c'est un excellent point de départ.

Sachez ce que vous voulez

C'est une étape dont beaucoup s'abstiennent. Il faut simplement identifier ce que vous voulez exactement. Tant d'énergie, d'émotion et de créativité sont dépensés en vain, à la poursuite d'idéaux vagues, non viables. « Je veux être riche » est de ceux-là. « Je veux avoir 1 million de dollars en valeurs liquides quand j'aurai 30 ans » est un idéal beaucoup plus spécifique.

Servez-vous des techniques de planification déjà citées pour définir ce que vous voulez de votre travail et comment vous y parviendrez. Mettez votre plan d'action par écrit. Ensuite, vous serez sûr d'avoir une longueur d'avance sur la plupart de vos collègues. Savoir ce que l'on veut est la condition *sine qua non* pour acquérir de l'assurance.

Sachez ce que vous pouvez raisonnablement demander

Comment présenter une requête sans savoir si elle est acceptable ou non ? De la même façon, vous ne pouvez pas réclamer que l'on respecte vos droits si vous ne savez pas ce qu'ils sont. En voici une brève liste, par couples d'opposés et sans ordre de priorité :

a) Le droit de demander ce que vous voulez.
b) Le droit de décliner une demande qui vous est faite.
a) Le droit d'avoir des opinions fermes.
b) Le droit de changer d'avis.

a) Le droit d'exprimer vos opinions et vos sentiments.
b) Le droit de contester tout ce sur quoi vous n'êtes pas d'accord.
a) Le droit d'encourager une relation.
b) Le droit à la vie privée.
a) Le droit au succès.
b) Le droit à l'échec.

Reportez-vous aux solutions suivantes :
- **Le pouvoir du non, p. 138.**
- **Comment dire non gentiment, p. 140.**
- **Ne contrôler que ce qu'on peut, p. 156.**

Avoir de l'assurance nécessite une connaissance préalable de ces droits (autant que de vos droits fondamentaux en tant qu'être humain), de savoir que vous pouvez les exploiter – et que vous avez le devoir de les respecter chez les autres. Usez-en, apprenez aux autres à en user, dressez-vous pour les protéger chaque fois que vous aurez l'impression qu'ils sont en danger.

■ Parler franchement

Le droit d'avoir de l'assurance est le plus fondamental de tous les droits qui sont les vôtres dans votre milieu de travail. Aucun patron ne peut de nos jours prétendre le contraire ou se prétendre choqué par une opinion exprimée ou une demande justifiée.

Défendre activement vos droits ne suffit pas, cependant. Il s'agit également de négocier des changements constructifs, de présenter vos arguments de façon convaincante, d'initier des relations positives. Ce genre de talent s'apprend. Trois principes le fondent :
a) Sachez ce que vous voulez accomplir.
b) Exprimez-vous positivement.
c) Sachez à quel moment vous arrêter.

Sachez ce que vous voulez accomplir

Ce sujet a déjà été abordé dans plusieurs chapitres. Utilisez les différentes techniques de planification pour décider ce que vous voulez exactement de votre travail. Écrivez-le.

Exprimez-vous positivement

Il y a quelques années de cela, une grande société d'informatique très connue a porté à sa perfection l'art de communiquer négativement, en utilisant la peur, l'incertitude et le doute en guise de méthode de marketing. L'intention déclarée était de décourager les consommateurs d'acheter les produits de leurs concurrents en agitant la crainte que ne survienne quelque chose de calamiteux. Après quelques années de déclin, la société a compris qu'en fin de compte la communication négative ne paie pas.

Demandez à n'importe quelle autorité en matière de publicité laquelle, de la technique de communication positive ou de la technique de communication négative, donne des résultats plus rapides. La première, vous répondra-t-on. (Elle n'est pas toujours aussi amusante ou colorée pour les créatifs d'agences de publicité, mais produit ses effets plus vite et est plus aisément compréhensible.) Les bons commerciaux ne vous diront pas autre chose. Dans les domaines où un profond niveau de persuasion est requis – la visualisation, l'affirmation, l'hypnose, la psychothérapie –, le langage positif triomphe, et représente peut-être l'unique voie d'accès à un tel niveau. Le langage positif repose sur les mêmes déclics que celui qui donne de l'assurance. Une affirmation simple, positive, constructive est une façon bien plus rapide de communiquer que la négation, et, de surcroît, a un effet plus positif.

Au lieu d'enrober ce que vous avez à dire dans des termes feutrés, indirects, destinés à épargner votre sensibilité ou celle de vos auditeurs, choisissez une phrase simple, positive. Cela marche bien mieux. Comme on le

Le pouvoir du langage positif

voit sur les illustrations, une approche négative ou agressive provoque une réponse brève et acerbe. Dans le dessin du haut, le sujet se referme après la réponse. Il faut ou bien recommencer, ou bien prouver que vous n'êtes pas en train de dramatiser – ce qui revient à surdramatiser. L'approche indirecte et pleine d'indécision du dessin du milieu donne une réponse de la même eau que la question. En choisissant des mots simples, positifs où la réponse est déjà suggérée, tel que le montre le dessin du bas, vous engagez vous-même la négociation. Le langage direct, constructif, positif où une opinion est clairement exprimée ne peut être ignoré.

Sachez à quel moment vous arrêter

Une règle majeure pour s'imposer, mais aussi une question de survie dans notre monde où la compétition est reine.

L'arme la plus puissante que la police et les inspecteurs des impôts ont entre leurs mains, ce n'est pas la médecine médico-légale ni l'art de l'interrogatoire, c'est la bouche de la personne soumise à une enquête. La plupart des gens ne savent pas à quel moment s'arrêter d'essayer de convaincre ou de persuader. Les avocats vous diront qu'il y a seulement quatre réponses à faire au cours d'une enquête : « Oui », « Non », « Je ne sais pas », « Je ne peux répondre à cette question ». Aller plus loin vous procurera des ennuis ou prolongera la séance. (C'est le point de vue des avocats que j'exprime là, pas le mien.) C'est rarement le pouvoir de persuasion qui fait qu'un vendeur sort du peloton. En persuadant, il peut *presque* vous faire acheter. Réaliser la transaction nécessite quelque chose de plus. Cela demande le silence – avec, peut-être, un zeste de manœuvre. La plus grande erreur commise par le commercial ordinaire, c'est de ne pas savoir quand s'arrêter de vendre. Une fois faite la proposition, et qu'une réaction a été obtenue, taisez-vous. Tout ce que vous direz en plus empêchera la vente eu lieu de l'aider. Si vous voulez vous imposer, il en sera de même. Sachez ce que vous voulez, dites-le de façon positive et directe, puis retenez votre langue.

Supposons que quelqu'un, au bureau, vous dise que vous êtes obèse et que vous voulez lui faire comprendre que c'est un commentaire blessant, cruel. (Il va de soi que votre réponse comporte un langage direct, positif.)

Réponse A : « Je trouve cela très blessant. »

Réponse B : « Je trouve cela très blessant. Si vous-même aviez des kilos superflus et que l'on vous déclarait, comme ça, que vous êtes gros, qu'est-ce que cela vous ferait ? »

Réponse C : « Je trouve cela très blessant. Quand j'avais 13 ans, mes parents ont été tués dans un accident de voiture, c'est moi qui ai élevé mes trois jeunes frères. Je n'ai naturellement pas eu le temps de m'occuper de mon régime… »

Vous voyez ? Avec la réponse A, place est laissée à l'imagination de l'autre personne – elle se demande à quel point vous avez été blessé, si c'était si horrible que ça de sa part, si vous allez réagir violemment, etc. Chacun de vos mots a de l'impact. La réponse B ajoute au commentaire initial une réprimande, l'autre personne va préparer une défense

Parler franchement

- Sachez ce que vous voulez faire. Utiliser des techniques de planification pour le déterminer. Mettez-le par écrit.
- Exprimez-vous de façon positive, constructive, concise.
- Une fois que le message est passé – clairement et positivement – retenez votre langue. Résistez à l'envie de pontifier, de vous plaindre ou d'atténuer le contenu.

contre celle-ci, aussi votre première phrase est-elle déjà oubliée. Dans la réponse C, l'autre personne est tellement peu impressionnée par votre réponse verbeuse qu'elle est probablement en train de mijoter quelque chose d'encore plus méchant à vous balancer une fois que vous vous arrêterez de parler. Pour vous imposer, sachez ce que vous voulez et allez droit au but, avec un langage direct, positif.

Reportez-vous aux solutions suivantes :
- **Le planning créatif, p. 164.**
- **Un mot positif, p. 175.**
- **Le pouvoir du non, p. 138.**

■ Leçon de marketing en 30 secondes

Drôle d'idée, penserez-vous, dans un livre sur le calme au travail. La raison en est simple : les principes du marketing et de la vente sont les mêmes que ceux dont vous avez besoin pour arriver à vos fins dans le domaine du travail. Ce sont :

a) Fondez votre action sur les besoins de « l'acheteur ».
b) Trouvez le positif dans ce que vous proposez.
c) Obtenez une réponse positive.

Accessoirement, ces trois principes vous serviront éventuellement à réussir et à devenir riche (si cela vous chante). Nous ne nous préoccupons ici que des problèmes généraux, les détails tels que les prix, la production, le positionnement vis-à-vis de la compétition comportant des principes qui leur sont propres.

Fondez votre action sur les besoins de « l'acheteur »

Je précise que le terme « acheteur » est employé au sens général pour désigner toute personne dont vous souhaitez qu'elle accepte vos arguments ou votre point de vue.

Pour réussir dans votre « marketing », vous devez planifier en fonction de cette personne. Quand vous avez une requête, une plainte ou un point de vue à introduire, au lieu de structurer votre exposé de votre point de vue – ce que presque tout le monde fait –, faites-le du point de vue de l'autre. Montrez-lui « ce qu'il y gagnera ». Vous voulez, par exemple, être transféré dans un autre département. Vous pourriez, sans couper les cheveux en quatre, vous contenter de strictement formuler vos besoins : « J'aimerais travailler dans la vente. » Il est facile de refuser une telle demande, alors que si elle prend le point de vue de *l'autre personne*, cela devient beaucoup plus difficile : « J'aimerais vous prouver que je suis capable d'apporter un progrès de taille dans nos efforts de vente globaux. » Cette fois-ci, vous aurez des chances d'obtenir un accord. C'est en présentant clairement et de façon irrésistible ce que l'autre y gagnera que vous serez victorieux.

Trouvez le positif dans ce que vous proposez

Ce sujet est traité en long et en large dans *Le Grand Livre du calme au travail*. Dès que vous voulez influer sur le comportement des autres, et c'est le cas du marketing, il est essentiel d'utiliser des suggestions et un langage positif.

On ne peut obtenir un résultat probant en misant sur les motivations négatives du public ; ce serait aller à l'encontre de la nature humaine. « Utilisez notre crème solaire sinon vous aurez le cancer » aura peu d'effet. « Évitez le cancer en utilisant notre crème solaire » a bien plus de force. Hormis dans le domaine politique, les campagnes bâties sur une proposition négative ont peu de succès. Même la tactique de l'inversion psychologique, lorsqu'on « tape » sur la concurrence, repose sur une intention positive sur le plan du marketing. Les sociétés dominant leur marché ont parfois recours à la proposition négative afin de décourager les efforts d'un concurrent – plusieurs compagnies d'assurance ont essayé, et échoué. Aujourd'hui, les plus performantes mettent invariablement l'accent sur un bénéfice positif, par exemple la paix de l'esprit. À votre tour, si vous aspirez au succès, assurez-vous de présenter une proposition positive et de la présenter avec des termes positifs.

Leçon de marketing en 30 secondes

1 Planifiez votre action, et structurez vos arguments selon les desiderata de «*l'acheteur*» plutôt que les vôtres.

2 Trouvez ce qu'il y a de positif dans ce que vous proposez. (Présentez-le dans un langage positif.)

3 Construisez votre action et vos arguments de manière à provoquer une réponse positive. Puis précisez la réponse dont vous avez besoin.

En mettant en pratique ces trois principes au cours de vos négociations professionnelles, vous aurez bien plus de chances d'obtenir ce que vous voulez à votre travail.

Obtenez une réponse positive

Le marketing, comme toute forme de communication, nécessite deux interlocuteurs. Il ne peut exister sans quelqu'un pour recevoir ou écouter.

Vous devez faire en sorte que l'on écoute, ou reçoive, votre message. Ne comptez pas sur la sensibilité ou l'intelligence de l'autre. Précisez clairement la réponse dont vous avez besoin, puis attendez qu'elle soit formulée. «Puis-je considérer, donc, que ce poste sera le mien ?»

Reportez-vous aux solutions suivantes :
- **Comment arriver à ses fins, p. 214.**
- **Un mot positif, p. 175.**

■ L'art de la négociation

Des résultats constructifs, positifs nécessitent que votre interlocuteur partage votre vision positive. Il est possible qu'il n'en ait cure. Vous ne pourrez imposer votre point de vue que grâce à votre habileté à négocier. Rassurez-vous, je ne vous demande pas de vous transformer en spécialiste de la négociation – certains en font une profession et l'exercent brillamment –, la lecture d'un ouvrage concernant le calme au travail serait insuffisante.

Dans le contexte qui nous préoccupe, « négociation » peut signifier une combinaison des différentes manières de résoudre un conflit et d'obtenir ce que vous voulez. La méthode inclurait la persuasion (vendre), la résolution d'un problème (« Comment pouvons-nous trouver ensemble la solution à cette question ? »), la contrainte (à déconseiller) et l'ordre (cela dépend du poste que vous occupez). Il ne s'agit pas de ficeler une affaire mais de vous mouvoir sans heurts dans les méandres des relations au travail, les conditions de votre contrat de travail, les réaménagements des tâches et des échéances, et autres choses de cet ordre. Cinq principes sont les clefs de négociations aisées avec votre entourage dans le cadre du travail :

a) Définissez le résultat escompté.
b) Soyez positif.
c) Faites sentir à l'autre que vous l'écoutez.
d) Offrez quelque chose de constructif.
e) Persistez.

Définissez le résultat escompté

Oui, il s'agit de ce que ce livre n'a pas cessé de vous rabâcher. Grâce aux techniques de planification, vous définirez très précisément quel résultat vous souhaitez de votre travail et de chacune de vos négociations. Un résultat clair et simple est un avantage. Une fois que vous l'aurez bien en tête, commencez votre négociation par une proposition calculée pour atteindre ce résultat.

Soyez positif

L'arme la plus sûre en matière de négociation est un langage constructif, positif et simple. La communication sera plus rapide qu'avec une approche négative, et un résultat positif est presque assuré. Choisissez soigneusement votre langage – résistez à la tentation de vous montrer brillant, spirituel pour avoir l'avantage sur l'autre.

Faites sentir à l'autre que vous l'écoutez

Savoir écouter est un talent cardinal, vous diront les négociateurs professionnels.

On pourrait croire que si vous savez ce que vous voulez et vous montrez déterminé à l'obtenir, il serait bon d'éviter de vous laisser détourner de votre propos par les commentaires de l'autre. Pas du tout. En ignorant ce que dit votre patron, vous vous retrouverez vite sur une voie de garage. En ignorant les paroles d'un collègue, vous perdez toute possibilité d'échanges. Au-delà de la simple sagesse tactique, écouter sert par ailleurs à révéler comment votre interlocuteur se positionne par rapport à vous. Pour cela, il ne doit pas pouvoir répondre par « oui » ou « non » aux questions que *vous* poserez. Celles qui commencent par « comment », « quand », « où », « pourquoi », « qui » sont particulièrement prégnantes. Par exemple : « Comment êtes-vous parvenu à cette conclusion ? » « Pourquoi pensez-vous que quelqu'un d'autre ferait aussi bien l'affaire que moi ? »

En posant des questions, vous diminuez l'intensité des arguments de la partie adverse. Celle-ci, comprenant que chaque point qu'elle avance est enregistré, se voit dans l'obligation de passer au suivant. Si nous poussons les choses plus loin, nous pouvons dire qu'écouter, c'est-à-dire être conscient de ce que ressent l'autre, qu'il l'exprime ou non, vous met en mesure de contrer les éventuels obstacles avant leur apparition. Par exemple, si au ton de quelqu'un vous savez que d'autres préoccupations l'empêchent de prêter attention à vos opinions, vous pouvez prévenir son «Je suis trop occupé pour le moment» par «Merci de me consacrer du temps. Je sais à quel point vous êtes occupé en cette période». Écoutez, si vous voulez avoir le dessus en matière de négociation au travail, et faites en sorte que votre interlocuteur sache que vous écoutez!

Offrez quelque chose de constructif

La négociation est le processus au cours duquel vous obtenez ce que vous voulez de quelqu'un qui veut quelque chose de vous. C'est pourquoi votre proposition doit contenir une condition ainsi qu'une offre. Votre offre peut procéder soit de l'avantage, en faveur de la partie adverse, ou du compromis.

L'avantage en faveur de la partie adverse

«Tout le monde y gagne.» *Toute* négociation réussie fait une part à cette expression. Il n'existe pas d'exception. *Chacune* des parties doit sentir qu'elle a obtenu quelque chose et qu'elle a réussi dans une certaine mesure.

Vous allez, quant à vous, vous efforcer de mettre en lumière l'avantage que l'autre retirera si votre résultat est atteint. La technique du «Si... alors», ou «Si vous... alors je» est souveraine. Par exemple: «Si vous me donnez le nouvel ordinateur, je serai capable d'exécuter un travail d'un niveau incomparable.» Préparez-vous en relevant tous les avantages que l'autre pourrait tirer, votre négociation sera réussie.

Le compromis

Lui aussi, il est préférable d'y réfléchir à l'avance. Vous devez savoir ce que vous êtes prêt à abandonner afin d'atteindre votre but. Décidez-le *avant* le début de la négociation.

Persistez

C'est une partie vitale de la négociation. Il vaut mieux d'abord prendre le temps de définir ce que vous voulez de votre travail, et avant cela, de définir ce que vous voulez de votre négociation.

Avant d'entamer la négociation, écrivez ce que vous voulez en tirer. Soyez aussi peu dispersé que possible dans votre objectif. Il vous sera ainsi plus aisé, malgré les arguments qui vous seront opposés, les tentatives de digression, si brillant que soit votre interlocuteur, de revenir impavidement à votre proposition de départ. Si votre objectif peut tenir en une seule phrase, il sera difficile de vous prendre en défaut, vous reviendrez sans cesse à cette phrase simple pour la répéter jusqu'à ce vous obteniez gain de cause. (Il ne s'agit pas ici de négociation au sens strict, mais c'est une tactique qui peut servir dans les situations se présentant au travail.) La répétition est précieuse dans les occasions suivantes :

a) Quand la discussion diverge vers des territoires hors de propos (ou inconnus).
b) Quand vous avez en face de vous un négociateur talentueux ou manipulateur.
c) Quand vous avez en face de vous un idiot.
d) Quand vous manquez de confiance en vos talents de négociateur.
e) Quand quelqu'un essaie de bafouer vos droits.

La répétition est un instrument grossier qui ne favorise pas une conversation pleine d'élégance, mais elle peut servir dans des moments difficiles. N'oubliez pas de prendre le temps de définir ce que vous voulez de votre négociation, avant qu'elle commence.

La négociation au masculin et au féminin

Il est opportun de signaler que l'approche est différente pour les hommes et les femmes. Certaines généralisations à ce sujet peuvent s'avérer pertinentes.

Reportez-vous aux solutions suivantes :

- **Le planning créatif, p. 164.**
- **Un mot positif, p. 175.**
- **Le pouvoir du non, p. 138.**

Dans la conversation, les premiers tendent à exprimer fermement leurs opinions et se conduisent en adversaires déclarés ; ils interrompent, vous poussent dans vos retranchements, vous défient et répondent du tac au tac. Les femmes, elles, sont plus enclines à l'accord et au consensus ; elles échangent des informations, à la différence des hommes, ce qui signifie qu'elles sont plus expertes à l'exercice de l'écoute. Dans le cas d'une négociation comme

L'art de la négociation

- Définissez votre résultat. Les techniques de planification vous permettront d'élaborer vos stratégies. Rédigez quel sera votre objectif en une phrase simple.
- Utilisez tout le temps un langage constructif, positif.
- Faites comprendre à votre interlocuteur que vous écoutez et que vous éprouvez une certaine empathie à l'égard de son point de vue.
- Offrez quelque chose de constructif : Quel avantage tirera l'autre si votre résultat se réalise ? Quel compromis êtes-vous prêt à offrir afin que votre négociation se conclue positivement ? (Réfléchissez sur ces points avant.)
- Persistez. Référez-vous sans cesse à la phrase simple qui résume votre objectif. Résistez à toutes les tentatives de digression.

celle décrite un peu plus haut, écouter peut représenter un flagrant désavantage. Si vous tenez à écouter, que ce soit vous-même en train de répéter la même phrase simple, l'assenant sans arrêt jusqu'à ce que la partie adverse ait compris. (Je sais que ces remarques peuvent sembler simplistes, mais la conscience de ces différences potentielles peut s'avérer bénéfique si vous travaillez dans un environnement dominé par l'un ou l'autre sexe.)

■ L'autodéfense

Le dernier élément, et peut-être le plus important, pour s'imposer est de savoir défendre vos droits. Bien que l'expression renferme en elle-même un certain degré de combativité, cela ne signifie pas nécessairement être agressif, mais simplement se montrer capable de faire face à des agressions.

Le calme par l'autodéfense vous protège à la manière du jiu-jitsu ; vous ne perdez pas votre sang-froid, mais utilisez l'agression de l'autre en la lui retournant. De façon pratique, le besoin s'en fait ressentir quand :

a) vous défendez vos droits ;
b) et quand vous faites face à des critiques.

Défendez vos droits

Pages 214 et 215 se trouve une liste de vos droits fondamentaux sur votre lieu de travail. Il va sans dire qu'elle pourrait être bien plus longue, et que ces droits varient selon les entreprises et les professions.

Quand ils sont piétinés, vous avez le choix entre deux réactions : ne rien faire et ruminer ; ou insister pour qu'ils soient respectés. Si vous voulez rester calme, la seconde est la meilleure. Cinq principes président à votre action :

a) sachez quels sont vos droits ;
b) sachez ce que vous voulez faire ;
c) exprimez ce que vous *ressentez* face à cet abus ;
d) évitez les critiques de la partie adverse ;
e) et retenez votre langue.

Le premier et le deuxième vous sont déjà familiers. Les premiers mots que vous prononcerez exprimeront ce que vous *ressentez*. Cela peut vous paraître désarmant, étant donné qu'il s'agit de faits, non de discussion abstraite sur ce qui est bien ou mal. Expliquez ce que vous sentez en évitant de pontifier, réprimander ou critiquer. Ensuite, retenez votre langue. Que vous pensiez avoir eu de l'impact ou non, il vous faut laisser à l'autre du temps pour enregistrer votre plainte.

Faites face aux critiques

Cela apportera un regain de relaxation et d'harmonie à votre vie au travail. Des critiques négatives, non constructives, sont perçues comme une attaque personnelle. Constructives, elles sont plus faciles à recevoir. Avec un ego maîtrisé et une nature pas trop agressive, vous pouvez même être capable de considérer une critique constructive comme une façon d'apprendre et de progresser. Les critiques négatives demandent plus d'effort. Comme il nous est difficile de supprimer la malveillance, nous sommes obligés de nous prémunir contre. J'ai restreint mon choix à trois techniques défensives de base :

a) La botte ;
b) La feinte ;
c) La parade.

La botte

C'est la plus agressive des trois. On n'attaque pas, on ne critique ni ne réprimande. On se contente de contester la critique négative ou, plus subtilement, le droit de l'autre à critiquer. Je veux être clair, il s'agit de contester, pas d'offrir une défense. La partie adverse doit savoir que vous êtes parfaitement au courant de sa tactique, qu'elle n'est pas appropriée et qu'il faut y mettre un terme. Une défense directe ne ferait que justifier les critiques.

Méthode	**Critique**	**Réponse**
La généralisation	« Vous… toujours » « C'est typique de… »	*Posez des questions spécifiques.* « Quand exactement ai-je… ? » « Sur quoi exactement vous basez-vous ? »
L'ordre	« Vous devriez » « Pourquoi ne… ? »	*Signalez vos droits en tant qu'individu.* « Il est possible que je le fasse. Ou que je ne le fasse pas. » (Si vous parlez à votre patron) : « Que devrais-je faire pour… ? »
La comparaison	« Si j'étais vous… » « Les autres gens semblent capables de… »	*Mettez l'accent sur votre unicité.* « À chaque individu sa spécificité. »
La subversion	« Êtes-vous capable de… ? » « Vous n'appréciez peut-être pas… »	*Faites sentir que l'intention de rabaisser ne vous a pas échappé.* « Je connais très bien mes capacités. » « J'apprécie toujours à sa juste valeur la qualité/l'intelligence/ ou autre. »
La condescendance	« Quelqu'un comme vous devrait… »	*Demandez-leur de prouver leur supériorité.* « Que trouvez-vous à redire à ce que je suis ? »

En premier lieu, il faut identifier la critique négative. Vous l'appréhendez intuitivement, mais en l'analysant, vous constatez qu'elle se drape de formes diverses :

- La généralisation ;
- L'ordre ;
- La comparaison ;
- La subversion ;
- La condescendance.

Plusieurs manières de maîtriser les critiques négatives sont présentées ici. Il en existe des millions de variantes. Vous pouvez en créer de nouvelles.

Si vous avez la présence d'esprit de répondre dès que vous décelez une critique négative, faites-le. Ne vous sentez pas acculé pour autant, vous pouvez prendre votre temps. La balle est dans votre camp. Pour la paix de votre esprit cependant, répondez ou oubliez tout – vous n'avez rien à gagner en ressassant l'affront.

La feinte

Technique désarmante à utiliser avec les patrons ou les supérieurs. Elle fait référence à la notion de responsabilité, censée justifier leur critique. Sachez cependant qu'elle ne met pas fin à la conversation. Elle invite à la discussion, il faut que vous soyez préparé.

Contrairement à la botte, la feinte est destinée à obtenir un résultat constructif, positif – vous aurez en conséquence à modifier votre prestation ou votre comportement, alors que celui de votre critique ne sera pas contesté.

Critique	**Réponse**
« Votre approche du travail en équipe laisse beaucoup à désirer. »	« Que devrais-je faire pour l'améliorer ? »
« Ce n'est pas un emploi pour vous, vous n'êtes pas bon pour un travail de bureaucrate. »	« En quoi ne suis-je pas bon pour un travail de bureaucrate ? »

La parade

Souvent vous trouverez que la critique qui vous est adressée contient au moins un élément de vérité. La parade se sert de cet élément (ou d'une partie) en le reformulant d'une manière qui vous semblera correspondre plus à la réalité, ou plus acceptable. En d'autres termes, vous reconnaissez qu'une partie de la critique est justifiée, mais vous en modifiez la portée.

Critique	Réponse
« Votre travail est lamentable. Vos chiffres sont mal faits; vous ne devez prêter aucune attention à ce que vous faites. »	« Vous avez raison, ils l'étaient hier. Mais je vous promets qu'ils seront mieux faits... »
« Je n'aime pas votre attitude. Vous êtes toujours en retard aux réunions, et ne faites jamais savoir à quiconque où vous vous trouvez. »	« J'ai été plusieurs fois en retard, certes. Je n'en suis pas heureux du tout et j'ai l'intention de m'acheter une montre. »

Le secret du calme par l'autodéfense n'est pas de changer les habitudes des autres, mais de les défaire de la négativité qu'elles portent en elles. Une fois votre réponse faite, empressez-vous de l'évacuer complètement de votre esprit. Continuez d'être calme, tout simplement.

■ Le harcèlement

Se définit ainsi tout comportement offensant, intimidant ou humiliant. La discrimination, elle, consiste en une distinction injuste, qu'elle concerne la race, le sexe, l'âge, un handicap, la foi, le statut marital, etc. Harcèlement et discrimination sont de grands facteurs de stress. Parfois la résultante d'un usage inapproprié du pouvoir d'une personne ou d'un groupe sur les autres, alors que d'autres fois le pouvoir n'a rien à voir dans le problème, l'un et l'autre se manifestent par des plaisanteries saumâtres, des commentaires, de l'intimidation ou des sévices physiques.

Dans tous les cas, ce sont des transgressions de vos droits, intolérables sur le lieu de travail. Dans beaucoup de pays, elles sont illégales, et les coupables passibles de poursuites judiciaires. Dans les cas extrêmes, cela peut représenter votre seul recours. En général, elles résultent de l'ignorance, l'insensibilité, l'impolitesse et peuvent trouver des solutions moins stressantes pour vous.

Que faire, en définitive, quand vous vous trouvez confronté à un harcèlement au travail ? D'abord et de façon inquestionnable, savoir que c'est votre droit d'exiger qu'un tel comportement cesse. Ensuite, votre action dépendra de votre confiance en vous-même, du pouvoir que détient celui qui a commis l'offense et de la gravité de celle-ci.

1 Demandez au coupable d'arrêter

Faites-le immédiatement si vous avez suffisamment de confiance en vous et l'assurance nécessaire. Auparavant, déclarez avec fermeté : « Je trouve [votre comportement] offensant », afin qu'il ne subsiste aucune ambiguïté sur vos intentions. L'adversaire sera souvent surpris par vos paroles et profitera de l'occasion, s'il ne l'avait pas fait exprès, pour se corriger.

2 Portez votre plainte auprès d'une instance supérieure

Si le comportement offensant continue, ou si votre position ou votre confiance en vous ne vous permettent pas d'affronter le transgresseur, il convient de vous plaindre auprès de votre chef. Dans beaucoup de pays, occupant ce poste, il a l'obligation d'intercéder en votre faveur. Si c'est lui, ou quelqu'un d'encore plus haut placé, l'auteur du harcèlement ou de la discrimination, vous pouvez envisager de vous plaindre auprès des instances suivantes :

- Le supérieur hiérarchique de votre chef de service
- Le directeur des ressources humaines
- Le directeur général

- Le P-DG
- Un membre du conseil d'administration (celui-ci a des obligations légales très rigoureuses)
- Un représentant syndical
- Une organisation anti-discrimination de votre pays

De nos jours, aucune de ces personnes ne se déroberait devant votre problème.

Les supérieurs

Soyez très attentif à cette section. Outre son effet sur votre santé mentale, elle pourrait faire votre fortune et vous installer à la place de votre patron.

Les tuyaux sur la communication que je vais vous faire partager sont empruntés à quelques-uns des chefs d'entreprise les plus performants sur le plan mondial. *Tous* sont des modèles de succès. Ce qui ne veut pas dire que ces techniques ne marchent pas autant pour toute personne qui veut se faire entendre sur le lieu de travail, du coursier au P-DG. Vous obtiendrez de votre travail ce que vous en voulez, limitant ainsi les situations à l'origine du stress.

Ces techniques se centrent sur l'une des causes majeures du stress au travail. Votre patron. Les chefs de service autoritaires et les patrons qui ne savent pas communiquer sont fortement responsables de l'extension du stress au travail. En particulier en ce qui concerne le niveau de contrôle que leurs subordonnés croient ou ne croient pas avoir dans l'exécution de leurs tâches. Avoir leurs propres idées sur la façon d'augmenter les bénéfices, la productivité, l'efficacité, ou même le rôle qu'ils jouent au sein de la société serait pour ces derniers une excellente manière de s'en sortir. Mais si on ignore leurs suggestions ou leurs demandes? Leur frustration ainsi que leur sentiment d'impuissance n'en sont qu'exacerbés. Comment s'y prendre, alors? Comment peut-on contrôler ses supérieurs?

La réponse est claire et nette, vous ne le pouvez pas. Tout ce que vous pouvez viser à contrôler, c'est vous-même. Et si vous réussissez à agir sur la façon dont vous vous positionnez face à ceux pour lesquels vous travaillez, vous serez calme.

■ L'art de se faire entendre

Une petite préparation vous permettra de faire entendre clairement vos besoins à ceux pour lesquels vous travaillez. Peut-être même accéderont-ils à vos requêtes.

Tout dépend de la manière de présenter vos arguments. Un minimum de technique vous assurera l'attention de votre auditoire quand vous présenterez votre exposé. Un peu de préparation vous assurera qu'il sera formulé du mieux possible. Quand bien même s'agirait-il d'une toute petite suggestion de votre part, vous voulez qu'on vous entende, qu'on vous comprenne, qu'elle se transcrive en une action, non ? À moins d'être un VIP, cela demande une préparation. La recette que je vous livre s'applique autant aux grandes choses qu'aux petites, du genre demande d'augmentation. Utilisez-la dès que vous en avez l'occasion – *même pour les petites choses* –, vous serez surpris de l'attention dont vous ferez l'objet au travail. Elle se compose de sept points importants :

a) savoir ;
b) planifier ;
c) bâtir ;
d) répéter ;
e) faire semblant ;
f) demander ;
g) retenir sa langue.

Sachez ce que vous voulez

Nous l'avons sans cesse répété, la première condition du succès dans tout ce que vous tentez au travail, c'est de savoir exactement où vous voulez arriver. Écrivez cela. Ce sera votre point de départ.

Planifiez pour être efficace

En quelques secondes, ce que vous avez passé des jours, des semaines ou plus longtemps à cogiter et préparer peut être ignoré ou réfuté. C'est que vous n'avez pas su être succinct ni avoir suffisamment d'autorité.

Être persuadé que les autres s'intéressent à vos idées, vos efforts, est l'une des erreurs les plus graves que l'on commet dans le milieu du travail. C'est rarement le cas, même avec les collègues les plus proches. La seconde est de croire que si vous rédigez un document, il sera lu. Souvenez-vous que nous vivons à l'ère de la « surinformation » ; au travail, personne ne lit si on ne l'y oblige. Si on fait attention à vous, vous approcherez déjà de la victoire. Pour cela, il vous faut une stratégie.

Bâtissez un exposé bien argumenté

Les techniques de planification déjà présentées vous serviront à décider comment *présenter* vos idées. Un ouvrage spécialisé sur le sujet ne serait pas superflu, vous en trouverez dans une bibliothèque. Si vous n'avez pas le temps, je vous donne ci-dessous les points essentiels qui font une bonne présentation, ou qui vous permettront de vous faire entendre dans n'importe quelle situation :

a) Annoncer dès le début le résultat visé.
b) Introduire tous vos arguments avec un commencement, un milieu et une fin.
c) S'il s'agit d'un exposé formel, avoir autant que possible recours à des supports visuels. Les intitulés des graphiques ne doivent pas dépasser 6 à 10 mots – simples (*jamais*, au grand jamais, de titres surchargés).
d) Résumer.
e) Demander une réponse.

Répétez

Même pour un conférencier expérimenté, l'étape suivante est vitale. Vous répétez chaque phase de ce que vous allez faire : chaque mot, chaque question, sans oublier de revoir vos supports visuels. Ayez le plus d'assurance possible.

Répétez jusqu'à ce que vous soyez convaincant. Plus que ce que vous exposez, c'est *comment* vous le faites qui importe. Si vous savez de quoi vous parlez et le présentez avec conviction, le reste se mettra en place tout seul.

Faites semblant

Vous savez ce que vous allez dire, vous savez comment le dire, vous avez beaucoup répété. Maintenant, vous allez jouer le rôle d'un employé ayant de l'autorité, un battant ne doutant pas une seconde de ses qualités.

Le modèle pour le jeu de rôles vous sera utile. Gardez à l'esprit l'ultime recommandation : faites comme si les autres vous voyaient tel que vous faites semblant d'être. Vous serez ensuite fin prêt pour convaincre et influencer le représentant de la hiérarchie auquel vous vous adresserez.

Demandez

La plupart des gens flanchent ici. Peut-être croient-ils qu'ils ont été tellement bons que personne ne pourra résister à leurs arguments. Ils ne demandent pas de réponse.

Or il est capital que vous formuliez dans votre exposé la réponse que vous souhaitez. VOUS DEVEZ DEMANDER UNE RÉPONSE. Votre interlocuteur ne doit avoir aucun doute sur ce que vous attendez de lui. La réponse doit lui être tracée clairement, sans ambiguïté.

Retenez votre langue

Beaucoup négligent son importance. Les bons vendeurs en usent intuitivement. Je me suis moi-même aperçu de ce que cela représente dans les années 1970, en négociant avec des hommes d'affaires japonais de haut rang. Était-ce vraiment une technique, ou le hasard des circonstances ? Tout ce que je sais, c'est que ça marche. Pour eux, donc pour vous. J'ai nommé le silence.

Après que vous aurez formulé votre demande de réponse, asseyez-vous, taisez-vous, retenez votre langue. Ne cédez pas à la tentation de compléter votre exposé, corriger des méprises possibles, vanter vos mérites auprès de votre patron. Retenez votre langue, ne dites rien. La pause peut se prolonger des minutes entières (certains négociateurs excellent à cela), continuez de retenir votre langue. Parce que le prochain à parler aura la tâche difficile. Les puissants sont au-dessus de ce genre de manipulation, me direz-vous ? Non. Ce sont des êtres humains. Si quelqu'un leur présente une requête exi-

Reportez-vous aux solutions suivantes :
- **Le planning créatif, p. 164.**
- **Le jeu de rôles, p. 239.**
- **Comment arriver à ses fins, p. 214.**

L'art de se faire entendre

- Sachez ce que vous voulez de votre travail. Mettez-le par écrit.
- Planifiez votre exposé en détail. Renseignez-vous sur les techniques de présentation, choisissez celles qui vous permettront d'être bref et d'aller droit au but.
- Répétez chaque phase jusqu'à ce que vous puissiez présenter votre exposé avec conviction.
- Faites comme si vous étiez l'employé plein d'autorité, le battant qui ne doute aucunement de ses qualités.
- Assurez-vous que votre interlocuteur saura ce qu'il est censé répondre. Demandez cette réponse à la fin de votre exposé.
- Retenez votre langue et laissez l'autre parler le premier.

geant une réponse, ils se sentiront obligés de répondre. (Il n'est pas exclu qu'ils trouvent un biais; mais ils ont l'obligation de réagir.) Et même si vous n'obtenez pas la réponse que vous désirez, leur gêne les empêchera d'ignorer votre requête.

Le mimétisme

Jusqu'à présent, tous les sujets sur lesquels j'ai écrit ont requis un certain effort de vous. Cette section sera une forme de repos, le calme passif si vous préférez.

■ Le jeu de rôles

Cette technique, en usage depuis des décennies en psychologie pour modifier le comportement et inculquer des talents nouveaux à quelqu'un, aussi bien que pour traiter des pathologies comme les peurs et les phobies, est devenue très à la mode dans le domaine de la psychologie du sport. Certaines écoles de psychologie lui allient l'hypnose pour la rendre plus opérante.

Son nom est significatif. Vous choisissez un modèle, dont vous essayez d'émuler les performances. Si c'est votre swing au golf que vous voulez améliorer, vous pouvez imiter un champion d'après une vidéocassette. Si vous êtes un employé nerveux, inquiet, vous pouvez imiter un cadre sûr de lui, calme. Vous devez cependant faire plus que copier le swing de Tiger Woods ou le vocabulaire de votre chef de service. Il vous faut reproduire *tous les aspects* de leur personne. Observez comment ils respirent. La façon dont ils croisent les bras et les jambes, dont ils se meuvent. C'est sur ce genre de détails en appa-

Reportez-vous aux solutions suivantes :

- **Respirer calmement, p. 94.**
- **Modèle de visualisation, p. 114.**
- **Modèle de jeu de rôles, p. 124.**
- **Prétendre être du Type B, p. 193.**
- **Faire semblant d'être sûr de soi, p. 206.**
- **Sans montre, p. 128.**

rence mineurs que vous vous concentrez – pas sur le swing ou le vocabulaire. Puis, au moment d'exécuter votre swing, au golf, votre subconscient se chargeant de recoller toutes les pièces du puzzle, vous exécutez le mouvement exactement comme l'aurait fait votre modèle ! Votre subconscient a abattu tout le travail. La façon d'obtenir le plus rapidement possible le calme est de vous trouver un modèle. Quelques minutes de concentration vous suffiront à lui chiper ce qu'il a mis une vie entière à apprendre !

Imiter le calme

1 Choisissez quelqu'un qui pour vous représente un modèle de calme.

2 Observez minutieusement chaque détail de sa personne.

3 Allez dans un endroit tranquille et laissez-vous aller à 5 minutes de respiration calme.

4 Une fois détendu, fermez les yeux et imaginez votre modèle sur un immense écran argenté.

5 Observez sa façon de respirer, le rythme de son élocution, la façon dont il croise les bras, comment il marche et se meut.

6 Quand vous avez une image claire de son aspect et de son comportement, mettez-vous à sa place, avec exactement les mêmes manières et le même comportement. (Votre subconscient vous fournira les détails.)

7 Maintenant, en vaquant à vos occupations courantes, faites comme si vous étiez exactement comme la personne que vous avez imaginée. Bougez comme cet être si calme, parlez et agissez comme lui.

8 Puis faites comme si les autres vous voyaient de la façon dont vous prétendez être.

■ Épouser le calme

Je vous présente toutes mes excuses. Le conseil que je vais vous donner manque de charité. C'est pourtant une manière facile de devenir calme et de le rester.

Reportez-vous aux solutions suivantes :
- **En quoi êtes-vous vulnérable ?, p. 21.**
- **Prétendre être du Type B, p. 193.**
- **La pause relax, p. 193.**
- **S'amuser au travail, p. 195.**

Tout ce que vous avez à faire, c'est vous mêler à des gens calmes. Le calme est contagieux, de même que la tension. Mêlez-vous à des gens calmes, et vous le deviendrez. Mêlez-vous à des gens sans soucis, et leurs caractéristiques seront les vôtres. À l'inverse, restez à distance des hyperstressés et, si vous êtes plutôt du type impulsif, évitez autant que possible de les approcher.

Une fois que vous nagerez dans le calme et la relaxation, vous diffuserez vous-même ces bienfaits à vos collègues plus tendus que vous.

■ Sous l'influence du calme

Merveilleuse petite technique très agissante en collectivité, par exemple dans les réunions et les projets d'équipe. Elle a un effet double : d'une part, vous aider à devenir calme, d'autre part, aider les autres à suivre votre exemple.

Vous avez certainement remarqué à quel point le sentiment de malaise d'une seule personne anxieuse, pressée ou sous l'emprise de la colère se propage facilement à tout un groupe ? Le contraire est vrai, aussi. Quelqu'un de calme diffuse son calme. De la même façon que vous pouvez consoler un enfant malheureux en parlant avec douceur, vous pouvez apaiser un adulte tendu ou en colère en respirant et parlant lentement, en ayant l'air totalement calme. Qu'une seule personne exhibe les traits caractéristiques de la relaxation (le modèle pour le jeu de rôles est opportun ici), et une salle entière suivra son exemple en moins de temps qu'il ne faut pour le dire. Cela marche encore mieux si vous exagérez légèrement ces signes extérieurs du calme. Ralentissez votre élocution plus que ce qui vous paraît normalement calme. Ralentissez votre respiration, vos mouvements. Vous serez le seul à remarquer l'exagération. Le calme régnera rapidement. (Si une personne calme et une personne très tendue se trouvent dans la même pièce, les résultats sont moins prévisibles. La seconde se contrôlera probablement moins, et sera plus susceptible d'influencer l'assemblée. Mais vous, au moins, vous pouvez garder votre calme tandis que tout le monde sortira de ses gonds.)

Post-scriptum calme

Souvent, quand je mentionne la technique ci-dessus lors des séminaires d'entreprises, j'obtiens des réactions étranges, comme : « Nous ne voulons pas que tout le monde soit calme, mais que les gens s'activent, travaillent d'arrache-pied, gonflés à bloc, prêts à marcher. » Incroyable !

Je peux vous assurer que, chaque fois, l'auteur d'un tel commentaire était lui-même une personne agitée, tendue – un propagateur de tension. Croyez-moi, vous n'avez pas besoin d'adrénaline pour être inspiré, mais de motivation. Et celle qui découle du calme n'est pas moins efficace que celle qui résulte d'une pression permanente.

Reportez-vous aux solutions suivantes :
- **Prétendre être du Type B, p. 193.**
- **Le son du calme, p. 257.**

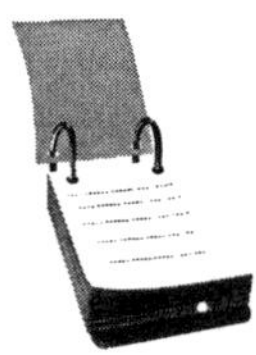

9

LE CHANGEMENT

La seule chose dont vous pouvez être certain aujourd'hui, dans votre travail, c'est le changement. Il va y avoir des changements, bien que vous ne sachiez sous quelle forme, mais quand ils surviendront, votre confort sera bouleversé. Vous ne pouvez rien à cela. La variable de cette équation ne réside pas dans le fait de savoir si vous pouvez agir sur le changement, mais comment vous réagirez.

> Tout le monde se récria lors de l'introduction du réfrigérateur (d'aucuns clamèrent qu'il causerait cancer et infertilité). La télévision, le four à micro-ondes, l'écran couleur et le téléphone digital provoquèrent des réactions similaires. L'inconnu fait peur.

Le sentiment d'insécurité et la tension sont des réactions normales à toute modification du *statu quo*, même si celui-ci était déplaisant. La perspective de perdre quelque chose nous rend aveugles au gain possible. Rien de nouveau sous le soleil. N'avait-on pas prédit l'effondrement de la société humaine à l'avènement de la révolution industrielle ? Les craintes se réveillèrent quand la locomotive fit ses débuts. Cela recommença avec le développement de l'énergie électrique, puis, l'essence étant devenue accessible, lorsque l'automobile transforma nos modes de transport. Et, au grand dam de millions d'esprits chagrins, la terre ne s'arrêta pas de tourner quand les femmes obtinrent le droit de vote. Rétrospectivement, l'esprit le plus malintentionné ne peut nier le fait que ces changements ont amélioré notre mode de vie. Nous avons de meilleurs services médicaux, l'avion est bien plus sûr que le cheval, de nos jours on contrôle mieux les maladies dans les bas quartiers qu'autrefois dans les beaux, communiquer avec nos amis et ceux que nous aimons nous coûte moins cher qu'avant... les bons points sont innombrables. De même, les changements qui affectent notre vie au travail – ainsi la compétition, la dépendance envers les technologies de l'information – ont des bons côtés. J'ajouterai que notre niveau de vie augmente plus rapidement, que nos grandes sociétés n'ont jamais tant joué la transparence envers leurs employés. En dépit de ce que voudraient nous faire croire les oiseaux de mauvais augure, on ne s'est jamais autant préoccupé de l'environnement qu'aujourd'hui. La longévité de l'être humain a presque doublé en quelques siècles. Dans la plupart des pays, le despotisme n'est plus toléré, le racisme est mal vu, l'esclavage aboli. Nous votons pour élire nos politiciens, les femmes sont les égales des hommes... Somme toute, l'évolution de notre monde a été positive.

Il en est de même de notre lieu de travail. Des climatiseurs ont remplacé les températures extrêmes, des moquettes le bois ou la pierre grossiers, le marteau piqueur la pioche, l'ordinateur la machine à écrire. La communication instantanée éradique l'ignorance, et les lois sont faites de telle sorte que vous ne souffriez ni sur le plan physique, ni sur le plan émotionnel ou moral. Alors, pourquoi le changement a-t-il si mauvaise réputation ? D'abord, nous avons trop subi de pressions dues au militantisme de ses détracteurs, zélateurs du passé, n'ayant cessé de bêler au sujet des maux corollaires du changement depuis qu'on a interdit aux enfants de travailler dans les mines de charbon. Ces forces au service de la négativité, tout journalistes, politiciens, membres du clergé qu'ils soient, péchant par le manque de créativité et ne contribuant que peu à la société, méritent d'être ignorées. Voyez le changement sous ses aspects positifs, vous serez à même d'en tirer les bénéfices. Admettez qu'il va de pair avec le développement. Accueillez-le à bras ouverts. Efforcez-vous de le faire jouer en votre faveur, afin de progresser dans votre vie, votre travail, votre bien-être. Changez, en mieux, et vous garderez votre calme.

■ La liste des changements

À quoi bon vous dire que tout est pour le mieux dans le meilleur des mondes, vous ne me croirez pas. Parfois, c'est vrai, la vie n'est pas rose. Pour tous ceux qui sont pleins d'appréhension devant le rythme accéléré des changements, l'exercice suivant est parfait.

Il a pour but de déterminer si le changement est en soi un mieux, pour vous, ou non. Une fois ce point établi, vous pourrez agir sur vos craintes en connaissance de cause. Vous avez juste besoin d'un crayon et d'une feuille de papier. Tracez deux colonnes, en haut de celle de gauche placez un « + », et un « – » sur celle de droite. Sous les « + », écrivez tous les bénéfices dus à un changement dont vous avez pu profiter au cours de votre existence. (Si rien ne vous vient à l'esprit, commencez avec la liste du début de ce chapitre.) Puis, du côté « – » de la page, écrivez les conséquences négatives que vous avez pu expérimenter pendant la même période de votre vie. Si vous appartenez à la majorité des gens, vos deux colonnes seront à peu près équivalentes. Maintenant, effacez, du côté « – », tous les changements résultant d'une évolution normale chez l'être humain. Effacez la référence au départ de votre fille à 18 ans. La référence au problème de couple après dix ans *sans* changements. La référence à l'augmentation de vos impôts, celle du coût de la vie (c'est faux, en termes réels). Celle à l'épaississement de votre tour de taille. Toutes celles ayant un rapport avec l'âge ainsi que celles qui font allusion à des généralités (le déclin des valeurs familiales, par exemple), car ces problèmes ont toujours existé, mais vous n'étiez pas conscient de leur prédominance avant le développement des mass media. Si vous êtes honnête avec vous-même, devinez ce qui vous restera ? Des « + », en grande partie, très peu de « – ». (Si d'aventure le déséquilibre était inversé, allez voir d'un peu plus près les autres techniques de cet ouvrage, la réponse que vous cherchez s'y trouve.) Ce nouveau point de vue sur les choses vous calmera-t-il immédiatement, je ne puis l'assurer ; au moins, vous aurez moins peur du changement.

Reportez-vous aux solutions suivantes :
- **La méthode du plus et du moins, p. 187.**
- **Se dorloter, p. 288.**

La liste des changements

1 Tracez deux colonnes sur une feuille de papier. Placez un « + » au haut de la colonne de gauche, un « – » à droite.

2 Dans la gauche, sous le « + », faites la liste des changements de votre existence qui vous ont facilité la vie.

3 Dans la droite, sous le « – », faites celle des changements qui vous ont gâché la vie.

4 Effacez dans la colonne des « – » toutes les références aux choses qui procèdent de l'évolution normale d'une vie. Faites de même avec les griefs d'ordre général.

5 Relisez votre liste, et soyez convaincu que le changement peut réellement améliorer votre vie, qu'il ne faut pas en avoir peur. Faites juste en sorte que vous en tiriez bénéfice.

■ Jamais trop vieux pour être calme

Et les gens qui ont plus de 55 ans? Ce sont souvent les plus vulnérables: dans le cadre du travail, comment vivent-ils cette tourmente?

L'insécurité est endémique chez eux. «Je suis trop vieux pour apprendre.» «J'ai mis des années à me spécialiser; c'est trop tard pour acquérir de nouvelles techniques.» «Si mon poste est supprimé, je suis fichu; personne ne recrute des gens de 55 ans.» «Ils veulent des jeunes, inexpérimentés; ils sont moins chers et plus faciles à former.» Ces commentaires sont absurdes. À l'heure où notre espérance de vie s'allonge, une notion comme celle de la retraite à 65 ans devient anachronique. À tel point que l'on soutient maintenant que les emplois du troisième âge, désignant par là les carrières nouvelles s'ouvrant à ceux qui ont plus de 55 ans, représentent la phase professionnelle la plus épanouissante de toutes. Il y a beaucoup de ces personnes, dans mon entourage. Un ami intime s'est mis à écrire à 56 ans, et il est aujourd'hui l'un des écrivains les plus vendus mondialement. Un autre, à 67 ans, prend le même chemin. Je connais une femme qui a quitté un poste de pouvoir pour étudier la naturopathie; les clients ont abondé, et elle est devenue célèbre. Plus d'un est retourné à l'université. Des grandes sociétés passent commande à un homme extraordinaire de 75 ans, «trop vieux» pour travailler dans un bureau, mais exécutant maintenant de splendides sculptures de marbre. Dans ma propre entreprise, j'ai récemment recruté deux préretraités dans la soixantaine pour aider à la formation de nos jeunes employés; ils comptent à présent parmi les plus productifs

Reportez-vous aux solutions suivantes:

- **Le calcul des priorités, p. 89.**
- **Le planning créatif, p. 164.**
- **L'effort à 100 %, p. 153.**
- **Rejeter le succès est permis, p. 199.**

des membres de notre équipe. L'âge n'est pas antinomique avec défis et succès. Souvenez-vous que la durée de la vie, le vieillissement de la population et l'insatiable désir des gens pour les loisirs et les distractions ouvriront des perspectives qu'il ne tient qu'à vous de saisir. N'hésitez pas à redonner du lustre à votre ambition, commencez à faire des plans pour la brillante carrière dont sera formée la prochaine étape de votre existence...

Changer en bien

Plus que la crainte des changements, c'est d'en avoir trop peu qui pose des problèmes. L'histoire du tigre en est une démonstration pittoresque et pathétique. Des années durant, il avait fait les cent pas dans une minuscule cage, jusqu'au jour où une âme compatissante le fit déménager dans un cadre plus humain, où il y avait de l'herbe, des arbres, de l'eau et de l'espace. Hélas, l'animal fut incapable de s'adapter à ce monde plus vaste, plus naturel. Il continua de faire les cent pas sur une surface n'excédant pas celle de sa cage d'antan. La même chose arrive aux gens dans leur lieu de travail. Piégés par leurs habitudes, ils s'enferment dans une spirale descendante qui les mène à la réduction de leurs expériences et de leur vision du monde. Outre le stress, cela aboutit à l'abêtissement et à l'improductivité.

Changer en bien vous encourage à élargir votre perspective. Il suffit de chercher de nouvelles façons de mener vos occupations et remplir vos fonctions professionnelles. Cela a l'air simple, mais ne vous y trompez pas. Vous serez ainsi capable de casser des cycles stressants, réduisant d'autant votre tension. Voici quelques idées :

a) La prochaine fois que vous aurez une dure journée, au lieu d'aller acheter votre sandwich au coin de la rue, essayez un autre fournisseur, un peu plus loin. Observez les gens et les endroits que vous traversez :

remarquez comme la vie peut être différente, à si peu de distance de votre lieu de travail.

b) À la fin d'une journée de travail pleine de tension, au lieu de refaire le même trajet quotidien et monotone, essayez-en un autre. Qu'importe, s'il est plus long. Prêtez attention aux rues par lesquelles vous passez, au style des immeubles. Observez l'activité qui règne.

c) Si vous allez normalement travailler en voiture, prenez le bus. Si, normalement, vous prenez le bus, marchez jusqu'à votre bureau (à condition que la distance s'y prête). Regardez les maisons, les visages des passants – le genre de choses que vous ne feriez pas dans des circonstances habituelles.

d) Si vous êtes quelqu'un d'ordonné, commencez à travailler une heure plus tôt pour établir un nouveau système de classement.

e) Si vous avez tendance au désordre, commencez à travailler deux heures plus tôt afin d'établir un système de classement.

f) Si vous avez l'habitude de vous arrêter à 10 heures du matin pour une pause café et biscuits, changez pour du thé à la menthe et un fruit (double bienfait pour votre santé). Savourez intensément.

Il importe de rompre volontairement votre routine, puis d'absorber mentalement tous les détails accompagnant le changement. Ce faisant, vous contrecarrez les effets du stress en élargissant votre perspective, en prenant le temps de voir et de vivre sur grand écran. En développant vos expériences, vous élargissez votre univers. Vos problèmes quotidiens paraîtront plus petits, moins menaçants. Dans l'idéal, vous procéderez ainsi plusieurs fois par jour. Même si ce n'est possible pour vous qu'une demi-

Reportez-vous aux solutions suivantes :
- **Varier un peu, p. 205.**
- **Un peu de stress, c'est bien, p. 202.**

heure, en rentrant de votre travail, c'est une manière simple et bon marché de vous évader de la galère et des stress de la vie ordinaire.

10

LES SOLUTIONS PHYSIQUES

Quelques-unes des manières les plus agréables d'accéder au calme et à la détente sont physiques. Les solutions physiques sont la réponse adéquate aux problèmes.

Nous avons souligné à maintes reprises l'origine mentale du stress. Aussi les techniques proposées ont-elles cherché à influer sur l'état d'esprit, les émotions, le subconscient. Il ne faut pas pour autant négliger les problèmes physiques.

Il y a une centaine d'années, les facteurs liés à la nature physique du lieu de travail en étaient les sources principales : le bruit, les tâches dangereuses, les installations inconfortables, l'éclairage douteux et la ventilation. Des facteurs liés à l'environnement, tels que la chaleur, le froid, l'humidité complétaient le tableau. Ces circonstances paraissent bien exotiques à la plupart d'entre nous, tellement mieux lotis avec nos lois réglementant le lieu de travail, nos bureaux moquettés, climatisés. Pourtant, le stress physique ne nous est pas épargné. Quoique bénin en comparaison de ce qui se passait autrefois, il peut provoquer des dégâts. Citons les ouvriers sur la chaîne de montage, les préposés aux urgences dans les hôpitaux, les fondeurs ; le stress physique qu'ils subissent n'est pas moins grave qu'au XVIIIe siècle. Les gens qui passent leurs journées devant des écrans d'ordinateur ne sont pas moins à plaindre que les copistes d'autrefois. Et le sort des vendeurs, debout derrière leur comptoir, a toujours été inconfortable. L'avantage, c'est qu'une solution peut être trouvée dans *Le Grand Livre du calme au travail.*

Les murs

Le bâtiment où les gens travaillent est souvent accusé d'être la source de malaises spécifiques. Les recherches concernant le sujet n'ont révélé que des défauts occasionnels et très spécifiques – empoisonnements dus à des produits chimiques ou des moisissures, système de climatisation obsolète – auxquels il est facile de remédier.

Le bruit de certains climatiseurs a également été soupçonné. Effectivement, des expériences pratiquées au laboratoire du Centre du Calme (cclab@netspace.net.au) utilisent les basses fréquences pour induire certains comportements. Les fréquences musicales, en agissant sur les ondes du cerveau, peuvent exciter, abrutir, plonger dans la léthargie voire produire un état de transe. Les fréquences choisies se situent dans la bande entre 5 et 12 Hz, qui est précisément celle de certains climatiseurs. La cause la plus patente de malconfort reste l'éclairage fluorescent. Bien que vous ne le perceviez pas forcément, ces éclairages émettent une série de flashs, ou de tremblotements, très rapides. Dans les pays où la puissance du circuit électrique est de 50 cycles (Hz) (l'Europe, l'Australie, une partie du Japon), ces clignotements se produisent à une fréquence de 100 par seconde. Dans les pays où la puissance est de 60 Hz (les États-Unis et une partie du Japon), la fréquence est de 120 par seconde. 100/seconde peut nuire à la vision, et, il est fort possible, à l'équilibre général également. L'éclairage fluorescent est à bannir de votre lieu de travail.

À bas le néon

Éteignez les lampes fluorescentes de votre bureau, votre santé et votre degré de tension s'amélioreront !

Si ce n'est pas possible, demandez à quelqu'un d'enlever le petit cylindre connecté à l'extrémité du tube. (Pour des raisons de sécurité, il vaut mieux qu'un électricien procède à cette manipulation, simple en soi.) Le tube ne pourra plus s'allumer. Achetez-vous une lampe de bureau dotée d'une ampoule ordinaire, à incandescence. D'après mon expérience, les gens du service d'entretien remplaceront le petit cylindre à plusieurs reprises, avant de comprendre que c'est vous qui l'avez fait enlever. Alors, ils voudront s'en tirer sans heurts, et vous laisseront en paix. Débarrassez-vous du néon, vous serez plus calme.

Les ions du calme

Dans les moments précédant un orage électrique, l'air se charge de merveilleuses petites particules nommées ions négatifs. Les jours chauds et venteux, quand le vent traverse de vastes étendues de terre sèche, l'air est rempli d'ions positifs – certains leur attribuent la violence et la folie, en notable augmentation par de telles journées.

Les ions négatifs, eux, rafraîchissent l'air, aident à respirer, tout en vous donnant un sentiment de calme et d'énergie. Il y a deux raisons à leur effet apaisant : la première étant qu'ils ont une influence directe sur l'humeur en stimulant la production de *sérotonine*, le neuromédiateur de la relaxation, qui combat la dépression et provoque le sommeil à ondes lentes ; la seconde, c'est qu'ils nettoient l'air, les particules de poussière transportées dans l'air se chargeant d'électricité et tombant par terre. (C'est pourquoi les studios d'enregistrement et les salles informatiques ont des appareils à ioniser ; leurs équipements fragiles sont ainsi protégés de la poussière.)

Le bâtiment

- Faites enlever le petit cylindre se trouvant à l'extrémité des tubes au néon au-dessus de votre tête. Vous êtes maintenant dans le noir.
- Installez une lampe ordinaire, à incandescence, sur votre bureau.
- Jouissez à présent du calme et de la meilleure santé qui ne manqueront pas d'être les vôtres.
- Pensez à acquérir un ioniseur, ou générateur d'ions négatifs.

Un générateur d'ions négatifs, encore appelé ioniseur, fera des merveilles pour combattre l'excès d'ions positifs générés par votre écran d'ordinateur, l'éclairage fluorescent ou tout autre appareil électronique de bureau. Son coût n'est pas exorbitant. Branchez-en un ; vous vous apercevrez que vous respirez plus facilement, l'air semblera plus propre, presque frais à « toucher ». Votre esprit en sera rafraîchi, vous serez de meilleure humeur voire euphorique. Vous me remercierez chaque jour que Dieu fait.

■ Couper le son

Le silence est l'une des grandes voies menant au calme. Si vous vous êtes déjà trouvé dans un endroit réellement silencieux (sous l'eau, dans le désert, dans une pièce insonorisée), vous avez pu juger, après un temps initial de réajustement, combien le silence était prégnant.

Une fois que vous avez saisi qu'il était moins absence de son que présence de paix, vous apprenez vite à vous délecter de cet état merveilleux. C'est la raison pour laquelle la plupart des techniques de ce livre sont plus opérantes si vous les pratiquez en silence. Si vous voulez être en paix, vous détendre, recherchez le silence. Absorbez-le, immergez-vous dedans, accrochez-vous à lui aussi longtemps que possible. Mais comment trouver le silence dans un lieu où règne une activité intense ? Si surprenant que cela paraisse, c'est très facile, en mettant en pratique les règles permettant de respirer calmement, et en vous concentrant sur le son de votre propre respiration. Même au milieu d'un tintamarre à vous vriller les tympans, vous pouvez vous entendre respirer – *à condition de vous concentrer.* Après quelques essais, vous parviendrez à entendre ce son ; vous serez alors sur le point de trouver le silence.

Reportez-vous aux solutions suivantes :
- **Respirer calmement, p. 94.**
- **L'espace du calme, p. 266.**
- **Le son du calme, p. 260.**

■ Créer son espace

Enfermez un groupe de rats dans un espace trop petit, tous deviendront peu à peu fous et se mettront à s'entretuer. Les animaux comme les humains ont besoin d'un espace vital pour s'épanouir en paix. Plus il est rétréci, plus grand est le stress.

Dans les années 1980, la tendance, en matière d'agencement des bureaux, était de réduire l'espace dont dispose chaque employé. Depuis dix ans, de plus en plus de gens travaillent dans un volume moindre. Il est prévisible que cela va aller de mal en pis, puisque les loyers renchérissent et que les progrès technologiques permettent de miniaturiser les équipements professionnels. Il n'est pas de meilleur moyen pour faire monter le niveau de stress. En effet, l'espace a un lien direct avec le calme : il vaut mieux travailler au milieu d'une pièce que dans un coin, se mettre à l'écart plutôt qu'au milieu de la foule, se promener dans un parc au lieu de s'enfermer avec plein de gens dans un ascenseur. Que faire, si, au bureau, on vous alloue de moins en moins de place et que vos collègues se rapprochent dangereusement de vous ? Il y a des mesures évidentes à prendre sur le plan physique. En diminuant l'encombrement de vos instruments de travail, vous aurez l'impression d'avoir plus de place à vous. Entre une chaise de dactylo et un fauteuil de P-DG, jetez votre dévolu sur la première. Préférez les ordinateurs en réseau, le classement électronique, les étagères (plutôt que des meubles volumineux).

Le plus grand générateur d'espace, cependant, n'est pas tridimensionnel ; il s'agit de votre esprit. En effet, plus vous vous concentrerez sur ce que vous faites, moins vous aurez conscience des intrusions de votre environnement. (Votre patron sauterait de joie s'il lisait ces lignes.) Deux opérations vous permettront d'acquérir une intensité jusqu'alors inconnue. D'abord, respirez calmement. En même temps, vous allez à la recherche du silence en vous-même. Concentrez toute votre attention sur le son de votre propre respiration, l'inspiration puis l'expiration. Le reste du monde reculera. Après quelques minutes, vous vous trouverez dans un autre monde : calme, détendu, prêt à vous concentrer à nouveau sur votre travail. La seconde opération vous est aussi familière. C'est l'effort à 100 %, technique de concentration qui consiste à vous attacher à exécuter une tâche à la fois, en lui consacrant la totalité de vos efforts. Chaque infime détail sera absorbé, chaque seconde savourée. L'effet est spectaculaire. Votre monde se résorbe dans la tâche présente, vous êtes calme, détendu, mais aussi terriblement efficace. Rien d'autre, autour de vous, n'a de l'importance. Muni de ces deux techniques, vous pourriez travailler dans une boîte à chaussures, et avoir le sentiment que vous disposez de tout l'espace au monde.

Reportez-vous aux solutions suivantes :
- **Respirer calmement, p. 94.**
- **L'effort à 100 %, p. 153.**
- **Le son du calme, p. 257.**

Créer son espace

- Laissez-vous aller 5 minutes à respirer calmement. Écoutez votre inspiration et votre expiration. Laissez ce son remplir votre conscience jusqu'à ce que vous vous sentiez calme et terriblement concentré. Après quelques minutes, vous vous trouverez dans votre propre monde, un univers de calme et de relaxation.
- Une fois détendu, appliquez l'effort à 100 % à votre travail. Faites une chose à la fois. Engagez-vous dans votre tâche aussi complètement, consciencieusement et habilement que vous le pourrez.
- Essayez d'exclure tous les stimuli extérieurs comme la radio ou la conversation.
- Continuez ainsi jusqu'à ce que vous soyez totalement absorbé par ce que vous faites, la tâche s'accomplit « d'elle-même », dirait-on, et vous vous sentez calme, détendu et en paix.

Les lieux

Certains milieux de travail sont soumis à des tensions perpétuelles : les urgences des hôpitaux, les rédactions des journaux, certaines salles de classe ou ministères, etc. Il existe des techniques pouvant avoir un effet souverain sur le stress envahissant de tels lieux. Elles n'ont rien de coercitif, mais il vaut mieux avoir l'accord des autres, car elles calment les nerfs en agissant sur l'environnement.

■ Le son du calme

La musique, vous le savez, peut produire des effets profonds sur les émotions. Le rock omniprésent dans les salons de coiffure et les boutiques de mode est destiné à créer un état permanent d'excitation – c'est souvent une cause de grand stress pour les employés. (D'aucuns pensent que l'écoute passive est aussi toxique que le tabagisme passif.) La musique peut cependant calmer. Utilisée de façon raisonnée, son action peut s'étendre au lieu de travail entier. Dès que j'aborde le sujet, je me heurte souvent à des grommellements au sujet de l'inopportunité de la «musique d'ascenseur». Celle dont je parle est pourtant aussi éloignée de cette dernière que les Smashing Pumpkins de Benjamin Britten.

Les thérapeutes connaissent depuis longtemps les divers changements physiologiques que la musique est susceptible de provoquer chez l'auditeur. Ses effets sur le rythme cardiaque et respiratoire sont évidents, mais elle agit également sur le galvanisme de la peau, la tension, les hormones, les réactions immunitaires et l'activité du cerveau. Elle peut même se montrer d'un grand secours dans les problèmes d'apprentissage. Chacun sait que certaines fréquences ou cycles/seconde induisent la relaxation (les rythmes alpha) ou la transe (delta). Ces fréquences ne sont pas faciles à émettre, se situent au-dessous du niveau audible, et peuvent à peine être appelées musique au sens où on l'entend couramment. Théoriquement, en les passant en boucle sur le système audio collectif d'un bureau, on devrait arriver à endormir tout le monde. Ou réveiller tout le monde. Mais les gens seraient loin d'être heureux, à cause de l'absence de musicalité. (Au Centre du Calme, nous avons réussi à amadouer des compositeurs «calmes», tel le grand maître de *shakuhachi* Riley Lee, qui, secondés par des techniciens experts en la matière, ont produit une musique brillante procurant le calme tout en laissant l'auditeur alerte – une nécessité sur le lieu de travail. Vous pouvez satisfaire votre curiosité en en écoutant sur notre site web, http ://www.calmcentre.com)

Loin de moi l'idée de dénier aux autres formes de musique un tel effet. Un nocturne de Chopin ou Debussy, peut-être. Ou certaines pièces contemporaines, du moment qu'elles ne comportent pas de paroles. Le critère essentiel est qu'à un volume sonore minimum, le calme en résulte. L'auditeur la remarquant à peine, cette musique fera son office inexorablement.

Reportez-vous aux solutions suivantes :

- **Écouter http ://www.calm-centre.com**
- **Épouser le calme, p. 241.**
- **Le mimétisme, p. 239.**

■ Le parfum du calme

Répandre le calme sur son lieu de travail grâce aux huiles essentielles. Quoi de plus sensuel ? Bien que les diverses fragrances se comportent différemment selon les circonstances et les conditions – j'ai, par exemple, l'impression que certaines huiles sont particulièrement actives quand l'atmosphère est humide –, vous pouvez de façon générale choisir votre combinaison à partir du tableau de la page 191.

N'en mélangez pas plus de trois à la fois. Choisissez-les selon l'effet que vous voulez créer et votre goût personnel. Brièvement, ci-dessous, des caractéristiques peu connues de quelques-unes d'entre elles :

- Orange et sauge sclarée amélioreraient la communication.
- Basilic et citrus augmenteraient la clarté mentale et la rapidité des décisions.
- L'ylang-ylang désamorcerait la colère.
- Le pin, fidèle à lui-même, rafraîchit et vivifie les lieux étouffants.
- La bergamote est le parfum apaisant, euphorisant que vous reconnaîtrez dans le thé Earl Gray et l'eau de Cologne.

Essayez de déterminer les combinaisons les meilleures pour un équilibre correct entre l'apaisant et l'euphorisant. Vous pouvez vous fier sans arrière-pensée à vos instincts, parce que cela procède du domaine subtil des émotions. Le vaporisateur en céramique semble la façon la plus simple d'utiliser les huiles essentielles. Remplissez la soucoupe d'eau chaude, ajoutez quelques gouttes d'huile (très peu, si c'est une huile de bonne qualité), placez une petite bougie sous la soucoupe et allumez-la. Puis détendez-vous et savourez ces moments. Vous nagerez dans le calme, et ceux qui sont autour de vous également.

Reportez-vous aux solutions suivantes :

- **Le nez, p. 190.**
- **L'espace du calme, p. 263.**
- **La sensualité au secours du stress, p. 274.**

■ Une gorgée de calme

J'accuse ici la pause café que chacun prend, à une heure précise chaque jour. Vous croyiez qu'elle servait à décompresser? Lisez donc la liste détaillée des ingrédients en faisant partie :

- farine industrielle (sape l'énergie) ;
- sucre raffiné (donne brièvement un coup de fouet, puis déprime) ;
- graisses animales saturées (déprime, malsain) ;
- conservateurs artificiels (toutes sortes d'effets négatifs) ;
- boisson à haute teneur en caféine (augmente la tension, favorise l'agitation) ;
- et peut-être un peu de nicotine (certains plus, d'autres moins, sans oublier les accros) pour couronner le tout.

Bien des choses peuvent leur être substituées. Au début, les suggestions ci-dessous compléteront le train-train café-biscuits ; ce ne sont pas des substances entraînant la dépendance, aussi vous faudra-t-il une certaine dose d'effort pour qu'elles deviennent une habitude. Non seulement vous dispenseront-elles de consommer des substances nuisibles à votre santé, mais, parmi d'autres bénéfices, elles vous rendront calme.

Génèrent la tension	Substituts calmants
Café	Tisanes Tisane de pissenlit Thé déthéiné Thé vert (sans sucre) Café décaféiné
Thé	Menthe ou autre tisane Camomille Tisane de cynorrhodon Tous les thés aux fruits Eau chaude citronnée Eau fraîche
Biscuits	Fruits frais Pain complet Légumes crus
Friandises industrielles	Fruits frais Fruits secs Noix et amandes (avec modération)
Coca-Cola	Eau de source froide Eau minérale Jus de fruits purs Jus de fruits à 80 % purs
Tabac	Oxygène

En résumé, évitez si possible les aliments «coup de fouet»: café, boissons sucrées, sucre et friandises pleines de graisse. Le bien qu'ils vous procurent n'est que momentané, vous vous sentirez tendu et léthargique peu après. Si vous avez besoin d'une dose de calme rapidement, évitez comme la peste les stimulants. Au lieu de café, prenez une tisane ou un verre d'eau. Au lieu de vous mêler au premier groupe venu, sortez prendre l'air quelques minutes.

Un mot sur le thé

Contrairement au café, le thé possède des propriétés bénéfiques malgré sa teneur en caféine. On pense qu'il prévient le cancer et les maladies de cœur. Aussi peut-on substituer avec profit le thé au café (encore une fois, avec modération). Au thé ordinaire s'est ajoutée toute une gamme de tisanes – pas seulement la camomille et la menthe de nos grands-mères. Le choix est vaste (j'ai bu du thé à l'ananas et à la noix de coco, ce matin).

Un mot sur l'eau

Votre consommation d'eau a un rapport avec votre façon de réagir au stress. Trop peu, et vous vous sentirez léthargique, fatigué et plus enclin à la tension. Buvez-en beaucoup, au contraire, et cela vous sera d'un grand secours. Outre le calme, vous serez protégé contre l'hypertension, les maladies de cœur, les crises cardiaques, les problèmes respiratoires, la constipation, les maux de tête, les caries, et même, le vieillissement. Combien vous faut-il en ingurgiter? Au moins huit verres par jour. Minimum.

- Buvez au moins huit verres d'eau par jour.
- Buvez deux verres au réveil, un verre avant les repas.
- Buvez de l'eau (à raison de deux pour un) chaque fois que vous prenez de l'alcool ou du café.
- Ayez toujours une carafe ou une bouteille d'eau sur votre bureau.
- Buvez de l'eau dans un joli verre à vin afin de lui donner un goût spécial.
- Buvez de l'eau fraîche de préférence à des boissons gazeuses.
- Buvez de l'eau chaude de préférence au thé et au café.

Prenez l'habitude de boire de l'eau, les répercussions sur votre santé et votre faculté de garder le calme seront notables.

Les schémas conditionnés

Curieux, mais vrai : vous finissez par associer dans votre subconscient le stress avec certains endroits, ou certains types de comportement.

Ainsi, je me sens toujours nerveux quand j'entre dans le cabinet de mon dentiste – malgré le décor agréable, avec plein de poissons tropicaux et de la musique très apaisante (écoutez *Deep Calm* sur www.calmcentre.com). Comme autrefois, quand l'appréhension vous gagnait en entrant dans le bureau du principal, même si celui-ci ne s'y trouvait pas, même si vous n'aviez rien fait de mal. Le phénomène survient tous les jours dans votre travail, sans que vous en soyez conscient. Je vais vous donner un autre exemple. La propriétaire d'une entreprise en difficulté se trouve dans des affres insupportables chaque fois qu'elle consulte son ordinateur et constate que ses problèmes de trésorerie risquent de l'acculer à la faillite. Cela empire de semaine en semaine. Très vite, cette personne va associer l'ordinateur à son désespoir. Bientôt, chaque fois qu'elle ouvrira ce programme – même pour d'autres utilisations –, elle souffrira des mêmes tortures. Ce phénomène s'appelle le réflexe conditionné. Dans cet exemple, il s'agit d'une association négative. *A contrario*, vous pouvez créer vos propres *associations positives*, bénéfiques à votre santé mentale et votre calme.

■ L'espace du calme

Avec peu d'efforts et aucun investissement immobilier, vous pouvez créer votre propre espace grâce au réflexe conditionné. Il deviendra votre refuge, baigné d'associations positives, et vous serez soudain calme, parfaitement à l'aise rien qu'en vous y rendant. Supposons que vos stress ont lieu quand vous êtes devant votre table, au bureau. Vous élirez un coin libre pour en faire l'espace du calme. Ce pourrait aussi être la cafétéria, ou la salle des photocopies, ou dehors, près de la fontaine (si cela ne gêne pas votre employeur).

L'objectif est d'imprégner l'endroit d'associations positives afin de vous sentir calme, détendu et en pleine possession de vous-même chaque fois que vous irez là. Cela pourra vous prendre quelques semaines pour le rendre tel, attente négligeable par rapport aux années durant lesquelles vous occuperez votre emploi. Les premiers jours, précipitez-vous-y dès que vous vous sentirez particulièrement calme ou heureux. Asseyez-vous et jouissez de cette impression positive aussi longtemps que possible. Et de nouveau, la prochaine fois que vous vous sentirez très calme et heureux. Faites cela au moins dix fois, plus si vous le pouvez. Très rapidement, vous aurez créé un réflexe conditionné positif associé à cet endroit. Votre subconscient l'associera tou-

Reportez-vous aux solutions suivantes :

- **Le son du calme, p. 257.**
- **Les ions du calme, p. 255.**

L'espace du calme

- Réservez un endroit spécifique destiné à devenir votre havre de bonheur et de calme.
- Chaque fois que vous vous sentirez particulièrement calme ou heureux, déplacez-vous jusqu'à cet endroit pour savourer ces sentiments.
- Faites cela au minimum dix fois.
- Quand vous serez sûr que cet endroit est associé pour vous avec le positif et le calme, il sera pour vous l'espace du calme.
- Chaque fois que vous vous sentirez tendu ou sous pression, déplacez-vous simplement jusqu'à cet endroit – le sentiment de calme et de bonheur réapparaîtra.
- Respirez calmement pendant que vous y serez.

jours au calme et au bonheur. L'espace du calme qui sera le vôtre. En cas de tension, quand vous êtes sous pression, allez-y. Au moment de vous asseoir, vous vous sentirez calme et heureux – du moins plus que quand vous êtes arrivé. Plus vous répéterez la situation, plus vous serez conditionné, et plus l'association sera forte. Une utilisation régulière en fera une expérience valable.

■ Sourire et continuer

Quelqu'un sous pression se remarque tout de suite rien qu'en regardant son visage : les dents sont serrées, le front plissé, les mâchoires tendues, les lèvres comprimées. La tension se concentre en général dans la zone du visage et du cou.

Il existe un exercice capable de l'inverser, il vous sera éminemment précieux pour vous détendre à volonté. Vous pouvez y avoir recours jour et nuit, envers et contre tout, car il est simple, transportable. J'ai mentionné le sourire ; oui, celui qui vous plisse les yeux et met à nu vos dents blanches. Sur le plan musculaire, en effet, un sourire est le contraire d'un faciès tendu. L'essentiel de son pouvoir, cependant, est d'ordre psychologique. Un sourire est un réflexe conditionné, un déclic subconscient produisant instantanément une stimulation neurologique du centre

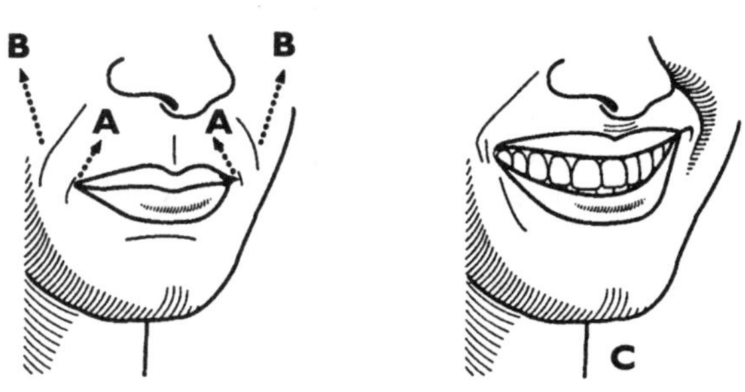

du plaisir dans votre cerveau. Il suffit que votre bouche en esquisse le mouvement pour provoquer un sentiment de bonheur et de bien-être. En vérité, c'est probablement l'un des premiers réflexes conditionnés que vous avez acquis et pratiqués. Depuis l'enfance, il est venu à votre secours. Les avantages seront multipliés si, allant plus loin, vous éclatez de rire. La pression ainsi que la circulation sanguines en seront stabilisées. Faites votre possible pour sourire au travail, votre santé sera florissante. De plus, vos collègues vous sauront gré de votre générosité. Un minimum de pratique vous exercera à serrer les muscles de la joue B), tirer vers le haut les coins de la bouche A) et – devinez ce qui se passera ? – vous sourirez C) ! Allez plus loin, éclatez de rire : les bénéfices, vous vous en apercevrez, seront décuplés. Donc, au travail, soyez aux aguets, profitez de la moindre occasion pour rire de bon cœur. Inventez-les, si vous n'en trouvez pas suffisamment.

Reportez-vous aux solutions suivantes :
- **Le visage du calme, p. 272.**
- **La sensualité au secours du stress, p. 274.**
- **S'amuser, p. 289.**

Souriez et continuez

- Quand vous travaillez, profitez de la moindre occasion pour vous amuser, ou mieux, pour éclater de rire.
- Si vous n'en trouvez pas, remémorez-vous quelque chose qui vous a fait rire récemment. Ou faites comme si quelque chose vous amusait.
- Puis souriez. Souriez, ne vous arrêtez pas.

Un esprit calme dans un corps calme

Le moment est venu de nous occuper de votre corps. Les moyens physiques d'accéder au calme conféreront une dimension nouvelle, dynamique, à notre approche jusqu'ici centrée sur le psychisme, le subconscient, les émotions.

L'exercice est primordial. Méthode hyper-efficace inventée par la nature pour brûler les substances chimiques que le stress libère dans le corps. Des techniques plus douces permettent néanmoins d'aboutir au même résultat. Elles s'opposent aux effets négatifs du stress, ou inversent les processus physiques y conduisant.

■ Droit et calme

En suivant exactement mes indications, vous parviendrez au calme et à la sérénité en quelques minutes.

Une personne stressée a une allure très particulière : épaules basses, menton rentré, dos voûté, bras croisés, doigts serrés, front plissé ; les muscles, eux, sont contractés, tendus. Un être calme est tout le contraire. Vous pouvez être de ceux-là, ou tout du moins vous sentir plus détendu, en inversant simplement les caractéristiques de la tension. Les épaules en arrière, le menton haut, le dos droit, les bras relâchés, les doigts souples. Vous pouvez être droit et calme en position assise ou debout. Si vous le préférez, la première fois, vous pouvez vous tenir le dos appuyé contre un mur. Il s'agit avant tout d'être assis ou debout aussi droit que possible. Quand vous commencez à vous sentir détendu, prenez un fil argenté et attachez-le à

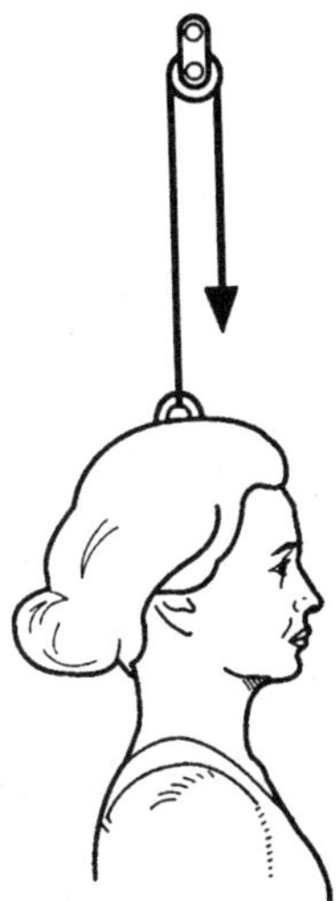

Droit et calme

1 En position assise ou debout, ou, si vous le voulez, le dos appuyé contre un mur, redressez votre corps aussi droit que possible.

2 Prenez un fil argenté imaginaire, et attachez-le au sommet de votre crâne.

3 Tirez ce fil argenté jusqu'au plafond, jusqu'à une poulie argentée imaginaire.

4 Tirez doucement sur le fil jusqu'à ce que votre corps se redresse, imaginez-le se soulever un centimètre environ au-dessus du sol. Vous sentez votre corps s'étirer, sur toute la longueur de votre colonne vertébrale.

5 Commencez à respirer calmement. Baignez dans cette sensation de calme jusqu'à ce que toute tension s'échappe de votre corps et que vous soyez entièrement détendu.

un crochet au sommet de votre crâne. (Un crochet imaginaire, cela va de soi, de même que le fil argenté.) Ce fil argenté, vous allez le suspendre à une poulie argentée se trouvant au plafond, au-dessus de votre tête. Vous tirez doucement sur le fil argenté… progressivement… jusqu'à ce que vous sentiez votre corps se redresser, et que se défassent les nœuds dans vos vertèbres et vos muscles. Continuez de tirer jusqu'à ce que vous sentiez tout votre corps se soulever. Vous le sentez se soulever à peu près un centimètre au-dessus du sol ou de la chaise. Droit comme un i. Plus léger que jamais auparavant. Maintenant, commencez à respirer calmement.

Reportez-vous aux solutions suivantes :

- **Respirer calmement, p. 94.**
- **Le son du calme, p. 257.**
- **Modèle de visualisation, p. 114.**

■ Suer pour être calme

L'exercice est l'antidote avéré au stress. D'où les vertus de l'aérobic, de la marche à pied, du cyclisme ou de la natation. L'exercice physique stimule les régions de votre système nerveux contrôlant les «hormones de stress». Il ne calme pas seulement vos nerfs, mais améliore aussi votre capacité à résister au stress ainsi qu'aux situations stressantes.

Pour calculer votre rythme cardiaque maximum

Supposons que vous avez 40 ans.	220
Soustrayez votre âge	– 40
Rythme cardiaque maximum =	180 battements/minute
Rythme cardiaque en exercice, soit 70 % du maximum =	126 battements/minute

(Pour calculer le rythme de votre cœur ou de votre pouls, posez le bout des doigts sur le pouls et comptez le nombre de battements en 60 secondes.)

S'il n'y a aucune contre-indication médicale (si vous n'êtes pas sûr, une visite médicale s'impose), l'exercice physique devrait, dans l'idéal, avoir lieu trois à cinq fois par semaine, faire battre chaque fois votre cœur à 70 % de son taux maximum (voir le tableau) et durer entre 25 et 30 minutes.

La marche est l'exercice le plus facile, et peut-être le plus relaxant, que je puisse suggérer. Faites cela trois ou cinq fois par semaine, pendant 30 à 45 minutes. Seul ou accompagné. Dans un endroit qui vous procure du plaisir. Profitez de votre promenade pour planifier votre journée. L'exercice régulier fera de vous quelqu'un de nouveau – plus calme, de plus en plus libéré du stress au fil des jours. Je dois vous mettre en garde, pourtant, contre les abus : si

Suer pour être calme

Ceci peut vous servir de guide dans votre choix. Pratiquez l'un ou l'autre des exercices suivants trois à cinq fois par semaine. Changez-en de temps en temps.

- Marchez d'un pas rapide 30 à 45 minutes.
- Courez 25 minutes.
- Nagez 25 minutes.
- Roulez à bicyclette (à une vitesse raisonnable) 45 minutes.
- Faites de l'aérobic 25 minutes.
- Dansez 30 à 45 minutes.

Efforcez-vous de maintenir votre rythme cardiaque à 70 % de son maximum.

vous vous forcez outre mesure, commencez à être obsédé par la compétition, l'exercice deviendra facteur de stress. Pour parvenir au calme, la modération est de mise, et le principe de plaisir essentiel.

Reportez-vous aux solutions suivantes :
- **Le son du calme, p. 257.**
- **Le parc, p. 204.**

■ Desserrer les masséters

Quand le stress se concentre autour de la tête et du visage, la tension devient manifeste dans les muscles de la mâchoire. Ils se rigidifient quand vous serrez les dents. (Observez comme ils se gonflent quand les gens contiennent leur colère.)

À partir de vos dents et de votre mâchoire serrées, la tension se diffuse aux autres parties de votre corps. Votre dos et vos épaules se raidissent, vous avez mal à la tête, mal aux reins, la tension devient générale. Pour certains chiropracteurs, les problèmes chroniques de la colonne vertébrale sont dus à des mâchoires contractées. Ce symptôme est souvent négligé. Je propose ici quelques traitements faciles, qui ne coûtent pas cher.

Avec la langue

Les massèters sont les muscles maxillaires inférieurs (voir B, sur la figure ci-dessous). Ce sont eux qu'il faut relâcher. Il suffit de presser votre langue contre le voile de votre palais, juste derrière les dents de devant. Très légèrement, sans plus. Cette position, nullement inconfortable, peut être maintenue pendant un certain temps. C'est tout.

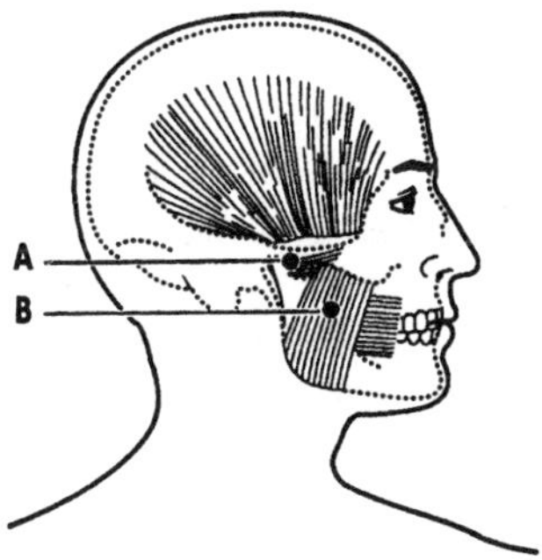

Aussi longtemps que vous exercerez cette pression légère de la langue, vos massèters seront relâchés et, en conséquence, les muscles autour de vos tempes également.

Les deux doigts

À l'endroit où votre joue et le lobe de l'oreille se rejoignent (voir A de la figure ci-dessus), de chaque côté de votre visage, vous sentirez un creux qui, si vous êtes tendu, sera mou sous votre doigt. Appuyez dessus avec le bout de vos index jusqu'à ce que vous ressentiez une légère douleur. En pressant, expirez. Inspirez quand vous relâchez la pression. Répétez plusieurs fois jusqu'à ce que vos muscles maxillaires se détendent.

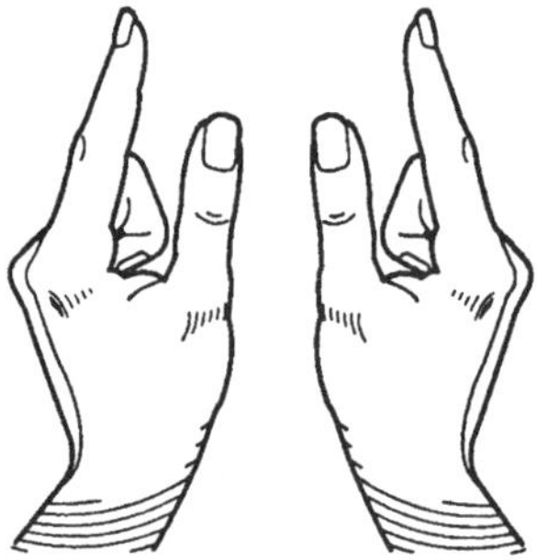

■ Le visage du calme

Coincé au bureau, abruti de travail, vous êtes de plus en plus tendu. Vous le sentez dans vos épaules, votre tête, votre visage. Seuls le massage (nécessitant l'intervention d'une tierce personne) ou les exercices spécifiques (voir page 275) peuvent soulager les premières. Sur votre visage, cependant, vous pouvez avoir accès à un certain nombre de points d'acupression hautement efficaces en cas de tension. Il y a deux manières de procéder : en appuyant (expirez, appuyez ; inspirez, relâchez), ou à l'aide de massages circulaires avec le bout des doigts. La rotation doit se faire de l'intérieur vers l'extérieur.

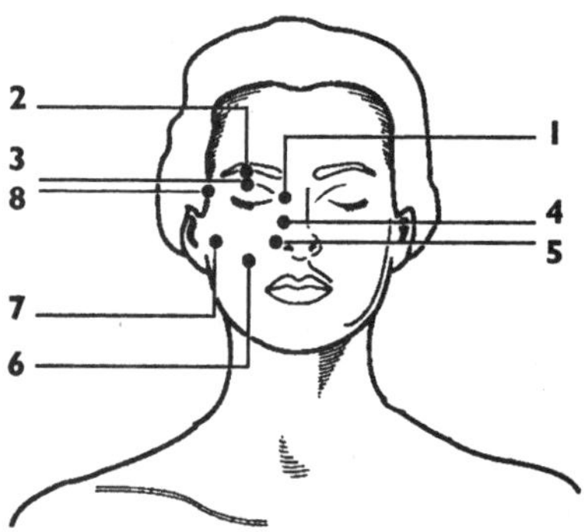

Les points d'acupression autour des yeux, du nez et des joues sont très aisés à repérer. Vous saurez intuitivement que vous les avez trouvés. (En cas de difficulté, n'insistez pas, passez au point suivant ; souvenez-vous qu'il s'agit de relaxation, non d'un examen en anatomie.) Trois points sont situés autour des orbites. Le premier (1) à l'intersection de l'arcade sourcilière et de l'arête du nez : pressez doucement contre l'arcade sourcilière pour le sentir. Le second (2) forme une petite concavité sous l'arcade, vous le sentirez avec votre pouce. Le troisième (3) se trouve sur une ligne droite en dessous. (Ne soyez pas trop brutal.) Vous trouverez (4) le long du nez, dans un petit creux juste sous l'endroit où votre orbite touche votre nez, et (5) dans celui entre votre narine et l'os de la joue. (6) est dans le renfoncement sous la pommette, juste au-dessus de vos dents. En ouvrant votre bouche, vous sentirez (7) à l'extrémité externe de votre muscle maxillaire ; c'est un point très sensible, vous ne pouvez pas le rater. Quant au dernier, (8), il exerce une influence capitale sur votre humeur – vous le touchez instinctivement quand vous êtes sous pression. Il se trouve sur les tempes, en le massant, on peut se délivrer de la dépression aussi bien que de la tension. Ne perdez pas de vue votre but, qui est l'apaisement ; prenez votre temps, trouvez du plaisir en vous massant. Quand vous aurez terminé, restez assis tranquillement pendant 10 minutes, attendez que la sensation de calme vous enveloppe.

Reportez-vous aux solutions suivantes :

- **La rotation des épaules, p. 278.**
- **Droit et calme, p. 268.**
- **Sourire et continuer, p. 265.**

■ La sensualité au secours du stress

Une merveilleuse petite série d'exercices pour se débarrasser de toute tension fait appel à la sensualité. La plupart rappellent ceux qui ont cours dans les salons de beauté. En les pratiquant, pensez au plaisir de ces moments de relaxation complète, entre les mains de votre esthéticienne. (Si vous êtes un homme, et que vous n'ayez jamais eu recours à un traitement de ce genre, laissez de côté tout préjugé et vos craintes de paraître efféminé ou frivole, allez dans le salon le plus proche, découvrez les propriétés calmantes d'un massage facial.) Ces exercices devant être à la fois relaxants et sensuels, ne vous bloquez pas trop sur l'exactitude des gestes décrits, pensez avant tout à vous sentir bien.

A

B

Tout d'abord, respirez calmement pendant quelques minutes. Placez les paumes de vos mains sur vos yeux, le nez pointant au milieu. Pressez fermement 20 secondes environ, puis glissez lentement vos mains en direction de vos oreilles, en tirant légèrement sur les muscles du visage. Quand vos mains sont sur les deux côtés de votre tête, glissez-les lentement vers le haut, en soulevant un peu la peau comme sur la figure A. Vos muscles faciaux se détendront. Avec le bout de vos doigts, tracez une ligne descendant le long de vos joues – vous caressez à peine le visage – jusque sous le menton. Vos doigts perdent contact avec votre peau, comme sur la figure B. Votre peau picotera un peu. Répétez ce mouvement tant que vous éprouverez du plaisir, et tout en respirant calmement. Ensuite, asseyez-vous dans un endroit tranquille pour vous repaître du sentiment de calme environnant.

D'autres gestes sensuels

La figure ci-dessous représente une carte des massages calmants essentiels. Vous la mettrez à effet en glissant lentement vos doigts sur votre visage et en vous arrêtant sur chacun des points signalés, sur lesquels vous exercerez une pression raisonnable. Ne vous tracassez pas en ce qui concerne l'exactitude des points, faites ce que vous *sentez* être bon pour vous.

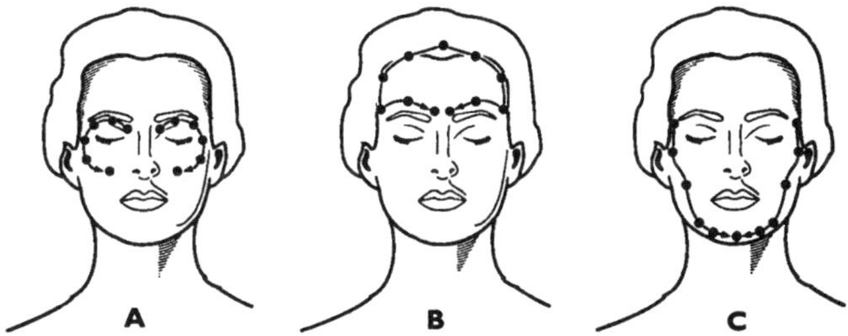

Le premier schéma (figure A) est destiné à enlever la tension du front et des yeux et se compose de la plupart des points d'acupression que nous avons identifiés plus haut. Commencez à l'endroit où votre arcade sourcilière rencontre l'arête de votre nez, continuez vers la concavité du sourcil, les tempes, le bord extérieur du muscle maxillaire, le creux entre la narine et la pommette. Tracez cet arc avec le bout de vos doigts, en vous arrêtant sur chaque point pour appliquer une pression.

Le second schéma (figure B) est destiné à apaiser la tension de la zone frontale. Commencez au point le plus haut, au milieu du front, tracez une ligne jusqu'aux tempes, suivez l'arc des sourcils, continuez sur le front avant de terminer sur le point d'acupression situé au coin de chaque sourcil.

Le troisième schéma (figure C) est destiné à apaiser les tensions du visage et des mâchoires. Il suit une ligne naturelle qui, partant du point d'acupression de vos tempes, descend vers le haut des pommettes, jusqu'au creux derrière les pommettes, le muscle au coin de la mâchoire, parcourt le bord du menton et se termine à son extrémité.

Prenez un maximum de plaisir en vous massant. Mettez-y autant de tendresse et de sensualité que vous pourrez. Les résultats récompenseront vos efforts.

Touche finale

Cela peut aussi avoir lieu avant votre séance de massage. Je parie que vous n'auriez jamais pensé à l'utiliser à votre travail. Il s'agit d'une serviette chaude.

Munissez-vous simplement d'une petite serviette de toilette, trempez-la dans de l'eau tiède ou chaude, essorez-la, avant de la draper autour de votre visage. Puis appuyez-vous contre le dossier de votre chaise, respirez calmement et sentez la tension s'échapper de votre corps.

Reportez-vous aux solutions suivantes :
- **Le calme debout, p. 281.**
- **Le son du calme, p. 257.**
- **Le nez, p. 190.**

Les hauts et les bas au travail

La plupart des professions comportent chacune leurs stress et tensions spécifiques. Ceux qu'endurent les infirmières et le personnel médical sont particulièrement lourds, les enseignants, eux, ont à souffrir à la fois de maux prévisibles et imprévisibles, tandis que les ouvriers soumis aux trois-huit doivent lutter pour s'adapter et sur le plan physiologique et sur le plan social. Les chauffeurs de taxi aussi ont leurs stress, les agents de police risquent leur vie, les acteurs vivent dans l'incertitude, les travailleurs sociaux endossent les problèmes de leurs patients et ceux qui travaillent dans des sociétés en déclin subissent une lente torture. Il reste que les deux types de stress professionnel que j'ai choisi de mettre en relief, vous ne les aviez jamais envisagés comme représentant des menaces potentielles.

Le premier a un rapport avec l'usage de l'ordinateur et de son clavier, en passe de devenir l'activité professionnelle la plus répandue. Les tensions physiques qu'il entraîne ne diffèrent pas de celles que rencontrent la plupart des employés de bureau, dont les stress tendent à se concentrer autour du cou et des épaules. Ensuite, il *descend* à la région lombaire et aux jambes. Le second stress physique sur lequel nous nous pencherons frappe les professions dans lesquelles la station debout est nécessaire pendant de longues périodes. Sont concernés les métiers d'accueil, la santé, le commerce de détail, la sécurité et la défense. Les stress de ces catégories de personnels tendent à se concentrer autour des pieds et des jambes, avant de *monter* vers les reins et les épaules. C'est pourquoi, en traitant d'abord de l'un puis de l'autre, nous devrions parvenir à passer en revue le corps entier – du moins d'un point de vue musculaire. (Nous avons préféré laisser de côté d'autres causes fort répandues de stress physique, tels les changements d'horaire, les maux liés à un effort répété, le bruit des machines, la poussière et autres pollutions, qui demanderaient chacun une étude spécifique.)

Le clavier calme

L'utilisation généralisée de l'ordinateur provoque divers stress. Le plus évident, d'ordre musculaire, se situe au niveau du cou et des épaules. Puis vient la fatigue oculaire. Enfin, les longues séances devant un clavier sont suivies par une sensation générale de tension.

En ce qui concerne les problèmes que posent les radiations de fréquence extrêmement basse ou les maux liés à un effort répété, je me contenterai de deux remarques. Tous les appareils électriques, du grille-pain à l'écran d'ordinateur, émettent des radiations ; la sagesse recommande de ne pas rester *trop* près trop longtemps. D'autre part, toutes les activités physiques répétitives, qu'il s'agisse du golf ou de la dactylographie, peuvent mettre à mal votre corps si vous employez une technique incorrecte (dont l'absence de pauses). Les moins bien lotis à cet égard sont certainement ceux qui sont assis toute la journée devant leur écran. Les techniques présentées ci-dessous s'adressent à eux, mais aussi à tous ceux qui font un travail de bureau.

■ La rotation des épaules

À force de travailler sur un ordinateur, vous risquez de souffrir d'une tension dans les épaules, le dos et le cou. Elle sera la cause d'une sensation de stress. Les muscles du dos, étant extraordinairement puissants, ne vous préviendront pas, à la manière des autres muscles, de la douleur imminente. Au lieu de cela, ils se contractent progressivement, et provoqueront la tension de ceux du cou ou des reins. Arrêtez-vous. Faites deux exercices destinés à assouplir vos muscles du dos et des épaules. Faites-le *toutes les 30 minutes*, avant que les tensions ne se propagent à d'autres parties de votre corps. Assis ou debout, au choix, bien que la deuxième position soit préférable, mais surtout, régulièrement. Toutes les 30 minutes. Le dos droit, exécutez une rotation des épaules vers l'arrière (voir figure A), dix fois. Ensuite, faites la même chose en sens inverse (figure B) dix fois. Répétez l'exercice jusqu'à ce que vos épaules soient détendues. Pour finir, soulevez-les (figure C) en tension complète, puis laissez-les tomber, toutes molles.

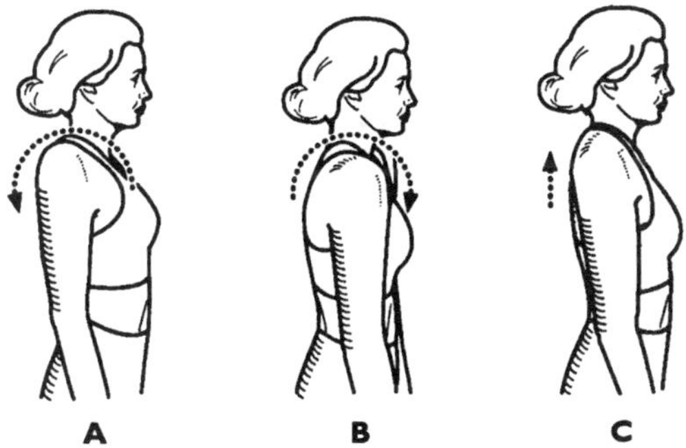

■ Le cou de l'oie

Mieux vaut vous livrer à cet exercice quand personne ne vous regarde, parce que vous risquez de ressembler vraiment à une oie. Il apaisera la tension située au bas du cou et devrait, comme la rotation des épaules, être pratiqué toutes les 30 minutes, au cours de votre travail devant l'ordinateur.

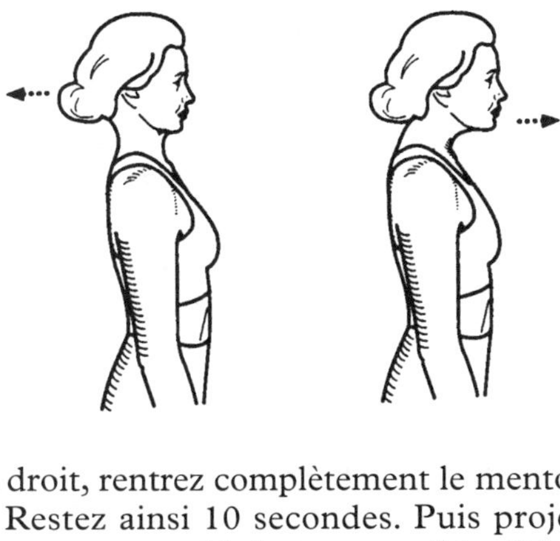

Le dos droit, rentrez complètement le menton dans la poitrine. Restez ainsi 10 secondes. Puis projetez votre menton *en avant* aussi loin que possible. Répétez plusieurs fois jusqu'à relaxation du cou.

■ L'annuaire de téléphone

L'avènement de l'ordinateur a relégué au grenier des curiosités les notions ergonomiques de base qui faisaient autrefois partie de la formation de toute dactylo. C'est fort dommage. Ces dames savaient pertinemment que taper à la machine avec les pieds surélevés avait un effet relaxant. De même n'ignoraient-elles pas la raison pour laquelle les annuaires téléphoniques sont toujours si épais : deux volumes posés l'un sur l'autre font un repose-pieds parfait quand vous travaillez sur votre ordinateur. N'hésitez donc pas à faire bon usage de vos annuaires ! Vous verrez la différence.

■ L'infini

L'écran de votre ordinateur ne cesse d'essayer de vous séduire, il clignote et il vous fait de l'œil, vous supplie de ne pas le quitter, de continuer d'explorer ses secrets. Résultat, vos yeux se fatiguent très rapidement.

Toutes les 10 minutes, pensez à faire un exercice qui les reposera : clignez des yeux à plusieurs reprises, puis fixez un point focal se situant à l'infini (l'horizon). C'est tout. Cligner des yeux, focaliser sur l'infini. Si par malheur votre situation

Reportez-vous aux solutions suivantes :
- **Droit et calme, p. 268.**
- **Le son du calme, p. 257.**
- **Le bâtiment, p. 254.**

Sauvegarder

Routine simple, à faire avec deux doigts, pour mettre en déroute maux de tête et de cœur en éliminant l'un des stress les plus courants chez les utilisateurs d'ordinateur : celui que provoque la perte de documents non sauvegardés.

vous interdit ce luxe, contentez-vous de défocaliser. N'est-ce pas réconfortant de savoir que quelque chose de si simple peut avoir des résultats immédiats, positifs?

La technique consiste tout bonnement à sauvegarder plus souvent que vous le pensez nécessaire. Toutes les quelques minutes. Et n'oubliez pas d'enregistrer sur disquettes vos travaux importants – faites-le plus souvent que vous le pensez nécessaire. Tôt ou tard, cette discipline qui ne coûte rien vous protégera de bien des maux de tête et de cœur.

■ Le calme debout

Si votre travail vous impose de longues périodes debout, vous devez connaître les tensions physiques qui en découlent. Et vous savez qu'elles préludent à des tensions émotionnelles. Le stress débute autour des pieds et des jambes, puis se répand dans le haut du corps, et, de façon réflexe, dans le cou et les épaules.

Une première mesure s'impose: vérifier vos chaussures ainsi que la nature du sol que vous foulez. En ce qui concerne les premières, je ne vous apprendrai rien en vous disant que, plutôt qu'à la mode, elles doivent être pratiques. Quant au sol, la moquette, le tapis de caoutchouc ou élastique sont préférables aux carrelages et au ciment. Pour la relaxation du pied, rien ne vaut la réflexologie, dont vous pouvez vous appliquer à vous-même les exercices de base. En principe, les pieds sont des cartes miniatures du corps et des organes. Exercer une pression sur des zones précises de cette «carte» servirait à remettre en état d'autres parties de l'organisme. Que vous acceptiez ou non un tel postulat, il est un domaine où la réflexologie a une efficacité garantie, c'est celui du stress et de la tension. Nos pieds, la plupart du temps protégés, se montrent particulièrement sensibles à ce traitement plein de subtilité. En les massant, vous stimulez plus de sept mille terminaisons nerveuses auxquelles vous n'auriez normalement pas accès ; c'est non seulement profondément relaxant, mais améliore la circulation de façon notable. La réflexologie élémentaire permet d'enlever toute tension de vos pieds, de vos jambes, et de tout votre organisme, puisque les points activés sont reliés à d'autres parties du corps.

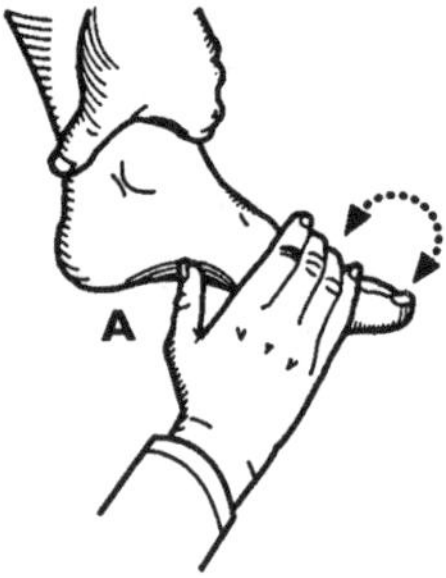

A

Pour commencer, à l'heure du déjeuner, trouvez un endroit tranquille et reposant où vous pourrez enlever vos chaussures et prendre une minute ou deux pour vous détendre. Saisissez votre cheville gauche de votre main gauche (voir figure A). De votre main droite, bougez votre pied d'avant en arrière à plusieurs reprises afin de détendre l'articulation. Massez chaque orteil quelques instants. L'un après l'autre, étirez-les et tournez-les d'un côté et de l'autre (figure B). Maintenant, tenez votre pied dans la main gauche comme l'indique l'image, appuyez fermement votre poing droit sur le dessous (figure C). Pressez le pied ensuite avec votre main gauche. Appuyez, pressez, plusieurs fois de suite. Pour terminer, effleurez du bout des doigts – des chevilles vers les orteils, le haut et le bas du pied – afin de stimuler les terminaisons nerveuses. Répétez l'opération depuis le début sur l'autre pied.

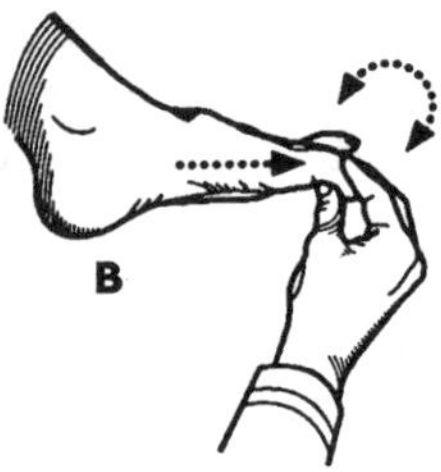

B

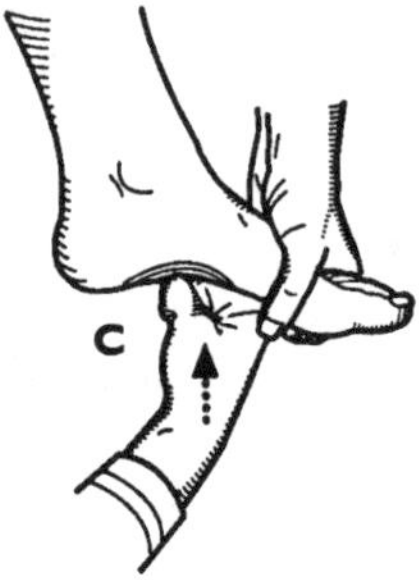

C

Restez quelques minutes assis, tranquille, à respirer calmement, la sensation de relaxation monte le long de vos jambes et se répand dans tout votre corps.

Reportez-vous aux solutions suivantes :

- **Droit et calme, p. 268.**
- **Le son du calme, p. 257.**
- **La sensualité au secours du stress, p. 273.**

La balle

Il est possible de parvenir à un résultat semblable en vous tenant le pied sur une balle de tennis après avoir enlevé vos chaussures. Vous la faites rouler d'avant en arrière, c'est elle qui massera les points d'acupression de votre pied. Pressez juste sur la balle, roulez-la des orteils au talon, un pied après l'autre.

■ Au pied levé

Exercice d'une simplicité enfantine à employer au moins une fois par jour pour enlever toute tension de vos jambes et de vos pieds, ainsi que des muscles du dos et du cou.

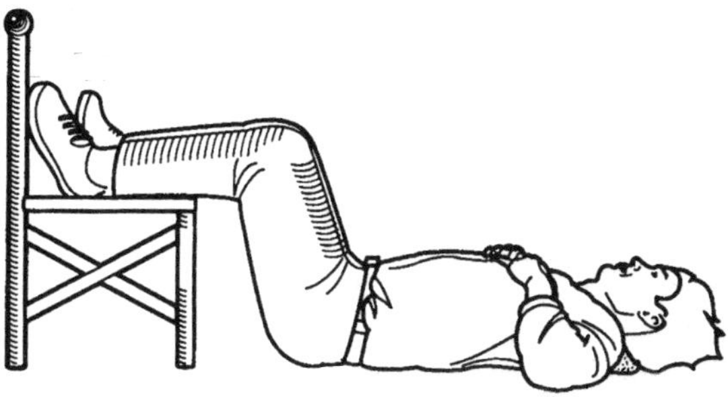

Il suffit de vous coucher par terre, les pieds posés sur une chaise (genoux pliés). C'est tout. Position relaxante qui détend également les jambes et les reins. Une petite serviette roulée et placée soit en travers du haut de votre cou, à la base du crâne, soit le long de votre colonne vertébrale, en haut, de telle sorte que vos omoplates retombent des deux côtés fera le plus grand bien à votre dos et votre cou. Restez immobile 10 à 20 minutes en respirant calmement. Il est possible que la pression de la serviette vous occasionne quelque inconfort – mais si vous êtes pris de vertige ou de nausée, arrêtez immédiatement l'exercice.

Reportez-vous aux solutions suivantes :

- **Respirer calmement, p. 94.**
- **Le son du calme, p. 257.**
- **Du temps à soi, p. 148.**
- **Au ralenti, p. 201.**

11

VOTRE MODE DE VIE

> Moins vous vous en faites et mieux ça marche : à cet égard, peu de disciplines peuvent se comparer au principe de base pour atteindre le calme et la relaxation.

La cause ultime du stress au travail n'a aucun lien avec votre travail. C'est votre mode de vie et vos habitudes. On prétend souvent que ce qui se passe en dehors ne devrait avoir aucune influence sur ce que vous sentez ou faites au travail. En réalité, cela a un impact considérable, non seulement sur ce que vous sentez, mais aussi sur votre façon de travailler. Beaucoup de gens placent les problèmes personnels au premier rang des sources de stress au travail. C'est tout à fait compréhensible. Il est difficile de cloisonner stress quotidiens et vie professionnelle.

Ce livre ne cherche pas à transformer vos habitudes ou votre personnalité, mais vise à vous donner les moyens de faire face à ce qui en résulte. À cet effet, vous devez d'abord être conscient de l'existence de ces habitudes, avant de vous mettre en devoir de leur trouver une compensation. Les quelques suggestions suivantes vous montreront comment améliorer votre mode de vie *sans douleur* ni sacrifices. Elles ne représentent que le sommet d'un iceberg, et vous donneront, j'en suis sûr, d'autres idées. Amusez-vous en en inventant de nouvelles.

■ Se dorloter

Les livres spécialisés font l'impasse dessus. Il ne s'agit pas de changer votre mode de vie, ni d'adopter de saines habitudes, pas même de surmonter le stress. Mais de s'amuser.

Je suis persuadé que le stress ne devrait pas être le sujet sérieux que les professionnels de la question voudraient nous faire croire. Qu'il accule de plus en plus de victimes aux dernières extrémités, qu'il soit plus répandu aujourd'hui qu'il y a cent ans, qu'importe ? Ce qui compte, c'est de ne pas le prendre tragiquement. En vérité, trop en parler, c'est déjà aggraver le problème. C'est un stress en soi. Pour devenir vraiment calme, vous devez être capable de voir le bon côté des choses. Ce n'est pas facile de se sentir stressé quand on s'amuse comme un fou ! En effet, quand vous vous sentez bien dans votre peau, votre cerveau produit plus de sérotonine (le neuromédiateur qui soulage la dépression), vous rendant ainsi capable de jouir de la vie et d'être détendu. En vous amusant, vous activez ce fantastique cycle naturel du calme. En conséquence, les techniques les plus efficaces pour vous seront celles que vous aurez du plaisir à pratiquer.

C'est la raison pour laquelle je suis un partisan des massages. Cela peut paraître terriblement hédonistique à certains. Il reste que, pour la moitié du prix que coûte une soirée dans une boîte de nuit, vous vous offrez non seulement une heure agréable de relaxation profonde, mais en tirerez des bénéfices ultérieurs ; au lieu d'une gueule de bois doublée de tension, vous aurez choisi le calme et la détente pour toute la semaine. Les bienfaits des massages sont évidents. Le sang irrigue toutes les parties du corps, stimule le cœur, fait pénétrer plus d'oxygène dans les muscles et aide à éliminer les toxines. C'est surtout les effets d'un massage sur votre esprit qui le rend précieux. L'état où vous vous trouvez après une séance est sans pareil – une combinaison unique de relaxation et d'énergie : la peau picote, les muscles sont détendus, et votre esprit est en paix. Faites votre possible pour aller vous faire masser régulièrement ; les effets sont cumulatifs. Si vous en avez les moyens, offrez-vous cette joie une fois par semaine.

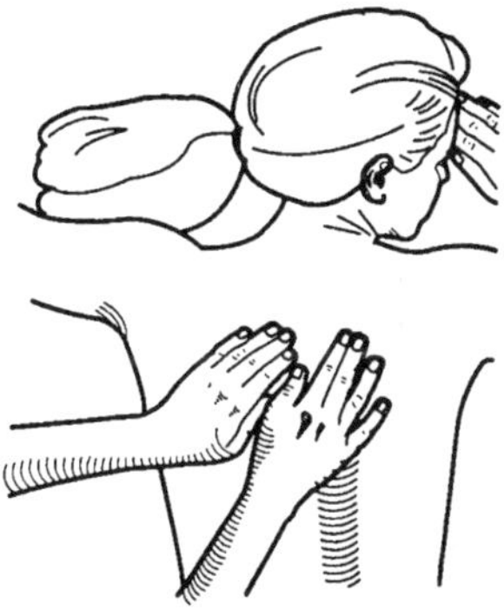

■ La gourmandise

Vous savez certainement que la nourriture que vous mangez affecte vos émotions et vos états mentaux aussi bien que votre corps. Certains aliments ayant des effets apaisants sur le niveau de stress ou d'anxiété sont connus depuis longtemps pour leur « propriété calmante ». Ce sont moins, en général, des aliments précis qu'une combinaison de plusieurs.

Notre régime se compose *grosso modo* de deux types d'aliments : ceux qui favorisent les acides et les nourritures alcalines. *Un régime idéal pour le calme devrait maintenir en permanence une proportion de 20 % pour les premiers et 80 % pour les seconds.* Parmi les aliments alcalinisants, on compte les fruits, les légumes, la farine et les céréales complètes, tandis que la viande, le sucre, le café, les produits industriels, la farine blanche et les conservateurs sont des aliments acidifiants. On croit souvent que les nourritures saines sont ennuyeuses, celles qui ne possèdent aucune qualité nutritionnelle seraient plus intéressantes. En d'autres termes, les saveurs violentes sont considérées comme étant plus désirables que celles qui sont plus subtiles. Les industries alimentaires se sont donné beaucoup de mal pour nous déformer le goût. Leur publicité voudrait nous faire avaler que leurs produits élaborés dans des laboratoires, couvés par les supermarchés, encensés par la télévision sont synonymes de luxe et de gastronomie, alors que ce ne sont guère plus que des en-cas fabriqués sans imagination en portions très réduites. La véritable gourmandise, elle, flatte les sens et fait que l'on se sent bien. Un plat fumant de spaghettis carbonara a autant de saveur qu'un canard à l'orange – mais vous êtes moins lourd après. Une bonne salade de lentilles ne le cède en rien à des frites, et une purée de mangues est aussi séduisante qu'un sorbet industriel – mais toutes deux sont meilleures pour votre santé. Ne vous privez pas des nourritures qui vous garderont calme (pensez au rapport 80-20 à préserver entre les aliments alcalinisants et les aliments acidifiants), votre bon goût se verra récompensé au centuple.

■ Se divertir

Une bonne forme physique garantit plus aisément le calme. De même que la nourriture, les exercices physiques que vous pratiquez peuvent être agréables. « On n'a rien sans douleur » n'est que l'expression d'un machisme absurde. Pourquoi les exercices physiques ne devraient-ils pas vous procurer du plaisir ?

Choisissez ceux qui vous font vous sentir bien. Persistez dans celui que vous exécutez volontiers. Si vous n'en trouvez aucun, allez vous promener. Ce qui est fantastique dans la marche à pied, c'est que vous pouvez en même temps vous adonner à des choses que vous aimez. Tout en faisant de l'exercice, vous regardez, visitez, pensez, parlez, écoutez, planifiez, que sais-je ! Il n'est pas de meilleure façon de démarrer une journée de calme qu'en se promenant 40 minutes, d'un pas alerte, au lever du soleil. Marchez. Gardez la tête haute. Et n'oubliez pas de respirer calmement.

■ Le bain

Impossible à mettre en application sur votre lieu de travail, mais la baignoire est un endroit merveilleux à visiter quand vous souhaitez vous échapper des tensions et stress quotidiens. Vous pouvez vous y rendre, sans qu'on vous dérange, tôt le matin, tard le soir, ou à l'heure que vous déciderez. Remplissez-la d'eau chaude. Ajoutez des sels de bain ou quelques gouttes d'huiles essentielles calmantes. Éteignez la lumière, allumez, peut-être, une bougie. Restez assis, à dissoudre vos tensions tout en respirant calmement.

■ S'amuser

En conclusion, et c'est le plus important, ne prenez pas trop au sérieux cette affaire de stress. Soyez à l'affût des occasions de rire, d'enlever à la vie tout ce qu'elle renferme de pompeux et plein de préciosité. Si rien ne vous sort de votre déprime, rappelez-vous l'avis de l'immortel gourou Adrian : « S'amuser, c'est amusant en soi. »

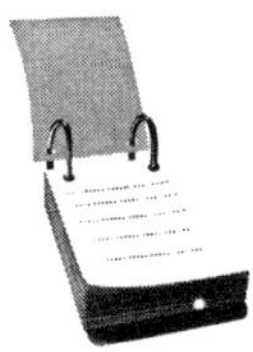

Troisième partie

DES SOLUTIONS DURABLES

1

PASSONS AUX CHOSES SÉRIEUSES

Comment accéder durablement au calme. Tel sera le sujet du dernier chapitre de cet ouvrage. Vous y trouverez des conseils qui vous permettront de vous libérer des effets néfastes de certains modes de vie ou certaines habitudes en leur en substituant de nouveaux.

Rappelez-vous l'homme dont j'ai déjà parlé, celui qui avait deux principes lui garantissant du recul, donc le calme, dans l'existence. « Les problèmes mineurs ne valent pas qu'on en perde le sommeil. » Tel était le premier. Le trait de génie se trouvait dans le second : « Considérez que *tous* les problèmes sont mineurs. » Il faut un talent que peu possèdent, pour réagir ainsi. Rien ne vous empêche pourtant d'essayer de garder votre sang-froid quelle que soit l'épreuve que vous avez à surmonter. Soyez sans crainte, cela ne signifiera pas vous montrer dur ou insensible à l'égard des souffrances des autres, prendre par-dessus la jambe votre travail, négliger votre employeur, vos clients, vos employés ou le directeur de votre banque. Acquérir un certain détachement exigera un investissement en temps et en efforts de votre part, et parfaire ce talent un réajustement de votre mode de vie et de votre état d'esprit. Cela s'apprend.

Les six voies du calme permanent

Elles recouvrent différents aspects de la vie. Ce sont : l'engagement, la méditation, le régime, l'exercice, l'altruisme et l'état d'esprit.

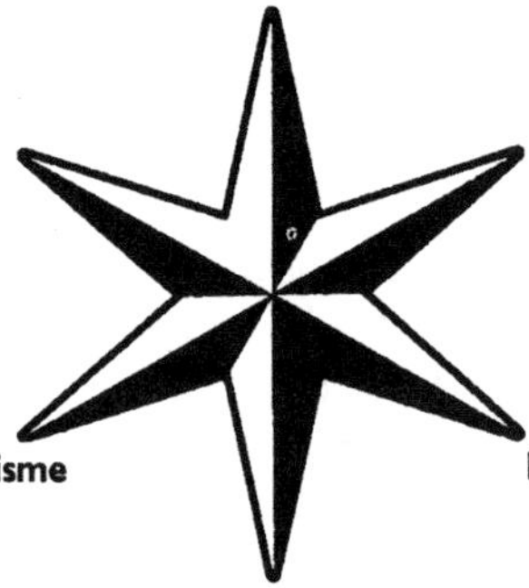

1 L'engagement

Dès que vous vous prenez l'engagement de trouver une solution, vous avez déjà parcouru la moitié du chemin vers le calme durable. Cela fait, il ne vous reste plus qu'à *vous concentrer sur trois des cinq autres voies*. Dans l'idéal, naturellement, il faudrait se concentrer sur toutes.

En les suivant, vous deviendrez calme, content de vous et serez capable d'affronter tous les obstacles qui se dresseront au travail. Faites-en votre pain quotidien, votre existence s'enrichira de façon inattendue.

2 La méditation

Pour des millions de gens, elle est essentielle à une vie heureuse, équilibrée et saine.

Dans l'un des mes précédents ouvrages, *Le Principe du calme*, j'ai expliqué combien la méditation pouvait être un instrument souverain, capable de transformer votre vie et votre attitude mentale. Une pratique régulière amène les bienfaits suivants :

- tension, anxiété et fatigue sont soulagées ;
- vous affrontez mieux vos problèmes quotidiens ;
- votre concentration s'améliore ;
- vous êtes plus positif ;
- plus tolérant ; et
- profitez pleinement de la vie.

La technique que je préconise se fonde sur des principes familiers au commun des mortels dans de nombreuses parties du monde. Initiez-vous à votre tour sans arrière-pensée et en toute sincérité, votre vie sera différente.

3 Le régime

Ce que vous mangez affecte vos humeurs et états d'esprit aussi bien que votre corps. Certains aliments sont à raison décrits comme « calmants » car ils peuvent avoir des effets positifs sur votre équanimité. Le tableau ci-dessous vous servira de guide pour savoir comment vous nourrir.

Consommez plus de	**Consommez moins de**
Légumes, fruits, hydrates de carbone complexes et céréales complètes	Aliments alcalinisants tels que café, viande, sucre, farine blanche, noix et conservateurs
Eau (au moins huit verres par jour)	Café, thé, boissons sucrées gazeuses
Vitamines A, C, E, B	Aliments fabriqués industriellement
Fruits ou jus de fruits frais au petit déjeuner	Graisses
Protéines végétales	Protéines animales

4 L'exercice

L'exercice régulier diminue les effets du stress sur le corps. L'exercice régulier vous aide à affronter la vie. L'exercice régulier vous rend plus calme, content de vous.

5 L'altruisme

En vous consacrant à ceux qui ont moins de chance que vous, vous sublimez la nature égocentrique de vos propres stress et anxiétés. Faites-en une habitude, aidez les autres. Sans aller jusqu'à prendre sur vous les fautes d'autrui ni à endosser un surcroît de responsabilité, il s'agit juste de les aider sur le plan des émotions autant que sur le plan physique. L'exaltation, la plénitude consécutives à un acte de générosité ne vous sont certainement pas inconnues. De fréquentes B.A. contribueront à la paix de votre esprit.

6 L'état d'esprit

En vous maintenant dans un état de calme parfait, il vous sera aisé de garder une vision heureuse, positive de la vie. Le contraire est vrai également : maintenez une vision positive, heureuse de la vie, et il vous sera aisé de conserver votre calme.

D'aucuns assurent qu'attitude positive et optimisme contiennent leur propre récompense. Je me plais à penser que ce sont les prémisses d'une foule de choses merveilleuses que vous vous souhaitez à vous-même et aux autres, y compris paix et contentement. Vous vous assurerez en outre une meilleure santé, de meilleures relations humaines.

Choisissez-en quatre sur les six

Pour une paix et une sérénité durables, vous avez juste à vous préoccuper de l'engagement, plus trois des six voies vers un calme durable : la méditation, le régime, l'exercice, l'altruisme et l'état d'esprit. En suivant les six, vous serez récompensé au centuple.

La technique du calme

> Un massage gratuit de 30 minutes chaque matin, avant de partir au travail… (C'est ainsi que vous devriez considérer la « méditation ».)

Être capable de méditer. C'est la chose la plus précieuse que vous pouvez acquérir au monde. Malheureusement, la seule mention de ce mot, méditation, fait fuir les gens. Rien d'étonnant, quand on considère la façon totalement abstruse dont elle est enseignée. Essayons de la rendre plus simple pour vous.

Le Principe du calme abordait déjà la question, en présentant un style de méditation maîtrisable par n'importe qui, ne nécessitant aucune croyance ou évolution spirituelle particulières, et n'adhérant à aucun courant philosophique. Je l'avais appelée « méditation sans magie ni mysticisme ». Son propos est d'immobiliser l'esprit, c'est-à-dire suspendre la pensée consciente pour se plonger dans l'être, simplement. Le reste jaillit tout naturellement, sans contraintes. Vous existez purement dans le moment. Rien ne vient vous distraire, ni le passé ni l'avenir ; votre intellect et vos émotions restent dans une merveilleuse neutralité faite de quiétude, sans effort. À la différence de l'état de sommeil, cependant, votre esprit est complètement en éveil et en alerte.

Les effets physiologiques

En cours de méditation, le schéma des ondes du cerveau change profondément. Les ondes bêta sont associées à la vigilance et à la concentration ; les ondes alpha à la relaxation et à la visualisation ; les ondes thêta à la mémoire et à l'intuition ; les ondes delta au sommeil et à la guérison. La méditation augmente les alpha, les thêta et les delta, c'est le seul état mental où existe la combinaison des trois. Par ailleurs, elle agit directement sur votre métabolisme. Votre consommation d'oxygène décroît à un niveau moindre que quand vous êtes plongé dans un profond sommeil. Votre rythme cardiaque et votre pression sanguine baissent presque aussi spectaculairement. Le niveau de lactate dans votre sang, qui augmente durant le stress, diminue de 50 %, près de quatre fois plus rapidement que si vous vous trouvez dans un état de profonde relaxation. Ces signes physiologiques sont exactement *à l'opposé* de ceux que vous expérimentez quand vous êtes stressé ou anxieux. C'est pourquoi la méditation procure un tel sentiment de paix, d'harmonie et de bien-être.

La technique du calme

1 Dans une lumière tamisée, des vêtements et une température confortables, commencez à respirer calmement pendant une minute environ. Fermez les yeux et écoutez votre respiration.

2 Tranquillement, dites un mot (par exemple «calme»). Écoutez-vous dire ce mot. Choisissez le rythme qui vous conviendra pour le répéter sans arrêt.

3 Écoutez-vous le dire sans que le son sorte. Entendez les mots provenir de l'intérieur de votre tête, juste derrière vos yeux.

4 Ne vous arrêtez pas d'écouter ce mot, continuez pendant au moins 20 minutes. Quand vous vous apercevez que votre attention faiblit, guidez-la en douceur à nouveau vers ce mot. Ne vous forcez pas ; ne vous en faites pas si vous n'y arrivez pas bien, cela n'a pas d'importance.

5 Après environ 20 minutes, ramenez progressivement votre attention au présent. Restez assis, attendez quelques minutes, vous revenez à l'état de veille.

Comment procéder

Ne vous méprenez pas. Des tas d'associations consacrent leur temps à l'enseigner, moi-même j'ai écrit des livres et dirigé d'innombrables séminaires à son sujet, mais la méditation est d'une simplicité exquise.

Il vous faut simplement immobiliser votre esprit. Pour ce faire, concentrez-vous sur une chose – à l'exclusion de toute autre. Certaines techniques vous conseillent un objet matériel, ou une série complexe de mouvements (comme dans le taï-chi). D'autres préfèrent une image, ou un son. C'est vrai que de la musique peut vous transporter, si elle est de type méditatif (voir le son du calme, page 257) – ou d'ailleurs tout son de votre choix. Ce pourrait être tout bêtement celui de votre voix énonçant un mot – n'importe lequel –, le même, sans cesse. Dans le jargon classique, cela s'appelle un « mantra ». Pour beaucoup d'écoles de méditation, c'est un mot sacré. Si vous suivez une telle méthode, c'est-à-dire répéter ce mot sans arrêt – en silence ou tout haut – pendant 20 à 30 minutes, vous vous trouverez en train de méditer. Ce n'est pas plus difficile que ça. Répétez (dans votre esprit) un mot, pendant 20 à 30 minutes. Et quand votre attention faiblit – ce qui ne manquera pas d'arriver –, guidez-la à nouveau vers ce mot ou ce son répétitif.

Cette description abrégée n'empêchera pas la technique du calme d'agir, pourvu que vous gardiez en mémoire quatre choses :

a) Elle est vraiment aussi facile qu'elle en a l'air.
b) Cette expérience n'a rien de particulier.
c) Elle n'est pas faite pour tester votre concentration ou votre volonté.
d) Ce doit être un plaisir qui repose.

Reportez-vous à mon ouvrage *Le Principe du calme* si vous voulez en connaître plus sur le sujet. Une interprétation plus visuelle vous est offerte sur la page méditation de notre site Internet (http ://www.calmcentre.com).

Le calme pour les dirigeants

- Marchez ou faites de l'exercice trois à cinq fois par semaine.
- Une séance prolongée de planning par semaine.
- Déléguez sans vergogne.
- Revoyez votre planning en vous promenant.
- Une séance de massage par semaine.
- Faites quelque chose pour les autres une fois par semaine.
- Parlez avec des « gens ordinaires » une fois par semaine.
- Du temps à soi, page 148.
- Le planning créatif, page 164.
- Prétendre être du Type B, page 193.
- Au ralenti, page 201.
- S'émanciper, page 144.
- Suer pour être calme, page 269.
- Se dorloter, page 286.
- Un peu de stress, c'est bien, page 202.

Le calme pour les responsables

- Marchez ou faites de l'exercice trois à cinq fois par semaine.
- Une séance prolongée de planning par semaine.
- Revoyez votre planning en vous promenant.
- Déléguez.
- Une séance de massage par mois.
- Faites quelque chose pour les autres une fois par semaine.
- 30 minutes de temps à soi, cinq jours par semaine.
- Du temps à soi, page 148.
- Le planning créatif, page 164.
- Prétendre être du Type B, page 193.
- Au ralenti, page 201.
- Connaître ses limites, page 142.
- Le pouvoir du non, page 138.
- À chaque jour suffit sa peine, page 150.

- Les gens difficiles, page 211.
- L'agenda du calme, page 172.

Le calme pour les jeunes loups

- Marchez ou faites de l'exercice trois à cinq fois par semaine.
- Une séance de planning par semaine.
- Revoyez votre planning en vous promenant.
- Une séance de massage par mois.
- Faites quelque chose pour les autres une fois par semaine.
- 30 minutes de temps à soi, cinq fois par semaine.
- Du temps à soi, page 148.
- Connaître ses limites, page 142.
- L'art de la négociation, page 222.
- Parler franchement, page 215.
- Comment arriver à ses fins, page 214.
- Le pouvoir du non, page 138.
- Comment dire non gentiment, page 140.
- Du temps pour le calme, page 134.
- À chaque jour suffit sa peine, page 150.

Le calme pour les cadres moyens

- Marchez et faites de l'exercice trois à cinq fois par semaine.
- Une séance de planning par semaine.
- Revoyez votre planning en vous promenant.
- Faites quelque chose pour les autres une fois par jour.
- Parler franchement, page 215.
- Comment arriver à ses fins, page 214.
- Du temps pour le calme, page 134.
- Le pouvoir du non, page 138.
- Comment dire non gentiment, page 140.
- L'effort à 100 %, page 153.
- Le calcul des priorités, page 89.
- Faire semblant d'être sûr de soi, page 206.
- Leçon de marketing en 30 secondes, page 220.

2

AU SECOURS !

En cas de crise

> Il existe des moyens simples pour rester calme en cas de crise et la laisser derrière vous.

Si sérieux que soient nos stress quotidiens, ils ne sont rien en comparaison de ceux que nous subissons au cours d'événements critiques tels qu'un deuil, une grave maladie, un traumatisme physique ou émotionnel, un licenciement, une arrestation – vous saurez sans aucun doute reconnaître la crise quand elle aura lieu.

Dans de tels moments, il vous sera peut-être difficile d'avoir suffisamment de discipline ou de présence d'esprit pour vous rappeler les avis et les techniques de ce livre. Le comportement que je conseille m'est dicté par le bon sens et le souci d'efficacité, et n'allégera pas votre peine ni votre douleur, ne remédiera en rien à la situation, en fait. Néanmoins, vous serez capable de passer au stade suivant, c'est-à-dire la reconstruction après la crise.

■ La crise

• Enlevez vos chaussures.
• Restez au chaud.

- Évitez cigarettes, café et alcool.
- Commencez à respirer calmement.
- Écoutez chaque souffle, concentrez-vous sur votre respiration ; faites cela aussi parfaitement que vous le pouvez.
- Cherchez de l'aide.

Vers qui se tourner ?

Chercher de l'aide n'est pas un signe de faiblesse. Vous la trouverez auprès d'un ami, un conseiller spirituel ou parmi les spécialistes mentionnés dans l'annuaire (beaucoup ne font rien payer pour leurs services). Établir un tel contact peut être d'une importance cruciale, voire sauver la vie. La question n'est pas de retirer de la discussion un avis utile, mais de partager vos difficultés et recevoir des encouragements à vous sortir de là.

Si vous ne savez à qui vous adresser, consultez « S.O.S. » dans votre annuaire. (Et si vous avez des suggestions intéressantes, confiez-les-nous, à la page « crisis » du site Internet du Centre du Calme, http ://www.calmcentre.com)

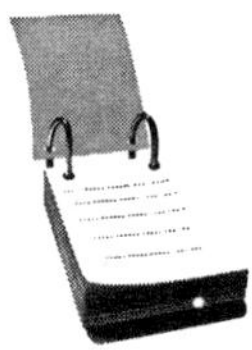

3

RESTEZ CALME

Le Centre du Calme

Fondé en 1995 par l'auteur, Paul Wilson, le Centre du Calme réunit des psychologues, des thérapeutes, des écrivains, des cinéastes et des compositeurs qui partagent tous deux passions : découvrir de nouvelles manières de faire naître le calme chez l'individu ; et susciter le calme à travers tous les médias disponibles, littéraires ou audiovisuels.

Le principe qui nous guide est d'une profonde simplicité. Pour nous, il faut :

a) calmer ;
b) trouver des solutions ;
c) remonter le moral ;
d) et le faire de façon créative.

Certains de nos collaborateurs travaillent à partir des États-Unis et d'Europe, d'autres dans des régions plutôt exotiques au fin fond de l'Australie, mais notre siège est sis au cœur du quartier des affaires de North Sydney. Rendez-nous visite, partagez vos expériences sur le calme : http ://www.calmcentre.com

James Hillman

Le code caché de votre destin - n° 7256
La force du caractère - n° 6477

Evan Imber-Black

Le poids des secrets de famille - n° 7234

Sam Keen

Être un homme - n° 7109
Aimer et être aimé - n° 7262

Barbara Killinger

Accros du boulot - n° 7116

Jean-Claude Liaudet

Dolto expliquée aux parents - n° 7206

Dr Gérard Leleu

La Mâle Peur - n° 7026
Amour et calories - n° 7139
La fidélité et le couple - n° 7226
L'intimité et le couple - n° 7260
L'écologie de l'amour - n° 7275

Christine Longaker

Trouver l'espoir face à la mort - n° 7179

Ursula Markham

Le deuil - n° 7230
Les traumatismes infantiles - n° 7231

Bernard Martino

Le bébé est une personne - n° 7094

Alan Loy McGinniss

Le pouvoir de l'optimisme - n° 7022

Pia Mellody

Vaincre la dépendance - n° 7013

Yannick Noah

Secrets, etc. - n° 7150

Robin Norwood

Ces femmes qui aiment trop – 1 - n° 7020
Ces femmes qui aiment trop – 2 - n° 7095

Armelle Oger

Et si l'on changeait de vie - n° 7258

Vera Peiffer

Soyez positifs ! - n° 7118

Xavier Pommereau

Quand l'adolescent va mal - n° 7147

Anthony Robbins

Pouvoir illimité - n° 7175

Henri Rubinstein

La dépression masquée - n° 7214

Jacques Salomé

Papa, maman, écoutez-moi vraiment - n° 7112
Apprivoiser la tendresse - n° 7134

Barbara Sher et Barbara Smith

Vous êtes doué et vous ne le savez pas - n° 7141

Elaine Sheehan

Anxiété, phobies et paniques - n° 7213

Deborah Tannen

Décidément, tu ne me comprends pas ! - n° 7083

Nita Tucker

Le grand amour pour la vie - n° 7099

Isabelle Yhuel

Mère et fille, l'amour réconcilié - n° 7161
Quand les femmes rompent - n° 7201

Rika Zaraï

Ces émotions qui guérissent - n° 7114

Santé

Joanna Bawa

Santé et ordinateur : le guide quotidien - n° 7207

Dr R. Aron-Brunetière

La beauté et les progrès de la médecine - n° 7006

Dr Martine Boëdec

L'homéopathie au quotidien - n° 7021

Dr Jacques Boulet

Se soigner par l'homéopathie - n° 7165

Julia Buckroyd
Anorexie et boulimie - n° 7191

Dr Jean-Pierre Cahané et Claire de Narbonne
Nourritures essentielles - n° 7168

Chantal Clergeaud
Un ventre plat pour la vie - n° 7136

Dr Julien Cohen-Solal
Comprendre et soigner son enfant – I - n° 7096
Comprendre et soigner son enfant – II - n° 7097

Bruno Comby
Tabac, libérez-vous ! - n° 7012

Dr Lionel Coudron
Stress, comment l'apprivoiser - n° 7027
Mieux vivre par le yoga - n° 7115

Dr J.G. Drevet & Dr C. Gallin-Martel
Bien vivre avec son dos - n° 7002

Dr David Elia
Comment rester jeune après 40 ans
Version hommes - n° 7110
Comment rester jeune après 40 ans
Version femmes - n° 7111
Le bonheur à 50 ans - n° 7184

Pierre Fluchaire
Bien dormir pour mieux vivre - n° 7005
Plus jamais fatigué ! - n° 7015

Dr Pierrick Hordé
Allergies, le nouveau fléau ? - n° 7248

Arthur Janov
Le corps se souvient - n° 7257

Chris Jarmey
Le shiatsu - n° 7242

Claudie Lepage
Le nouvel âge d'or de la femme - n° 7274

Henri Loo & Henri Cuche
Je suis déprimé mais je me soigne - n° 7009

Dr E. Maury
La médecine par le vin - n° 7016

Maurice Mességué
C'est la nature qui a raison - n° 7028

Dr Sylvain Mimoun
Des maux pour le dire - n° 7135

Stewart Mitchell
Initiation au massage - n° 7119

Peter Mole
L'acupuncture - n° 7189

Paule Neyrat
Les vertus des aliments - n° 7265

Lionelle Nugon-Baudon
Maisons toxiques - n° 7229

Pierre Pallardy
Les chemins du bien-être - n° 7001
La forme naturelle - n° 7007
Le droit au plaisir - n° 7063

Jean-Louis Pasteur
Toutes les vitamines pour vivre sans médicaments - n° 7081

Jean-Yves Pecollo
La sophrologie - n° 3314
La sophrologie au quotidien - n° 7101

Vicki Pitman
La phytothérapie - n° 7212

Josette et Vincent Rousselet-Blanc
Les remèdes de grands-mères - n° 7272

Dr Hubert Sacksick
Les hormones - n° 7205

Jon Sandifer
L'acupression - n° 7204

Debbie Shapiro
L'intelligence du corps - n° 7208

Sidra Shaukat
La beauté au naturel - n° 7222

Dr Bernie S. Siegel
Vivre la maladie - n° 7131

Rochelle Simmons
Le stress - n° 7190

Dr Nadia Volf

Vos mains sont votre premier médecin - n° 7103

Andrew Weil

Le corps médecin - n° 7210
Huit semaines pour retrouver une bonne santé - n° 7193
Le guide essentiel de la diététique et de la santé - n° 7269

Diététique

Agnès Beaudemont-Dubus

La cuisine de la femme pressée - n° 7017

Marie Binet & Roseline Jadfard

Trois assiettes et un bébé - n° 7113

Dr Alain Bondil & Marion Kaplan

Votre alimentation - n° 7010
L'alimentation de la femme enceinte et de l'enfant - n° 7089
L'âge d'or de votre corps - n° 7108

André Burckel

Les bienfaits du régime crétois - n° 7247

Dr Jean-Michel Cohen

Savoir maigrir - n° 7266

Sonia Dubois

Maigrissons ensemble ! - n° 7120
Restons minces ensemble ! - n° 7187

Dr Pierre Dukan

Je ne sais pas maigrir - n° 7246

Annie Hubert

Pourquoi les Eskimos n'ont pas de cholestérol - n° 7125

Dr Catherine Kousmine

Sauvez votre corps ! - n° 7029

Marianne Leconte

Maigrir - Le nouveau bon sens - n° 7221

Colette Lefort

Maigrir à volonté - n° 7003

Michelle Joy Levine

Le choix de la minceur - n° 7267

Michel Montignac

Je mange donc je maigris… et je reste mince ! - n° 7030
Recettes et menus Montignac - n° 7079
Comment maigrir en faisant des repas d'affaires - n° 7090
La méthode Montignac Spécial Femme - n° 7104
Mettez un turbo dans votre assiette - n° 7117
Je cuisine Montignac - n° 7121
Restez jeune en mangeant mieux - n° 7137
Recettes et menus Montignac (2) - n° 7164
Boire du vin pour rester en bonne santé - n° 7188

Lionelle Nugon-Baudon

Toxic-bouffe Le dico - n° 7216

Philippe Peltriaux et Monique Cabré

Maigrir avec la méthode Peltriaux - n° 7156

Nathalie Simon

Mangez beau, mangez forme - n° 7126

Thierry Souccar

La révolution des vitamines - n° 7138

Sexualité

Dr Éric Dietrich & Dr Patrice Cudicio

Harmonie et sexualité du couple - n° 7061

Régine Dumay

Comment bien faire l'amour à une femme - n° 7227
Comment bien faire l'amour à un homme - n° 7239

Céline Gérent

Savoir vivre sa sexualité - n° 7014

Françoise Goupil-Rousseau

Sexualité : réponses aux vraies questions des femmes - n° 7025

John Gray

Mars et Vénus sous la couette - n° 7194

Barbara Keesling

Comment faire l'amour toute la nuit - n° 7140

Le plaisir sexuel - n° 7170

Brigitte Lahaie

Les chemins du mieux-aimer - n° 7128

Dr Gérard Leleu

Le traité des caresses - n° 7004

Le traité du plaisir - n° 7093

Le traité du désir - n° 7176

Dagmar O'Connor

Comment faire l'amour à la même personne... pour le reste de votre vie - n° 7102

Jean Paccalin

Une pilule nommée désir - n° 7180

Isabelle Yhuel

Les femmes et leur plaisir - n° 7268

Vie familiale

Edwige Antier

J'aide mon enfant à se concentrer - n° 7232

L'enfant de l'Autre - n° 7250

Éloge des mères - n° 7283

Etty Buzyn

Papa, maman, laissez-moi le temps de rêver - n° 7132

Béatrice Cakiroglu

Les droits du couple - n° 7018

Roberta Cava

Réussir et être heureuse au travail - n° 7082

Françoise Civeyrel

Consommez bien. Dépensez mieux - n° 7098

Dr Julien Cohen-Solal

Être heureux à l'école ? - n° 7173

Les deux premières années de la vie - n° 7203

Carolyn et Philip A. Pape Cowan

1+1 = 3 - n° 7065

Shakuntala Devi

Éveillez le génie qui est en votre enfant - n° 7277

Brian A. Grosman avec Allan Reznik

Protégez votre emploi - n° 7085

Brigitte Hemmerlin

Maman Solo - n° 7100

Harry Ifergan et Rica Etienne

6-12 ans, l'âge incertain - n° 6478

Mais qu'est-ce qu'il a dans la tête ? - n° 7271

Vicki Iovine

Grossesse, le guide des copines - n° 7176

Hélène de Leersnyder

Laissez-les faire des bêtises - n° 7106

Gerry Marino & Francine Fortier

La nouvelle famille - n° 7122

Anne-Marie Mouton

500 conseils pour réussir votre grossesse - n° 7023

Heather Noah

S'épanouir en attendant bébé - n° 7252

Jocelyne de Rotrou

La mémoire en pleine forme - n° 7087

Nancy Samalin

Savoir l'entendre, savoir l'aimer - n° 7062

Conflits parents-enfants - n° 7198

Dr Marie Thirion

Les compétences du nouveau-né - n° 7123

Chantal de Truchis-Leneveu
L'éveil de votre enfant - n° 7146

Marie-France Vigor
Enfants : comment répondre à leurs questions ! - n° 7011

Cuisine

Paul Bocuse
Bocuse dans votre cuisine - n° 7145

Jean-Pierre Coffe
Comme à la maison (1) - n° 7148
Le marché - n° 7154
Au bonheur des fruits - n° 7163
Comme à la maison (2) - n° 7177

Christine Ferber
Mes confitures *(édition augmentée)* - n° 6162
Mes tartes sucrées et salées - n° 7186
Mes aigres-doux, terrines et pâtés - n° 7237

Nadira Hefied
130 recettes traditionnelles du Maghreb - n° 7174

Peta Mathias
Fêtes gourmandes - n° 720

Christian Parra
Mon cochon de la tête aux pieds - n° 7238

Jean-Noël Rio
Je ne sais pas cuisiner - n° 7273

Marie Rouanet
Petit traité romanesque de cuisine - n° 7159

Denise Verhoye
Les recettes de Mamie - n° 7209

Harmonies

Karen Christensen
La maison écologique - n° 7152

Karen Kingston
L'harmonie de la maison par le Feng Shui - n° 7158

Marjorie Harris
Un jardin pour l'âme - n° 7149

Philip Martin
La voie zen pour vaincre la dépression - n° 7263

Jane Thurnell-Read
Les harmonies magnétiques - n° 7228

Jean Vernette
Les nouvelles thérapies - n° 7220

Richard Webster
Le Feng Shui au quotidien - n° 7254

Christine Wildwood
L'aromathérapie - n° 7192

Paul Wilson
Le principe du calme - n° 7249
Le grand livre du calme – La méthode - n° 7249

Nature

John Fisher
Comprendre et soigner son chien - n° 7160

Daniel Gélin
Le jardin facile - n° 7143

Louis Giordano
Aux jardiniers débutants 500 conseils et astuces - n° 7215

Jean-Marie Pelt
Des fruits - n° 7169
Des légumes - n° 7217

Roger Tabor
Comprendre son chat - n° 7153

Loisirs

Sonia Dubois & Marielle Couësmes
La couture - n° 7144

Bienêtre

7276

Composition Chesteroc International Graphics
Achevé d'imprimer en France (Manchecourt)
par Maury-Eurolivres
le 5 août 2003.
Dépôt légal août 2003. ISBN 2-290-32651-8

Éditions J'ai lu
84, rue de Grenelle, 75007 Paris
Diffusion France et étranger : Flammarion